교회와 하나님 나라의 심장이 다시 뛰는

신학교육의 혁신

박상진 지음

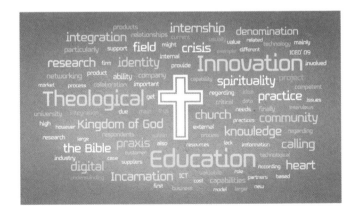

쉼이있는교육

신학교육은 교회와 하나님 나라의 심장과 같다. 마치 심장에서 피를 온 몸에 공급하여 생명을 살리듯이, 신학교육은 하나님의 일군들을 선발하고 양육하여 파송함으로 교회를 새롭게 하고 하나님 나라를 확장하는 사명을 지닌다. 그런데 과연 오늘날 신학교육은 이 심장의 사명을 제대로 감당하고 있는가? 신학교육을 통해 깨끗하고 건강한 생명의 피가 혈관을 통해 목회 현장과 하나님 나라 현장에 공급되어 뭇 백성을 살리고 있는가? 교회를 교회답게 개혁하고 정치, 경제, 사회, 문화, 예술, 교육 각 영역에서 하나님의 통치를 회복하여 하나님의 영광을 드러내고 있는가?

안타깝게도 오늘날 교회와 사회의 현장은 신음과 고통의 아우성으로 가득하다. 교회가 사회로부터 신뢰를 잃어버리고 침체의 늪에 빠지고 있으며, 목회자의 윤리적 일탈은 도를 넘고 있다. 여전히 인구대비 기독교인의 수는 많지만, 한국교회와 기독교가 사회에서 소금과 빛의 역할을 제대로 감당하지 못하고 있다. 최근 코로나19로 인해 한국교회에 대한 부정적 이미지는 더 강해지고 있으며, 탈종교화 및 소위 '가나안 성도' 현상은 더욱 심각해지고 있다. 이러한 현상에 대한 일차적인 책임이 어디에 있을까? 한국교회의 문제는 결국은 목회자의 문제로 귀결되며, 그 목회자를 양성하는 신학교육의 문제로 귀결될 수밖에 없다.

과연 오늘날 신학교육은 진정 하나님의 사람들을 세워서 그들을 목회자로, 하나님 나라의 일군으로 파송함으로 교회를 살리고 하나님 나라를 건강하게 일구어가고 있는가? 신학교육을 담당하는 신학대학교는 단순한 '대학교'가 아니다. 소위 고등교육기관으로 설립되어 학문을 연구하는 상아탑이 아니다. 교육부의 지도와 감독을 받으며 획일적인 기준에 의해 평가와 인증을 받을 수밖에 없는 수많은 사립대학교 중의 하나가 아니다. 한국교회의 목회자를 양성하고 하나님 나라의 일군을 기르는 선지 동산이며 제자훈련의 과정이기도 하다. 오늘날 신학대학교의 무기력함은 '선지 동산'과 '대학교'의 전승 중 어느 하나의 정체성에 치우쳐 이 두 가지 전승을 통합하지 못하는 한계에 기인한다.

신학교육은 일반교육과 구별된다. 신학교육은 단지 철학이나 경제학을 교육하듯이 신학을 교육하는 것이 아니다. 신학교육은 진정한 의미에서 기독교교육의 결정체라고 할 수 있다. 신학교육은 단순히 신학이라는 교육내용을 가르치기만 하면 되는 것이 아니라 그 과정이 신앙적이며 기독교적인 교육이 되어야 한다. 그런 점에서 신학교육은 기독교교육의 꽃이라고 할 수 있다. 모든 신학교육을 담당하는 교수들은 신학자임과 동시에 기독교교육자임을 잊지 말아야 한다. 지식만 전달하는 것이 아니라 영성과 인격, 삶을 변화시키는 교육이 되어야 한다. 오늘날 신학교육의 무기력함은 바로 신학교육이 기독교교육이 되지 못하고 신학연구에 머무르거나 일반교육으로 전락하기 때문이다.

신학교육을 담당하는 신학대학교는 단지 신학연구기관이나 일반대학교 중의 하나가 아니라 교회와 하나님 나라의 일군을 양성하고 파송하는 센터이다. 특히 교단 총회 산하의 신학대학원의 경우는 목회자 후보생을 훈련하고 양육하여 교회의 사역자로 세우는 역할을 담당하고 있다. 영원히 변치 않는 하나님의 말씀인 텍스트(Text)를 너무나 급변하는 시대와 상황이라는 컨텍스트(Context)와 접목시켜 오늘, 이 사회라고 하는 시공간 속에서 하나님의 뜻을 선포하고 하나님 나라가 임하도록 하는 사명을 지닌다. 그렇기에 신학대학교는 한국교회와 세계교회, 그리고 이 사회와 자연, 전 우주적 생태계의 변화에 민감하게 응답하면서 하나님의 다스림을 이루어 나갈 하나님의 일군을 양성하여야 한다.

이 책은 이런 점에서 신학교육에 대한 하나님의 디자인을 회복하기 위한 것이다. 신학대학교가 지금까지 해오던 대로 전통적인 방식을 답습하는 것이 아니라, 신학교육기관 본래의 정체성을 회복하며, 그래서 교회를 살리고 하나님 나라를 이루어가는 생명이 넘치는 신학대학교가 되도록 하는 데에 이 책의 목적이 있다. 이 책은 저자가 재직하고 있는 장로교(예장 통합)에 속해있는 장로회신학대학교를 중심으로 전개되고 있지만, 교단이 운영하는 신학교육기관은 물론 모든 신학대학교에 적용될 수 있는 내용을 담고 있다.

지난 2017년, 장로회신학대학교에서 개최된 종교개혁 500주년 기념 국제학술대회의 주제가 '종교개혁 500주년과 신학교육의 개혁'이었고, 그 주제발표 중의 하나를 저자가 담당하였는데, 그 내용을 비롯해 그동안 신학교육에 대해 고민하며 집필한 글들이 이 책에 포함되어 있다. 이 책이 나올 수 있게 된 것은 전적으로 하나님의 은혜이며, 필자가 이곳에서 신학과 기독교교육학을 공부하고, 유학을 다녀와 교수로서, 그리고 신학대학원장, 대학원장을 비롯한 다양한 직책을 경험함으로 신학교육에 대한 보다 깊은 이해를 지닐 수 있도록 기회를 준 장로회신학대학교라는 공동체의 덕분이다. 장신공동체 구성원 모두에게 깊은 감사를 드린다. 이 책이 건강한 신학교육의 혁신에 작은 도움이 되기를 바라며, 이로 인해 한국교회가 새로워지고 사회의 전 영역에서 하나님의 나라가 든든히 세워져 갈 수 있기를 소망한다.

아차산 중턱, 마펫관 연구실에서

박상진

2부: 신학교육 실천의 개선 및 신학교육자의 개혁

3부: 교단의 바람직한 신학교육 정책

4부: 신학의 정체성과 개혁을 위한 실천적 과제

1부:
신학교육의
위기와
개혁의 방향 ¹⁾

제1장. 신학교육의 다중적 위기

Ⅰ. 신학교육 위기의 성격

오늘날 한국의 신학교육은 다중적 위기에 처해 있다. 과연 미래에도 지금의 신학대학교가 존속할 수 있을 것인가? 한국사회는 소위 '탈종교화'로 특징지어지는 시대 흐름 속에 있다. 기독교만이 아니라 다른 종교도 함께 경험하고 있는 현상으로서 사람들이 종교를 떠나고 있다. 우리나라 통계청 조사에 의하면 2015년의 한국의 종교인구는 43.9%에 불과하다. 이는 2005년과 비교해 볼 때 9% 감소한 수치로서 인구의 절반 이상이 종교인구였던 나라가 이제는 비종교인이 과반수를 차지하는 나라로 바뀌어진 것이

---

1) 제1~3장은 필자의 논문, 『신학교육의 기독교교육모델로서 실천지향적 신학교육』(『장신논단』 제49호, 2017, 365-397)의 일부를 수정, 보완한 것임.

다. 탈종교화 현상이 가장 심각하게 일어나는 연령대는 청년과 청소년들이다. 한국갤럽이 발간한 종교인구 통계 보고서인 『한국인의 종교』에 의하면 조사 연령 중 가장 어린 나이인 19-29세의 종교인구가 지난 10년 사이에 45%에서 31%로 줄어들어, 14%가 감소하였다.[2] 1884년 알렌 선교사가 한국에 들어와 복음을 전한 이래 한국교회가 수적으로 지속적으로 성장하였으나 이제는 한국교회의 성장이 멈추었고, 각 교단의 교세통계보고에 의하면 오히려 교인수가 감소하는 저성장 시대에 진입하였다.

특히 한국교회 신뢰도의 하락과 반기독교적 정서로 인해 청년 교인수의 감소현상은 학령인구 감소와 함께 겹치면서 신학대학교 지원자의 급속한 감소로 이어지고 있다. 소위 샘의 근원이 마르는 것처럼, 신학대학교 지원자를 배출하는 주일학교 학생 수와 학원선교단체의 회원 수 감소는 신학대학교의 생존을 위협하고 있다. 장로회신학대학교 신학대학원의 경우도 2010년 이래 지속적으로 지원자 수가 감소하고 있는데, 이러한 통계에 근거를 둔 미래예측에 따르면 몇 년 되지 않아서 미달 사태를 경험할 수 있음을 예견할 수 있다. 이는 대학부의 경우도 마찬가지인데 최근 급격한 지원율 감소를 경험하고 있다. 한국교회 교인수의 정체 또는 감소 현상은 신학대학원의 입학생 모집에 영향을 줄 뿐 아니라 졸업생의 임지에도 심각한 영향을 주고 있다. 신학대학원을 졸업한 사람들이 전임 목회자로 갈 수 있는 기회가 갈수록 줄어들고 있다. 이는 남녀 학생 모두에게 적용되지만 특히 여학생의 경우는 졸업생 10중 1명만이 전임 교역자가 되는 심각한 상황이다. 이러한 졸업후 임지의 제한은 다시 신학대학원 지원을 감소시키는 악순환을 반복하게 한다.

....
2) 한국갤럽, 『한국인의 종교: 1984-2014』, 2015.

신학교육의 위기는 교육구조에도 연유한다. 신학대학교도 공교육 체계 속에 편입됨으로 인하여 국가의 대학정책에 예속되어 있기 때문에 겪는 어려움이 있다. 기독교 사립대학교임에도 불구하고 사립대학으로서의 자율성을 충분히 누리기보다는 국가의 대학 평가기준에 맞추어 교육을 실시할 수밖에 없는 상황이다. 신학대학교로서의 건학이념과 교육목적이 있고 추구하는 인재상이 있으며 이에 따른 교육과정의 편성과 교육방법의 구현을 추구할 수 있어야 하지만 모든 대학을 획일적인 기준으로 평가하여 서열화하고 이를 토대로 구조조정을 하려는 정부의 교육시책으로 인하여 신학교육의 독특성과 정체성이 침해받고 있는 것이다.[3]

그런데 사실 더 큰 위기는 신학교육 내부에 존재한다고 볼 수 있다. 신학교육의 외부적 요인으로 지적되고 있는 한국교회 성장의 정체 현상, 한국교회 신뢰도 저하, 언론에 지속적으로 보도되고 있는 목회자의 윤리적 문제 등은 신학교육과 무관하지 않다. 대부분의 한국교회에서 야기되는 문제들은 그 주된 원인이 목회자들에게 있기 때문에, 그런 목회자를 양성한 신학교육에 상당부분 책임이 있다고 할 수 있다. 신학대학교는 신학교육을 약화시키거나 왜곡시키는 외부적 위기 요인에 대처하면서도 동시에 그러한 위기적 현상을 적극적으로 극복할 수 있는 목회자를 배출하는 신학교육이 됨으로써 한국교회를 새롭게 세워야 할 사명이 있다. 이 장에서는 한국의 신학교육이 직면한 위기를 외부적 위기와 내부적 위기로 구분하여 살펴보려고 한다.

015

---

3) 대학의 구조개혁이 신학교육에 미치는 영향에 대해서는 오성주, "한국대학의 구조개혁과 신학대학의 미래" (감리교신학대학교, 『신학과 세계』 79호, 2014. 3.)를 참조하기 바람.

Ⅱ. 신학교육의 외부적 위기

신학교육의 외부적 위기 요인 중 가장 심각한 것은 학령인구의 감소를 비롯한 인구통계적인 요소이다. 여기에서는 통계적인 근거를 기초로 신학대학교의 지원자 수에 영향을 미치는 요인을 분석하려고 한다.

첫 번째 분석해야 하는 통계는 유소년인구 추이와 학령인구 추이와 관련된 통계이다. 유소년 인구는 0-14세의 연령을 의미하는데 인구 연령 분포에 있어서 미래 변화를 보여주는 가장 어린 나이의 연령대라고 할 수 있다. 우리나라의 유소년 인구가 중위 추계를 기준으로 할 때, 2017년에는 672만명으로 전체 인구의 13.1%였는데, 오는 2030년에는 500만명으로 감소하여 9.6%를 차지할 전망이며, 2067년에는 318만명으로 8.1%까지 감소할 것으로 추정되고 있다. [그림 1-1]에서 볼 수 있듯이 1972년에 유소년 인구가 1,386만명으로 정점을 찍고, 그 이후 계속 감소해서 저위 추계로 예측할 때에는 2067년에는 213만명으로 감소하여 현재의 3분의 1에도 미치지 못하는 수준으로 감소할 것이 예상된다.

[그림 1-1] 유소년 인구의 추이(1960-2067)[4]

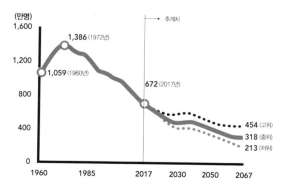

----

4) 통계청, 『장래인구특별추계: 2017-2067년』, 2019.

두 번째 분석해야 하는 통계는 학령인구 추계이다. 우리나라의 학령인구는 취학연령에 해당하는 인구로서 6-21세를 의미한다. [그림 1-2]에서 볼 수 있듯이, 2017년의 경우 6-21세 학령인구가 846만명이었는데, 향후 10년동안 190만명이 감소할 것으로 전망되고 있다. 초등학교 학령인구인 6-11세의 경우는 2017년 272만명에서 2030년에는 180만명으로 감소할 것으로 추계되고 있고, 중학교 학령인구(12-14세)는 2017년 138만명에서 2030년에는 114만명으로 감소하며, 고등학교 학령인구(15-17세)는 2017년 172만명에서 2030년에는 132만명으로 감소할 것으로 예상된다. 특히 신학대학교를 비롯한 대학 지원자에 직접적인 영향을 미치는 대학교 학령인구(18-21세)는 2017년 264만명에서 2030년에는 181만명으로 불과 13년만에 31%가 감소할 것으로 추계되고 있다. 그 중 대학 신입생으로 지원하게 되는 18세 인구는 2017년 61만명에서 2030년 46만명으로 15만명이 감소할 것으로 예측되고 있다. 이러한 감소현상은 2067년까지 지속적으로 나타나 전체 학령인구 수가 2017년 846만명에서 2067년 364만명으로 2017년 대비 43% 수준까지 감소할 것으로 전망된다.

[그림 1-2] 학령인구의 추이(2017-2067)[5]

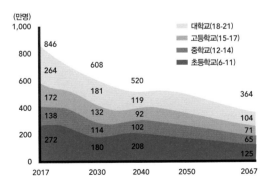

유소년 인구와 학령인구의 향후 50년(2017년 기준) 추계인구는 〈표 1-1〉과 같다. 이 통계는 향후 인구변화에 대한 고위, 중위, 저위의 세 가지 시나리오 중 중위에 해당하는 것으로 평균적인 변화를 예측한 것이라고 볼 수 있다.

〈표 1-1〉 유소년 인구 및 학령인구 추계(2017-2067)[6]

(단위: 만명, %)

구분		2017	2020	2025	2030	2035	2040	2045	2050	2055	2060	2067
총인구		5,136	5,178	5,191	5,193	5,163	5,086	4,957	4,774	4,541	4,284	3,929
유소년 (0-14)	인구	672	630	554	500	494	498	467	425	382	345	318
	구성비	13.1	12.2	10.7	9.6	9.6	9.8	9.4	8.9	8.4	8.0	8.1
학령 인구 (6-21)	계	846	782	689	608	548	520	529	507	465	419	364
	초(6-11)	272	272	233	180	200	208	191	173	160	140	125
	중(12-14)	138	136	140	114	87	102	104	94	86	79	65
	고(15-17)	172	138	136	132	96	92	105	100	90	83	71
	대(18-21)	264	236	180	181	166	119	129	140	129	116	104
대학진학대상(18세)		61	51	45	46	38	28	34	35	31	28	25

이 표에서 볼 수 있듯이, 2030년부터는 우리나라의 전체 인구도 감소하게 되지만, 유소년 인구와 학령인구는 지금부터 심각한 수준으로 감소할 것이 예측되고 있다. 특히 학령인구에 있어서 대학교 학령인구(18-21세)가 급격하게 감소하며, 대학 진학대상 연령인 18세 인구가 2025년까지 급격하게 감소하고, 잠시 주춤하다가 다시 급격한 감소세를 이어갈 것으로 예측되고 있다. 이러한 학령인구의 전망은 향후 대학 지원율의 급격한 감소로 나타날 것이며, 대학교의 미달 사태로 등록금 수입의 감소는 물론 학과의 존속이 어려워지는 전공분야가 속출하며, 수업이 파행적으로 운영될 가능성도 있다. 결국 대학의 지속가능성이 어려워지는 위기에 처함으로 구

5) 통계청, 『장래인구특별추계: 2017-2067년』, 2019.

6) 통계청, 『장래인구특별추계: 2017-2067년』, 2019.

조조정이나 대학 간 통폐합 등 생존을 위한 몸부림을 칠 수밖에 없는 상황이 될 것을 충분히 예상할 수 있다.

　세 번째 고려해야 할 중요한 통계는 우리나라 종교인구 통계이다. 통계청에서 10년에 한 번씩 조사하는 종교인구의 변화는 향후 종교관련 기관들이 심각하게 고려하여야 하는 자료가 된다. 지난 2016년도 12월 19일에 통계청이 발표한 '2015 인구주택총조사 표본집계 결과'에 따르면 종교인구가 급격하게 줄어들고 있음을 알 수 있다. 이러한 현상을 '탈종교화 현상'이라고 부를 수 있는데, '종교없음'이 2005년도에 47.1%인 것에 비해 2015년도에는 56.1%로서 9%가 증가하였다. 반대로 종교인구는 52.9%에서 43.9%로 감소하였다. 특히 젊은층의 종교인구 감소율이 높은 것으로 나타났는데, 2015년과 비교할 때 종교 인구 비율이 가장 크게 감소한 연령은 40대로 13.3% 감소했고, 다음이 20대(12.8%), 10대(12.5%) 순으로 나타났다. 2015년 종교인구 통계에서 '종교없음'이 60%가 넘고 반대로 '종교있음'이 30%대에 불과한 세 연령 집단이 있는데 모두다 젊은 연령층인 10대, 20대, 30대이다.

《표 1-2》 연령대 별 종교인구 분포(2005, 2015)[7]

연 령	2005년		2015년		증감
	없음(A)	있음	없음(B)	있음	(B-A)
계	47.1	52.9	56.1	43.9	9.0
10-19세	49.5	50.5	62.0	38.0	12.5
20-29세	52.1	47.9	64.9	35.1	12.8
30-39세	52.1	47.9	61.6	38.4	9.5
40-49세	43.5	56.5	56.8	43.2	13.3
50-59세	37.4	62.6	49.3	50.7	11.9
60-69세	36.7	63.3	42.3	57.7	5.6
70세 이상	37.0	63.0	41.8	58.2	4.8

네 번째 고려해야 할 통계는 교회학교 학생수 통계이다. 교회학교 학생수는 어느 정도 감소하고 있는가? 필자가 속해 있는 예장(통합)의 경우 2020년도에 개최된 제105 총회에 보고된 2019년 기준 교세통계를 보면 교회학교 거의 모든 부서가 감소하였는데, 소년부의 경우, 지난 10년 사이에 41.7%나 감소하였다. 장로교 통합 교단의 지난 10년간의 교회학교 학생 수 추이를 도표로 나타내면 다음과 같다.

《표 1-3》 2010～ 2019년 예장 통합 교회학교 학생 수 추이[8]

년도	영아부	유아부	유치부	유년부	초등부	소년부	중고등부
2010년	18,305	24,571	67,378	64,232	74,327	89,900	188,304
2011년	21,429	24,130	64,731	58,419	69,015	83,266	180,308
2012년	18,733	23,641	62,251	56,519	64,175	76,090	171,660
2013년	17,101	21,555	58,293	50,840	59,423	681,75	157,409
2014년	17,523	23,323	57,649	51,112	57,880	64,637	152,327
2015년	17,325	22,659	55,435	48,110	55,317	62,358	146,763
2016년	16,403	22,109	52,053	46,020	54,173	56,147	134,904
2017년	19,088	21,604	504,12	45,493	51,803	56,256	126,235
2018년	14,934	20,475	48,101	44,288	50,193	54,687	119,691
2019년	15,206	19,872	45,654	43,461	48,807	52,427	115,025

전반적으로 유년부, 초등부, 소년부 등 초등학교 학생들을 대상으로 한 교회학교의 경우는 물론 중고등부의 경우도 지속적인 감소 현상을 보이고 있다. 지난 10년(2010-2019) 간의 부서별 교회학교 학생 수 감소율을 보면 지난 10년 사이에 유년부가 32.3%, 초등부가 34.3%, 소년부가 41.7% 감소하였는데, 전체 초등학생의 경우 36.7%가 감소한 셈이다. 중고등학교 교회학교 학생수 추이는 지난 10년 동안 38.9%가 감소하였다.

7) 통계청, 『인구주택총조사 종교인구』, 2016.

8) 대한예수교장로회(통합) 총회, 『교세통계』, 2011-2020.

이를 학령인구 추이와 비교해 보자. 지난 10년 사이의 학령인구 감소율은 초등학생의 경우 15.76%인데 이에 근거해 볼 때, 교회학교 초등학교 학생수는 학령인구보다 21% 정도 더 감소한 셈이다. 중고등학생의 학령인구 감소율은 31.9%로서 교회학교 중고등학생의 감소율(38.9%)이 7% 가까이 더 감소한 것을 볼 수 있다. 교회학교 학생수가 급격히 감소하는 것도 문제지만 학령인구보다도 더 감소하는 현상은 심각하게 받아들여야 할 것이다. 지난 10년 동안의 학령인구 추이는 다음의 도표와 같다.

《표 1-4》 2010~ 2019년 학령인구 추이[9]

년도	계(6-21)	초등학교	중학교	고등학교	대학교
2010년	9,950	3,280	1,985	2,084	2,601
2011년	9,785	3,109	1,914	2,062	2,700
2012년	9,590	2,926	1,867	2,028	2,769
2013년	9,397	2,783	1,818	1,985	2,811
2014년	9,181	2,751	1,719	1,912	2,799
2015년	8,920	2,720	1,578	1,868	2,755
2016년	8,672	2,688	1,458	1,816	2,710
2017년	8,461	2,719	1,385	1,715	2,642
2018년	8,260	2,757	1,340	1,574	2,589
2019년	8,047	2,765	1,318	1,454	2,511

(단위 : 천명)

신학대학교의 지원자 수는 단순한 학령인구보다 교회학교 학생 수에 더 큰 영향을 받게 된다. 신학대학교에 지원하는 학생은 당연히 교회를 다니고 교회학교에 출석하는 학생이기 때문이다. 그런데 교회학교 학생수의 감소가 일반 학령인구 감소보다 더 급격하게 이루어지기 때문에 일반대학이 겪게 되는 지원율 감소보다 더 심각한 지원율 감소를 겪을 가능성이 많은 것이다. 이러한 학령인구 및 교회학교 학생 수 감소로 인한 지원율 감소 현

9) 통계청, 『장래인구추계』, 2019.

상은 먼저 대학교 지원율에 영향을 줄 것이고 이어서 신학대학원, 대학원에 영향을 미칠 것이다. 장신대를 포함한 신학대학교의 경우, 대학부는 이미 지원자 급감을 경험하고 있고, 향후 더 심각한 지원자 감소를 경험하게 될 것이다. 이에 대한 진지한 대책이 마련되어야 한다.

III. 신학교육의 내부적 위기

한국의 신학교육의 내부적 위기는 몇 가지 차원의 '분리현상'으로 설명할 수 있다. 많은 목회자들이 '신학교 무용론'을 말하며 '신학교에서 배운 것은 교회 현장에서 별 도움이 되지 않았다'고 말하는 신학교육과 목회 현장과의 분리를 비롯해서, 신학의 제 학문 간의 분리, 교육목적과 교육과정의 분리, 이론과 실천의 분리, 신학과 목회의 장인 상황과의 분리, 그리고 교수와 학생의 세대 간 소통의 분리 등을 들 수 있다.

첫째, 신학교와 교회현장(목회)의 분리현상이다.[10] 이것은 제도적인 장치나 구조를 말하는 것이 아니다. 대부분의 교단 신학교는 오히려 자율성이 부족하다고 지적될 정도로 교단과 분리되어 있지 않고 연계되어 있다. 현재 교단에 속해있는 신학교의 신학대학원 과정은 교단의 공식적인 목회자 양성 과정으로서 교단의 총회가 목회자 양성을 위해 신학교에 '위탁교육'을 실시하는 구조를 지니고 있다. 따라서 노회 별로 목사후보생 고시를 치르고 노회장의 추천을 받아 입학을 하고 졸업 시에는 졸업생 명부를 총회장에게 제출하도록 되어 있는 것은 이러한 견고한 연계성을 보여준다. 그러나 신학교 안에서 이루어지는 교육활동(교육내용, 방법, 과정)과 교회 안에

----

10) 최봉기 교수는 '다원화 상황에서의 신학교육을 위한 제요소들'이라는 논문에서 신학과 교회의 분리현상을 지적하고 있는데, 이를 극복하기 위해서는 교회의 신학화(theoloziging of the church)와 신학의 교회화(churchifying of theology)가 요청된다고 주장한다(한국신학교육연구원 편, 『1990년 신학교육 연구보고서』(서울: 전국신학대학협의회 한국신학교육연구원, 1991), 79.).

서 이루어지는 목회활동(목회내용, 방법, 과정) 사이에는 큰 간격(gap)이 존재함을 부인할 수 없다. 신학교의 교육과정은 하나의 '목회자가 되기 위한 자격요건'을 갖추는 과정으로 전락하고, 목회를 위해서는 각자의 경험과 신학교 외의 교육 및 훈련프로그램을 필요로 하는 형태로 변모해가는 것은 아닌가 하는 의구심을 갖게 한다.

둘째, 교육목적과 교육과정의 분리현상이다. 앞에서 언급한 것처럼 '목회자 양성'이라는 분명한 교육목적이 설정되어 있지만 교육과정, 즉 교육내용이나 방법 등은 이것과 직결되지 않은 채 제공되는 경향이 있다. 교육은 목적적인 행위이다. 교육은 분명한 의도(intention)를 지니고 변화(change)를 추구하는 목적 지향적 행위이다. 분명한 목적을 설정하고 이를 성취할 수 있는 가장 타당하고 적절하고 효율적인 교육내용과 방법을 설정하고 이를 실천하는 것이 가장 성공적인 교육을 보장하는 것이다. 그런데 과연 설정된 교육목적이 교육과정과 교육방법, 교육평가를 통해서 제대로 구현되고 있는지를 분석할 필요가 있다. 신학교육의 성과는 교육목적을 제대로 성취하고 있느냐로 판단되어진다. 신학교육에 있어서 교육목적과의 일관성 및 연계성을 상실하고 분리되어 있는 교육과정은 신학교육의 위기를 초래하게 된다.

셋째, 신학이라는 학문 내의 분리현상이다. 신학은 교회와 분리될 수 없고 분리되어서도 안 된다. 신학은 교회를 위한 신학이고 교회는 신학적 탐구의 장이라고 할 수 있다. 그런데 신학이 분류되고 구분되고 나누어지면서 원래의 통전성(wholeness)이 약화되고 있는 것이다. 성서신학, 역사신학, 조직신학, 실천신학이라고 하는 사중적 형태(fourfold pattern)만이 아니라 신학의 각 분야는 보다 더 다양하게 세분화되는 경향이 있다. 이는 일반 학문에서 사회과학과 인문과학이 분화되는 것과 맥을 같이 하는데 철학, 심리학, 사회학, 역사학, 언어학, 정치학, 경제학, 교육학 등이 발전하면서 신학의 일반 학문에 대한 예속이 강하면 강할수록 분리현상은 심화되고 있다. 더욱이 각 분야의 전공자는 그 분야의 한계에 둘러싸여 타 분야와의 대화가 부족하고, 자기 전공 분야 안에서마저 자기의 세부 전공에 파묻힌 나머지 신학의 통전성은 심한 위협을 받고 있다. 이러한 신학의 파편화 현상은 보다 더 신학과 교회현장의 분리를 가속화시키는데 왜냐하면 현장은 늘 통합적인 형태로 존재하기 때문이다.

넷째, 이론과 실천의 분리현상이다.[11] 이론이라는 영어단어(theory)의 어원은 테오로이(theoroi)로서 '관람함'(looking on)의 뜻을 지니고 있다. 이는 무대나 경기장에서 벌어지고 있는 일을 구경하는 것을 의미하는데, 그 현장에 참여하기보다는 관망하고 관조하는 행위라고 할 수 있다. 이런 이론은 프락시스(praxis)와는 다른 것으로 실천과 분리된 탐구인 것이다. 종래의 신학과 신학적 탐구는 다분히 이론(theory)으로서의 학문이었고, 따라서 실천(practice)과는 분리되는 경향을 지녔던 것이다. 신학교 교수는 '현장의 실천적 변화'에 관심을 갖고 이를 위해 학생들을 훈련시키고 변화시키는 '양육자' 또는 현장 지향적 '교육실천가'라는 이미지보다는 자기 분야의 '학문 탐구자'로서의 이미지를 갖고 있다. 보다 첨단의 학문을 공부하고 연구해야 하는 학자로서의 자기 정체성은 교수들을 보다 현장으로부터 멀어지게 하는 요인이 되기도 한다.

다섯째, 학문과 목회의 장으로서 상황의 분리현상이다. 신학이 교회를

11) 권진관 교수는 그의 논문 '신학교육에 있어서 신앙적 실천의 역할에 관한 연구'에서 신학을 "인간의 역사 속에서 실천하는 신앙(faith active in praxis)을 연구, 성찰하는 학문"으로 정의하고, 신학의 실천적인 측면을 강조하였다(박준서 편, 「한국신학과 신학교육」(서울: 대한기독교서회, 1994), 175.).

위한 신학이라면 한국교회라는 상황 안에서 문제를 인식하고 이를 해결하는 노력이어야 할 것이다. 그러나 대부분의 신학교 교수들은 한국교회라는 상황에서 출발하기보다는 학문적 관심에서 출발하고 있고 미국이나 유럽에서 신학을 공부한 후 이를 신학교 학생들에게 가르치는 방식을 취하고 있다. 이 과정에서 어느 정도 한국의 문화와 토양, 한국 교회와 사회의 상황에 대한 인식과 문제의식을 지니는지에 대해서는 의문이다. 결국 한국 교회와 사회, 문화와의 접촉점(point of contact)을 상실한 채 신학교육이 이루어지게 된다. 물론 교수임용에 있어서 일정 기간의 목회경험 요구를 통해서 간접적으로 이를 보완하려는 노력이 이루어지고 있으나, 보다 신학교육의 내용이 한국교회의 문제를 해결할 수 있는 가능성을 담보하는 것이 되어야 할 것이다. 이런 면에서 다양한 현장의 이슈들을 학문적으로 검토하는 '현장연구'의 중요성이 강조되어야 하며 학문과 이론을 부단히 현장과 연계시키려는 노력이 필요하다.

여섯째, 교회와 하나님 나라의 분리현상이다. 신학교육을 목회자 양성과정으로 인식할 때, 목회자는 목사 안수를 받고 지역교회를 목회하는 전통적인 목회자상으로 제한되는 경향이 있다. 일종의 교회에 목회자를 공급하는 목회자양성소로서 목사직에 대한 직업훈련원의 성격을 지닌다. 그러나 이러한 전통적인 목회자의 개념은 보다 확대될 필요가 있다. 지역교회의 목사직만이 아니라 하나님 나라의 일군으로서 다양한 영역에서 '그의 나라와 그의 의를 구하는' 사역을 감당하는 사람을 신학교육의 대상으로 포함하여야 한다. 선교사는 물론 다양한 기독교 NGO(Non-governmental organization)와 선교단체에서 사역할 사람들을 양성하여 배출하는 것도 신학교육의 중요한 사명이 될 것이다. 지역교회 목회자가 되더라도 교회가 하나님 나라 운동의 센터가 되어야하기에 신학교육에서 교회를 위한 신학만이 아니라 하나님 나라를 위한 신학을 가르치고 배워야 할 것이다. 이런 점에서 신학대학원(M.Div.) 과정은 '하나님 나라의 일군' 양성이라는 관점으로 접근하는 것이 바람직할 것이다.

마지막으로, 교수와 학생 간(세대 간)의 커뮤니케이션 분리현상이다. 교육은 커뮤니케이션인데 소위 아날로그 문화를 지닌 교수 세대와 디지털 문화를 지닌 학생 세대 간의 소통 약화 현상이다. 대부분이 젊은 세대인 신학생의 문화와 커뮤이케이션 방식은 급격하게 변화하고 있는데, 신학교육은 전통적인 방식을 고집할 때 결국 교육의 약화 또는 부재 현상이 일어나는 것이다. 이것은 신학교육에서만이 아니라 오늘날 종교와 한국교회가 직면한 세대 간 위기이기도 하다. 한국사회 전반에 걸쳐서 새로운 세대가 등장하게 되었는데, 소위 디지털 네이티브(Digital native)의 출현이다. 이들은 태어나면서 디지털의 환경 속에서 자라나서 뼛속까지 디지털의 사고방식에 젖어 있다. 베이비부머 세대가 컴퓨터 산업을 발전시키고 인터넷을 기반으로 한 디지털 시대의 문을 열었지만 그들은 여전히 아날로그식의 사고방식을 버리지 못한 채 디지털을 활용하는 디지털 이민자(Digital immigrant)에 불과하다. 그러나 디지털 네이티브는 원어민들이 모국어를 사용하는 것처럼 태어나면서부터 디지털 문화 속에서 디지털의 사고패턴과 행동양식, 그리고 삶의 방식이 익숙한 세대이다. 디지털 시대가 도래하고 디지털 네이티브가 신학교 학생의 대부분을 차지하게 되었음에도 불구하고 디지털 시대의 신학교육으로 준비되지 못한 신학교는 지금 위기를 경험하고 있다.

토의를 위한 질문

1. 오늘날 신학교육이 위기라고 생각하는가? 위기라고 생각하든지 위기가 아니라고 생각하든지 그 이유를 말해보자.

2. 신학교육의 여러 가지 분리현상 중 가장 심각한 분리현상은 무엇이라고 생각하는가? 그 분리현상을 극복할 수 방안은 무엇일까?

3. 신학교육의 위기를 보여주는 사례나 통계, 언론보도 등을 한 가지씩 찾아서 나누어 보자.

제2장. 신학교육의 재개념화: 실천지향적 신학교육

신학교육의 분리현상은 신학교육, 특히 목회자 양성과정으로서 신학대학원(M.Div)의 교육이 본질상 어떤 모습이어야 하는지를 제대로 이해하지 못하였거나 오해하기 때문에 일어나는 현상으로서, 이는 신학교육의 재개념화(re-conceptualization)를 요청하고 있다. 전통적인 신학교육에 대한 이해는 '신학'이 무엇인지로부터 출발해서 '그러므로' 신학교육은 '이래야 한다'는 식의 접근이다. 만약 '목회자 양성'이 어떠해야 하는 지로부터 출발해서 신학교육(M.Div 과정)은 '이래야 한다'는 식으로 접근한다면 전혀 다른 신학교육에 대한 새로운 이해가 가능할 것이다. 즉, 신학교육을 접근하는 두 가지 방식이 있는데, 신학이라는 학문으로부터 출발하는 방식과 목회자 양성이라는 교육목적으로부터 출발하는 방식이 존재하는 것이다. 전자가 보다 '신학'을 강조하는 접근이라고 한다면 후자는 보다 '교육'을 강조하는 접근이라고 할 수 있을 것이다.

I. 신학교육으로서 신학대학원 과정

'신학교육'은 '신학'이라는 단어와 '교육'이라는 단어가 합해진 단어이다. '신학교육'에 있어서 '신학'에 해당하는 영어단어는 theological로서 '신학의,' '신학적인'의 뜻이다. 교육은 education으로서 가르침과 배움의 전 과정을 말하며, 교수(teaching), 수업(instruction), 학교교육(schooling), 훈련(training) 등의 개념보다 넓은 개념으로서 이 모든 것들을 포함한다. 여기에는 형식적인 교육과정(formal curriculum)은 물론이고 비형식적 교육과정(informal curriculum)과 잠재적 교육과정(hidden curriculum)을 모두 포함한다. 즉, 신학교육은 신학을 가르치고 배우는 전 과정을 일컫는다. 그런데 신학 교육기관 중에서 대학교 (University) 안의 단과대학으로서의 신학대학(Divinity school)과 주로 교단에서 운영하는 신학교(Theological seminary)는 그 특성을 달리 한다. 전자는 신학을 학문적으로 연구하고 가르치는 것에 주된 관심이 있다면, 후자는 신학을 학문적으로 연구하고 가르치지만 교단 신학이라는 범주를 갖고 연구하며, 그 교단의 목회자를 양성하는 것에 초점을 두고 있다. 특히, M.Div. 과정은 목회자 양성과정으로서 신학을 학문적으로 공부하는 Th.M. 과정과도 구별된다. M.Div.를 우리나라에서는 교역학석사 또는 목회학 석사라고 부르는 것은 Th.M.을 신학석사라고 부르는 것과는 구별 되는데, 이것이 두 과정의 차이를 선명하게 보여주고 있다.

M.Div. 학위가 출현하게 된 것도 사실 지나치게 학문중심, 이론중심으로 가는 신학교육의 문제점을 해결하기 위한 것이었다. M.Div.(Master of Divinity) 학위는 1924년에 조직되었다가 1956년에 재조직된 미국과 캐나다의 신학대학협의회(Association of Theological Schools, ATS)가 신학교육과 실천 현장의 깊은 괴리를 줄이기 위하여 1970년에 고안해 낸 학위이다.[12] "ATS의 『학위프로그램 표준서』(Degree Programs Standards)에 따르면 M.Div. 학위는 안수목회와 일반적인 목회와 종교적인 리더십을 필요로 하는 사람을 준비시키는 학위로 목회학 박사 (D.Min.) 과정의 입학요건으로 필요한 학위이고, 신학적 연구와 학습에 기초한 고급프로그램에 들어가기 위한 첫 신학학위로 추천하는 과정"이라고 되어 있다.[13]

029

---

12) 김성익, "미국 신학교육 발전 속에 나타난 목회현장성과 영성 형성 논의의 함의," 한국기독교학회, 『한국기독교신학논총』 68(1), 2010. 4., 319.

II. 신학과 목회학의 차이

여기에서 우리는 중요한 질문을 던질 수 있다. 신학과 목회학(교역학)은 어떤 차이가 있는가? 물론 신학은 보다 학문적인 명칭이며, 목회학은 보다 실천을 강조하는 명칭이라는 차이가 있다. 소위 신학교육(theological education)보다 목사양성교육(clergy education)이라는 용어를 사용할 때는 후자를 강조하는 것이다. 그런데 M.Div.과정이 목회자 양성과정이라면 이 과정에서는 신학을 가르치고 배우는 것보다 목회학을 가르치고 배운다고 생각하고 접근하는 것이 더 목적에 부합하는 것이 아닐까 하는 문제제기가 가능하다.

"목사가 되기 위해서 왜 신학교에 가야 하는가?" 이 질문에 대해 "신학교를 졸업해야 목사가 될 자격이 주어지니까"라고 대답한다면 이것은 맞는 대답이지만 한편 신학교의 신학교육의 의미가 목사가 되기 위한 자격증을 수여하는 곳으로 전락할 수 있다는 안타까움을 느끼게 한다. 신학교에서 받는 신학교육을 통해 진정으로 목사가 될 수 있는 자질과 자격이 구비되고 그러한 역량을 갖게 하는지에 대해서 질문해야 할 것이다. 이런 점에서 "목사가 되기 위해서 신학을 공부하는 것으로 충분한가?"는 의미있는 질문이다. 적어도 목회자 양성과정인 M.Div. 과정은 '목회자 양성과정의 필요충분조건'으로서의 신학교육이 이루어져야 한다. 목사가 되기 위한 필요충분조건으로서의 신학교육이 되기 위해서는 '신학교육'에 대한 재개념화가 필요하다.

이것은 일반 대학교에서 신학을 공부하는 신학함과는 공유되는 부분도

---

13) ATS, *Degree Programs Standards* (Pittsburgh, PA: Association of Theological Schools, 2002), 187. 김성익, "미국 신학교육 발전 속에 나타난 목회현장성과 영성 형성 논의의 함의," 319.

있겠지만 차별화되어야 한다. 신학대학원(M.Div.) 과정의 우선적인 목적은 신학자 양성이 아니라 목회자 양성이기 때문이다. 물론 신학대학원이라고 해서 신학의 학문적 탁월성이 무시되어도 된다는 의미는 아니다. 신학대학원 학생들, 즉, 목사후보생들도 탁월한 학문으로서의 신학을 접할 기회를 지녀야 하고 그로부터 얻는 유익을 경험해야 한다. 그렇기 때문에 학문적 신학함의 업적과 결과가 목회자 양성과정에 접목될 수 있는 통로는 열려있어야 하며, 신학자들인 교수들에 의해서 소개받을 수 있을 것이다. 그런데 그러한 신학이 '목회자 양성'에 도움이 되는 방식으로 접목되어야 한다는 점이 중요하다. 이런 점에서 목회자 양성과정에서의 신학함은 탐구와 절제가 함께 공존해야 하며, 보다 실천지향적 질문에 의해서 동기부여되는 교육과정이 되어야 한다.

Ⅲ. 실천지향적인 신학교육으로의 재개념화

목회자 양성과정(M.Div)으로서의 신학교육에 대한 재개념화는 신학교육을 '실천지향적'인 신학교육으로 이해하는 것이다. 신학대학원(M.Div) 과정이 목회자 양성 과정이라고 해서 신학교육이 아닌 다른 학문을 가르쳐야 하는 것은 아니다. 단, 보다 목적 지향적으로 그 신학교육을 실천지향적으로 재구성하여서 명실상부한 '목회자 양성과정'이 되어야 한다는 것이다. '실천지향적'인 신학교육에 대한 세 종류의 오해가 있다. 첫째는 실천신학을 강조하려는 의도로 오해하는 경우이다. 둘째는 목회적 기능만을 강조하는 교육으로 오해하는 경우이다. 셋째는 실천을 이론의 현장 적용으로 간주하려는 오해이다.

1. 실천지향적 신학교육과 실천신학

목회자 양성과정인 신학대학원에서 '실천지향적' 신학교육을 해야한다는 것을 '실천신학'을 강조하려는 의도로 오해하여서는 안 된다. '실천지향적' 신학교육이 소위 신학의 사중적 분류를 따를 때, 성서신학, 역사신학, 조직신학을 약화시키고 실천신학의 비중을 늘리고 이를 강조해야 한다는 의미가 아니다. 목회자가 되기 위해서 가장 기본이 되는 것은 성서이해인 것은 누구도 부인할 수 없는 사실이다. 성서학의 발전에 따른 보다 정확하고 올바른 성서해석의 방법과 그에 따른 성서이해를 가르치고 배우는 것은 목회자 양성과정에서 핵심적인 교육과정 중의 한 부분일 것이다. 중요한 것은 그것을 가르치는 목적과 방향이 지적 호기심의 만족이나 학술적인 탐구 자체에 있는 것이 아니라 목회자 양성과 목회적 역량을 함양하는 것에 있다는 점이다. 목회자 양성과정에서의 신학함과 신학교육이 실천지향적이 되어야 한다는 것은 성서신학 분야의 과목을 줄이고 실천신학 분야의 과목을 늘려야 한다는 것이 전혀 아니라, 이러한 신학함의 방향이 실천을 '향해' 있어야 한다는 의미이다.

이 점에 있어서 역사신학이나 조직신학 분야도 마찬가지이다. 필자는 신학의 사중적 구분에 동의하지 않지만 그 구분에 근거해 말한다면 역사신학과 조직신학은 성서신학과 마찬가지로 신학의 중요한 기초영역으로서 신학의 정체성 확립에 크게 기여할 수 있고, 더욱이 교단 신학의 경우는 교단 신학의 정체성과 독특성을 확고히 하는 데에 결정적인 분야라고 할 수 있다. 장로교 목사는 장로교회의 정체성에 뿌리를 내리고 장로교 교리가 어떻게 형성되고, 왜 정당한지를 분명히 배울 때 갈수록 팽배해지는 이단과 사이비 종파의 공격과 유혹 속에서 성도들을 건강하게 양육할 수 있는 기초를 확립할 수 있을 것이다. 이 분야에서도 최근의 신학적 논의들을 포함한 신학의 진보가 목회자 양성과정에 유입될 수 있는 통로는 열려있어야 하지만 그 신학교육의 방향이 실천지향적이 되어야 함을 강조하는 것이다. 이는 실천신학 분야도 예외가 아니다. 실천신학을 배우는 것 자체가 실천에 도움이 되는 것을 보장해 주지 않는다. 실천신학마저도 실천지향적이지 않을 수 있기 때문이다. 결국 신학대학원에서의 신학교육은 신학의 제 분야가 목회자 양성과 목회적 역량 함양에 방향을 맞춘 신학교육으로의 재개념화가 필요하다고 할 수 있다.

2. 실천지향적 신학교육과 목회 기능주의

신학대학원에서의 신학교육이 실천지향적이 되어야 한다는 것을 목회적 기술이나 전략, 방법론, 노하우(know how) 등의 목회적 기능을 강조하는 교육으로 간주하는 것도 오해이다. 많은 기성 목회자들이 신학대학원을 향해서 비판하는 목소리 중의 하나가 "신학대학원을 졸업해도 장례식 집례도 못하고, 심방을 어떻게 해야 하는지도 모르고, 찬송 인도 하나 제대로 할 줄 모른다."고 하는 비판이다. 그래서 신학교에서 실제적이고 현장적인 교육을 했으면 좋겠다고 제안하기도 한다. 심지어는 신학교 채플시간에 강사로 와서 설교시간에 "신학교에서 배운 것은 하나도 쓸데없다. 목회 현장에 오면 다 다시 배워야 한다."고 공공연하게 말하기도 한다. 이들의 주장은 이해되는 측면이 있다. 신학대학원을 졸업하였으면 목회 현장에서 그 자질과 역량을 발휘할 수 있어야 하는데 그렇지 못한 현실 속에서 목회자 훈련을 별도로 해야 하는 안타까움이 있기 때문이다. 그러나 신학대학원은 당장의 목회 현장에 사용할 수 있는 기술을 배우는 직업학교는 아니다. 그리고 그러한 목회의 기술이나 전략이라는 것은 교회가 처한 지역적, 문화적 환경에 따라 다를 수 있고, 요즘처럼 급변하는 시대에는 몇 년이 지나면 쓸모없는 것이 될 수도 있다. 신학교는 목회의 기술이나 기능을 배우는 곳이 아니라 그러한 능력을 발휘할 수 있는 기초적인 신학적 이해를 배우고 스스로 어떤 상황에서든지 목회적 소명을 이루기 위해 목회를 어떻게 접근하고 목회적 역량을 발휘하는지를 배우는 곳이다. 소위 물고기를 잡아주는 것이 아니라 물고기 잡는 법을 가르치고 배우는 곳이라고 할 수 있다. 이런 점에서 목회적 실천을 지향하는 신학교육은 당장의 필요를 채워주는 얄팍한 실용주의나 기능주의적 접근에 동의하지 않는다.

정일웅 교수는 그의 논문에서 '신학교육 공동개선 보고서'에 대해 신학교육을 지나치게 기능주의적으로 이해하고 있다고 비판하고 있다. 사실 신학교육공동개선 보고서의 앞부분인 "신학교육 교과과정 및 신학교육방법론 개선 연구"는 필자가 집필하였다. 그렇기 때문에 정일웅 교수의 글은 나의 글에 대한 비판인 셈이다. 그 비판에서 받아들일 수 있는 부분도 상당 부분 있지만 실천지향적인 것을 실천신학에 대한 강조나 기능주의적 접근과 동일시 한 점에 대해서는 동의할 수 없다. 그는 필자가 신학대학원 과정(M.Div)은 목회자 양성과정으로서 실천지향적이 되어야 한다는 주장을 마치 목회자 양성교육은 신학을 배제하고 신학적인 능력은 필요없다고 주장한 것처럼 오해하게끔 하고 있다. 그는 "목회자 양성이 어떻게 신학적인 능력을 길러주지 아니하고 목회자로 교육할 수 있는지?" "신교협의 주장대로 신학교육이 이론보다는 실천을 강조하고, 재빠른 교회성장과 목회성과만을 획득하기 위하여 생산기술습득에 신학교육의 무게를 두는 것은 그야말로 신학교육의 위기로 인식될 뿐이다."[14]라고 비판하고 있다. 그러나 필자의 주장은 목회기능인을 양산하는 신학교육을 주장하는 것이 아니라 목회자 양성을 주된 목적으로 하는 신학대학원 교육과정은 일반 신학대학이나 대학원과는 달리 실천지향적 성격을 지니기 때문에 성서신학, 조직신학, 역사신학과 같은 소위 이론신학을 약화시키자는 것이 아니라 그 방향이 목회지향적, 실천지향적이어야 함을 강조한 것이다.

3. 실천지향적 신학교육과 이론-실천 패러다임

신학교육의 실천지향적 접근에 대한 또 하나의 오해는 '이론과 실천' 패러다임으로 이해하려는 방식이다. 이것은 신학을 크게 이론신학과 실천신학으로 분류하고 실천신학을 이론신학의 현장 적용(application)이라는 관점으로 접근하는 것을 의미한다. 지금도 그 전통이 이어져 오는 신학의 사중적 구조도 앞의 성서신학, 역사신학, 조직신학은 이론신학이며 그것을 현장에 적용하는 분야를 실천신학으로 이해하는 점에서 이론-실천 패러다임에 속한다고 볼 수 있다. 그러나 '실천지향적' 신학교육은 이론과 실천을 분리하고, 이론보다는 실천을 더 강조해야 한다고 주장하는 입장이 아니다. 이론이 먼저 존재하고, 그 적용으로서 실천이 존재하는 것이 아니라 진정한 이론은 실천으로부터 나와야 하고 진정한 신학은 이론과 실천, 앎과 삶이 분리되지 않는 신학을 의미한다.

다익스트라(Craig Dykstra)도 실천을 통해서만이 진정한 신학이 가능하다고 주장함으로써 이론과 실천의 분리를 극복하려고 하였는데, 진정한 하나님의 지식(habitus)은 성경을 해석하고, 기도하고, 예배하는 것과 같은 실천을 통해서 획득할 수 있다고 보았다. 그리고 추상적인 지식이 아닌 지혜로 나아가기 위해서는 "삶의 방식으로서의 기독교 신앙에 대한 구

035

---

14) 정일웅, "미래 한국교회의 목회자 양성을 위한 신학교육 개선에 관한 연구," 신학지남사, 『신학지남』 73(3), 2006. 9., 19.

체적이고 복합적이고 전인적인 결과라고 할 수 있는 공동체에 참여해야 한다."고 주장한다.[15] 다익스트라는 '이론-실제 패러다임'을 거부하면서 전통적으로 사용해 오던 실제의 개념을 실천의 개념으로 재해석하였다. 실제(practice)의 개념은 이론(theory)의 형성에 도움을 주는 요소로 이해되지 못했으며, "이론과 분리된 개인주의적 추상적 기능적 몰역사적 개념으로 이해되어져 왔다"는 것이다.[16] 다익스트라는 지금까지 응용의 개념으로 이해되어 온 '실제'(practice)의 의미를 보다 능동적인 개념인 '실천'으로 재해석하면서, 신학에 있어서 이 실천의 중요성을 강조하였던 것이다.

노영상도 그의 "신학과 신학교육의 현장성과 실천성 제고"라는 글에서 오늘날 신학교육의 가장 심각한 문제로 신학교육이 현장성과 실천성을 상실한 점을 들고 있다. "신학이 오늘의 교회와 사회의 문제를 깊이 있게 다루지 못하고, 현학적이며 사변적인 작업에 머물러 있다는 비판을 받고 있다. 우리의 상황을 숙고하지 않고 외국의 신학들을 여과 없이 소개하는 데만 그침으로써 우리의 현실인식을 더욱 어둡게 만들었다." 그는 응용신학(applied theology)과는 구별되는 실천신학(practical theology)에서 해결 가능성을 보고 있다. 브라우닝(Don S. Browning)을 중심으로 시도되고 있는 실천신학은 과거 신학의 사중적 구조에서 이론신학에 대비되는 개념으로서의 실천신학과는 구별된다. 그는 이 구별을 강조하기 위해서 '근

036

15) Craig Dykstra, "Reconceiving Practice in Theological Inquiry and Education," in *Virtues and Practices in the Christian Tradition*, Nancy Murphy et al.(eds.) Notre Dame: Univ. of Notre Dame Presss, 1997), 유재덕, "정보화 시대의 새로운 신학교육: 통합 지식적 관점을 중심으로", 한국기독교교육정보학회, 『기독교교육정보』 제20집, 2008. 8., 244.에서 재인용)

16) Craig Dykstra, "Reconceiving Practice," in *Shifting Boundaries: Contextual Approaches to the Structure of Theological Education*, edited by Barbara C. Wheeler and Edward Farley (Louisville, Kentucky Westminster/John Knox Press, 1991), 35-36. 김현숙, "신학교육과 대화적 패러다임", 한국기독교교육정보학회, 『기독교교육정보』 2, 2001. 4., 274.

본적 실천신학'(A Fundamental Practical Theology)이라는 표현을 사용하고 있는데, 모든 신학이 근본적으로 실천신학적이어야 한다고 주장하는 것이다.[17]

'실천지향적' 신학교육이라고 하는 것은 신학의 사중적 구조 가운데 실천신학만 강조하자는 것도 아니며, 목회의 기능만을 중시하는 기능주의 교육을 하자는 것도 아니며, 이론–실제 패러다임 속에서 이론의 실제적인 적용을 강조하자는 것도 아니다. 신학 자체가 실천에 바탕을 둔 것이 되어야 하며, 이론과 실제가 분리되지 않는 신학함을 추구함으로 신학함이 실천적 변혁을 담보하는 것이 되어야 한다는 것이다.

Ⅳ. 신학교육에 대한 기독교교육 모델[18]

신학교육에 대한 재개념화로서 '실천지향적' 신학교육은 신학교육이 지니는 '교육적' 성격을 강조하는 접근이다. 신학교육도 일종의 교육이다. 교육에 있어서 '의도성'(intentionality)은 매우 중요하다. 교육의 정의(definition)로 많이 사용되는 정범모의 "교육은 인간행동의 계획적인 변화"라는 정의도 바로 교육의 '계획성'과 '의도성'을 강조하는 것이다. 신학교육은 단지 신학을 하는 것과도 구별된다. 물론 신학적 탐구와 신학함이 결여된 신학교육은 신학 지식을 전달하는 행위로 전락할 수 있고, 가장 좋은 신학교육은 신학함을 배우는 것임을 부인할 수 없다. 그러나 그 과정

---

17) 노영상, "신학과 신학교육의 현장성과 실천성 제고," 대한기독교서회, 『기독교사상』 665, 2014. 5, 25-26.

18) 켈시(David Kelsey)는 그의 저서 『아덴과 베를린 사이』(Between Athens and Berlin: the Theological Debate)에서 영성형성을 목적으로 하는 신학교육을 아덴모델로, 학문적인 탐구를 목적으로 하는 신학교육을 베를린모델로 명명하였는데, 목회자 양성으로서의 교육목적을 성취하는 신학교육은 교육모델로서 광나루모델로 불리워도 좋을 것이다.(David H. Kelsey, Between Athens and Berlin: the Theological Education Debate (Grand Rapids: Eerdmans, 1993), 1-28.

이 대학이든, 신학대학원이든, 대학원이든 신학교육의 과정이 되는 한 교육목적을 이루는 의도적인 과정이 되어야 하는 것이다. 신학교육에 있어서 대학, 신학대학원, 대학원은 각기 그 목적이 동일하지 않다. 신학대학원(M.Div)의 교육목적은 대학이나 대학원과는 구별된 '목회자 양성'으로서 '교회와 하나님 나라'를 위해 봉사할 목회자를 양성하는 것이다. 신학대학원(M.Div)의 신학교육은 이 교육목적을 이루는 과정이 되어야 한다.[19] 신학교육의 커리큘럼은 이 교육목적을 가장 잘 구현할 수 있는 교육내용이 되어야 한다.

이러한 '교육'으로서 신학교육을 접근할 때, 적어도 목회자 양성 과정인 신학대학원(M.Div)의 경우는 '목회자'가 누구인지, 어떤 자질과 역량을 갖춘 사람인지, 향후 어떤 사역을 감당하기를 기대받고 있는지를 제대로 분석하고 이를 가능케 하는 교육이 되도록 해야 할 것이다. 이것은 '신학'으로부터 멀리 떠나는 것을 의미하는 것이 아니다. 목회자는 다른 직업인이 아니라 하나님의 뜻에 따라 하나님의 말씀을 전하고 하나님의 사람들을 양육하여 하나님 나라의 일군 되게 하는 존재이기 때문에 신학함은 목회자 양성 교육의 원천이요 교육과정의 대부분을 차지한다고 볼 수 있다. 단지 이 '신학함'이 학문적 탐구에 그치지 않고, 실천지향성을 지님으로 목회적 변화를 일으킬 수 있는 능력이 되어야 한다.

그런데 과연 '목회'를 위해서 신학을 배우는 것이 필요충분조건인가? 신(하나님) 이해에 초점을 두고 있는 신학이 목회를 위한 필요조건임은 분명

038

---

19) 장로회신학대학교는 개교 100주년을 맞이하며 교육이념을 "예수 그리스도의 복음전파와 하나님 나라의 구현"으로 정하고, 각 과정에 따른 교육목적을 설정하였다. 대학의 교육목적은 "국가, 사회 및 교회에 봉사할 지도자와 교역자의 양성"이며, 신학대학원의 교육목적은 "교회와 하나님의 나라를 위해 봉사할 목회자 양성"이고, 대학원의 교육목적은 "교회와 사회와 국가 발전에 이바지할 수 있는 학자와 지도자 양성"이다.

한데, 과연 충분조건이 될 수 있는가에 대해서는 논의의 여지가 있다. 왜냐하면 목회는 인간을 대하는 것이요, 인간의 변화를 추구하는 행위이며, 사회 속에서 일어나는 현상이기 때문이다. 물론 오늘날의 신학은 좁은 의미의 '신에 대한 이해'가 아닌 인간학을 어느 정도 포함하기 때문에 신적 차원만이 아니라 인간적 차원도 다루는 것이 사실이다. 그러나 목회는 어떤 사회와 문화 속에서 인간을 변화시키는 행위로서 인문, 사회과학적인 통찰을 필요로 하고 있다. 기독교적으로 바르게 이해된 철학, 심리학, 사회학, 인류학, 교육학, 행정학, 경영학 등은 목회에 유용한 학문이 될 수 있는 것이다. '실천지향적' 신학교육은 이러한 지혜들도 귀히 여기며 진정한 의미에서 목회를 감당할 수 있는 역량을 갖추도록 돕는 교육을 추구하는 것이다. 이런 점에서 '실천지향적' 신학교육은 건강한 신학에 기반을 둔 목회학, 신학함을 소홀히 여기지 않는 목회학이라고 할 수 있을 것이다. 목회자 양성과정으로서 신학대학원(M.Div)의 신학교육은 바로 이와같은 '실천지향적' 신학교육이 되어야 한다.

그런데 여기에서 '목회'의 개념은 '지역교회 목회'와 동일시되기보다는 '하나님 나라의 전 사역'으로 확장해서 이해될 필요가 있다. 오늘날 급변하는 사회 속에서 다양한 형태의 목회가 요청되고 있는데, 전통적인 지역교회의 목회자 양성만으로 제한하는 것은 신학교육의 범주를 좁히는 우를 범하게 되는 것이다. 이런 점에서 '실천지향적' 신학교육이 목회자 양성 과정이라는 것은 교회는 물론 하나님 나라의 일군을 양성하는 과정을 의미하는 것이다. 이것은 신학교육이 평신도 교육도 포함할 수 있는 가능성을 열어주는 '범주의 재설정'이기도 하다.

요컨대, '실천지향적' 신학교육은 '교회와 하나님 나라 일군'으로서 목회자(사역자)를 양성하는 교육으로서, 기독교교육의 한 형태라고 할 수 있다. 신학교육은 그것이 '신학'교육이기 때문에 신학의 제 분야에 속한 활동이면서, 동시에 신학교육은 '교육'이기 때문에 기독교교육의 한 영역이기도 하다. 신학교육이야말로 어떤 다른 기독교학교나 교회학교에서 이루어지는 교육보다 더 '기독교적'이어야 한다는 점에서 기독교교육의 꽃이라고 할 수 있을 것이다. 전통적인 신학의 사중적 구조로서 성서신학, 역사신학, 조직신학, 실천신학을 가르치기만 하면 되는 것이 아니라 신학생들을 '교회와 하나님 나라 일군'으로 세우고 양육하기 위해 어떤 교육을 해야 할 지를 진지하게 탐구하면서 신학교육을 실천해야 하는 것이다. 이런 점에서 '실천지향적' 신학교육은 '교회와 하나님 나라 일군'을 양성하는 종합적인 기독교교육으로 인식하고 교육목적을 설정하고 교육과정을 작성하며 교수학습을 실천하며 교육평가를 담당해야 한다.

신학교육을 기독교교육으로 이해하는 것은 '신학'이라는 내용을 단지 가르치면 되는 것이 아니라 교육의 제 과정이 기독교적인 관점에서 이루어지고 있는지를 질문하는 것이다. 오늘날 신학교에서 이루어지는 교육이 과연 기독교교육적인가의 물음을 제기할 수 있다. 마치 미션스쿨이 건학이념은 기독교교육을 표방하지만 채플과 종교수업이 있을 뿐 교과수업과 학생지도, 교육평가, 학교경영이 기독교적이지 않고 세속적일 때 기독교학교의 정체성을 잃어가게 되는 것처럼, 신학교(신학대학원 포함)에서 이루어지는 교육이 교육내용은 신학이라고 할지라도 교육의 과정, 교육방법, 교육평가, 학교경영과 행정 등이 기독교적 가치관대로 이루어지지 않는다면 실제적으로는 기독교교육적 변화가 이루어진다고 볼 수 없을 것이다. 예컨대 신학교에서 하나님의 사랑과 신앙공동체, 섬김과 봉사를 가르치면서도 경쟁주의와 이기주의가 팽배한 입학제도와 수업방식, 그리고 평가방식이 이루어진다면 실제적으로 교육되는 것은 그 내용이 아니라 교육이 함의하고 있는 세속적 가치관일 것이다.

신학대학원의 신학교육을 '실천지향적' 신학교육으로 이해하고, '교회와 하나님 나라 일군' 양성으로 이해할 때, 보다 변혁적인 신학교육이 가능하다. 실천지향성과 하나님 나라 인식은 오늘날 한국교회와 사회가 처한 위기적 상황이 신학교육에 투영되어야 함을 의미한다. 즉, 신학과 실천이 보다 적극적으로 상호작용하면서 계시에 근거한 신학함이 실천을 직면하여 실제적인 변혁을 가능케 하는 것이다. 오늘날 한국교회의 위기와 사회의 가치관 혼란은 보다 적극적으로 현실을 변혁시키는 하나님 나라 운동을 요청하고 있다. 신학교육은 교회의 전통을 계승하고 존속시키는 역할을 할 뿐 아니라 교회를 개혁하는 예언자적 사명을 감당해야 하는데, 오늘 이 시대야말로 신학교가 한국교회에 속해 있고 교단의 위탁을 받은 교육을 수행하고 있지만 오히려 교단과 한국교회를 갱신해야할 일군을 배출해야할 사명이 있는 것이다. 지금까지의 신학교육이 너무 정태적이었고 과거지향적이었다면, '실천지향적' 신학교육은 보다 역동적이고 미래지향적인 '변혁적' 신학교육을 감당해야 하는 것이다. 이런 적극적인 신학교육을 하지 않고 한국교회의 위기만을 말하는 것은 신학교육의 본질적 사명을 저버리는 것이요 '심지 않은데서 거두려는' 우를 범하는 것이다. 이런 점에서 신학교육은 하나님 나라 운동이라는 차원에서 이루어져야 한다. '공중 권세 잡은 자'에 의해 다스려지는 이 땅에 하나님의 통치가 이루어지는 하나님 나라를 선포하고 하나님 나라의 삶을 사는 하나님 나라 일군을 세움으로서 하나님 나라가 확장되도록 하는 신학교육이 되어야 할 것이다.

토의를 위한 질문

1. "목사가 되기 위해서 왜 신학교에 가야 하는가?" 이 질문에 대한 당신의 대답은 무엇인가?

2. 실천지향적 신학교육과 실천신학을 강조하는 것은 어떤 차이가 있는지 말해보자.

3. 목회를 위하여 신학을 배우는 것이 필요충분조건인가? 각자의 견해를 나누어 보자.

제3장. 신학교육 개혁의 새로운 방향

목회자 양성과정인 신학대학원(M.Div)에서의 신학교육은 '실천지향적' 신학교육으로서 기존의 전통적인 신학교육과는 구별되어야 한다. 신학함 자체가 상아탑에서 과학을 연구하는 방식과는 달라야 하며, 학생들을 교회 와 하나님 나라 일군으로 세우기 위해서는 신학교육의 실천지향적 성격이 분명히 드러나야 하며, '의도적인' 교육모델로서의 목회적 역량을 함양할 수 있는 신학교육이 되어야 한다.

I. '하나님 알기'로서의 신학: 신학과 영성의 통합

신학은 '하나님에 관해서 아는 것'이 아니라 '하나님을 아는 것'으로서 객 관적인 지식을 아는 것과는 달리 하나님과 인격적인 관계를 맺는 것을 요청 하며, 신학함은 신앙과 분리되는 것이 아니라 학문과 경건, 신학과 영성이 통합된 활동이 되어야 한다. 현요한 교수는 그의 책 『신학은 하나님 배우 기: 신학, 영성, 실천의 재연합』에서 "우리는 하나님에 대한 지식은 많은데 하나님을 아는 지식은 없는 신학을 하고 있지는 않은가?"[20]의 질문을 던지 며 신학을 '하나님 배우기'로 재정의하고 있다. 초기 교회에서 오늘날 '신학' 에 해당하는 말은 '신지식,' '하나님 지식'인데, 이 개념은 '하나님을 아는 지 식'과 '하나님에 대한 지식'이 분리되지 않은 의미였다. 그런데 영지주의으 로 인한 혼란과 논쟁으로 '지식'이라는 단어를 사용하기 꺼리게 됨으로써 그 대안으로 사용되기 시작한 것이 Theologia였다는 것이다. 대부분 수도원 에 속해 있었던 고대 교부들과 신학자들에게 있어서 신학은 하나님에 대한 사변적이고 논리적인 논술만을 의미하는 것이 아니라 수도원적인 경건의

043

----

20) 현요한, 『신학은 하나님 배우기: 신학, 영성, 실천의 재연합』 (서울: 대한기독교서회, 2011), 23-24.

삶과 연합된 개념이었다.[21] 그러나 중세교회에서 신학과 영성, 이론과 실천의 분리가 시작되었고, 종교개혁 시대에 다시금 이들 간의 연합이 이루어졌으나 근대 신학에 이르러서는 다시금 학문과 신앙, 이론과 실천의 분리가 이루어지게 된다. 최근에 영성신학과 실천신학의 강조로 인하여 신학에 있어서 영성과 실천의 중요성이 다시금 부각되고 있는데, 현 교수는 신학을 '하나님 배우기'로 재정의하면서 이들 신학, 영성, 실천의 재연합을 강조하고 있는 것이다.

우리가 이미 아는대로 칼뱅(John Calvin)은 『기독교강요』에서 "하나님을 아는 지식(the knowledge of God)"을 "우리 정신(minds)에 계시되고 우리 마음(hearts)에 인쳐진 하나의 견고하고도 확실한 앎"으로 정의하고 있다.[22] 그런데 이 칼뱅의 신학에서의 "앎(지식)"은 객관적인 지식과는 다르다. 경건이 하나님을 아는 것의 필수조건이라는 칼뱅의 주장은 지식에 대한 그의 이해의 특징을 드러내 준다. "진실로 올바로 말해서, 어떤 종교나 경건이 없는 곳에서 하나님이 알려지신다고 말해져서는 안 된다."[23] 이 하나님 지식은 신뢰와 경외를 수반하며 단지 정신뿐 아니라 마음과 관계가 있다. 이 '하나님 지식'은 모든 이해보다 훨씬 더 고상하고도 높은 것이다. 칼뱅은 "경건은 하나님을 아는 지식에 필수요건이다"라고 말함으로써 하나님을 아는 지식의 인격적 특징을 분명히 밝히고 있다. 하나님은 한 인간이 되셨고, 이 '성육신하신 하나님,' 예수 그리스도와의 인격적 관계 안에서 우리는 하나님을 안다. 이러한 하나님 알기는 '하나님에 관해서(about) 아는

044

21) 위의 책, 28.

22) John Calvin, *Institutes of the Christian Religion*, ed. John T. McNeill, trans. Ford Lewis Battles (Philadelphia: Westminster Press, 1960), 3.2.7.

23) *Ibid.*, 1.2.1.

것'과는 매우 다르다.

신학을 '하나님 알기' 또는 '하나님 배우기'라고 할 때, 이것은 객관적으로 하나님에 관해서 아는 것이 아니라 인격적으로 하나님과 관계를 맺고, 하나님과 교통하면서 하나님께 대한 헌신과 순종의 깊이가 더해가면서 하나님을 알아가는 것을 의미한다. 이런 점에서 신학과 신앙은 분리될 수 없으며, 신학은 경건이나 영성과 분리된 지적 활동이 되어서는 안 된다. 신학교에서 별도의 시간을 정하고 예배를 드리지만, 신학의 모든 수업이 예배가 되어야 하며 하나님을 만나는 장소가 되어야 한다. 이것은 기도로 수업을 시작하는 것 이상의 의미를 지니고 있다. 신학함 자체가 하나님의 임재 속에서 이루어질 때에만 하나님을 알아갈 수 있기 때문이다. 이러한 신학의 특성 상 신학교육은 관계적인 구조를 갖는 것이 바람직하다. 인격적이신 하나님은 인격적인 관계 안에서 가장 잘 깨달을 수 있다. 교수와 학생, 학생과 학생 간의 인격적인 관계가 형성되어 있는 공동체 안에서 하나님을 경험하게 될 때, 하나님에 관한 앎이 아닌 하나님을 알아가는 진정한 신학함이 이루어질 수 있는 것이다. 그리고 이 신학함은 신앙성숙과 분리된 지식의 축적이 아니라 하나님을 알아가는 데 있어서 성숙해 가는 만큼 하나님을 향한 헌신과 순종이 깊어지게 되는 것이다. 이런 점에서 신학교육은 신앙 성숙의 과정이 되어야 하고 양육의 과정이 되어야 하는 것이다.

II. 신학교육의 통전성: 신학의 파편화 극복

오늘날 신학의 가장 심각한 위기 중의 하나는 신학의 파편화 현상이다. 신학의 하나됨은 사라지고 신학의 하위영역들만 존재하는 양상이다. 신학의 통전성을 회복하는 것은 신학교육 개혁의 핵심적인 과제이다. 팔리

(Edward Farley)는 오늘날 신학교육의 가장 큰 문제점으로 신학의 파편화(fragmentation)를 들고 있다. 신학교육이 단일성(unity)을 상실하고 소위 '신학의 백과사전'(theological encyclopedia)이라고 불리우듯이 다양한 지식의 모음집 형태가 되고 있음을 비판하고 있다.[24] 쉴라이에르마허(Schleiermacher) 이후에 고착된 신학의 4중적 구조, 즉, 성서신학, 역사신학, 조직신학, 실천신학은 각각 다른 학문으로 분화하여 각각의 학문적 관심 주제에 대해 그 학문의 방법론으로 연구하며, 각각의 학문공동체를 형성하고 있다. 현재는 4중적 구조가 더 분화한 형태를 취하고 있는데, 특히, 실천신학은 선교학, 기독교교육학 등이 별도의 분야로 분기하였고, 기독교와 문화가 독립된 분야로 자리잡음으로 구약학, 신약학, 역사신학, 조직신학, 기독교와 문화, 실천신학, 선교학, 기독교교육학 등으로 구성되어 있는데, 향후 목회상담학, 예배설교학, 영성학 등이 분화된다면 이러한 파편화는 더욱 심화될 것이다. 오늘날의 신학은 이러한 다양한 분야가 '백과사전'식으로 모여있는 특징을 지니고 있는 것이다.

팔리는 역사적으로 신학교육의 변천을 분석하면서 초기 기독교회는 theologia로서의 신학함을 추구하였다고 보았다. 실천적이고 인격적인 지식(a sapiential and personal knowledge)을 추구한 것이다. 그런데 교역자 양성교육(clergy education)이 강조되면서 통전적인 신학함이 약화되기 시작하였다는 것이다. 팔리는 3년의 신학교육과정을 마친 후의 전형적인 결과는 신학적으로(theologically) 교육받은 목회자가 아니라고 보았다. 현재는 신학을 하나의 신학으로 통전적으로 공부하는 것은

24) Edward Farley, *Theologia: The Fragmentation and Unity of Theological Education* (Philadelphia: Fortress Press, 1994), ix.

개인의 몫으로 여겨지고 있기 때문이다.[25] 은준관도 신학의 파편화로 인한 신학교육의 왜곡을 신학교육의 위기로 지적하고 있는데, "소위 '네 개의 틀 (fourfold pattern)로 알려진 성서신학, 역사신학, 조직신학, 실천신학의 학문적 분업이 신학교육 안에서 영구한 자리 매김을 해오는 동안 신학자들은 자기 전공의 노예가 되었으며, 따라서 전공과 다른 전공 사이에 있어야 했던 학문적 교류와 대화는 심각하게 단절된 아카데미아(academia)로 전락하고 있는 상황"이라고 오늘의 신학교육을 통렬히 비판하고 있다.[26] 김중은도 장신대가 100주년을 맞이하여 '21세기의 신학교육'이라는 주제로 개최한 국제학술세미나에서 신학교육의 통합의 중요성을 강조하고 있다. "100주년을 맞이하여 각 과의 세분화된 각개약진보다는 뿌리와 줄기와 꽃과 열매가 어우러지는 통합적이며 유기적인 신학교육의 체계를 우선하여 만들어 나가야 한다. … 이러한 3분야의 상호 의존적인 통합 신학 작업을 성취해 나가기 위해, 장신대 신학은 무엇보다 서로 본교 교수들의 논문들을 관심을 가지고 읽고, 각자의 분야에서 그것을 사용하고 비평하며, 보완, 발전하는 모습을 보여 주어야 한다."[27] 사실 오늘날 '신학'을 전공하는 학자나 '신학'을 가르치는 교수는 아무도 없는 셈이다. 왜냐하면 신학이 전공이 아니라 구약학, 신약학, 역사신학, 조직신학, 실천신학 중의 한 전공이기 때문이다.

신학의 파편화는 오히려 지속적으로 더 심화되어 더 세분화되는 문제점

25) Ibid., 5.

26) 은준관, "로빈 길 박사의 '21세기에 이론과 실천을 통합하는 신학교육'에 대한 논찬", 장로회신학대학교, 『21세기의 신학교육』(서울: 장로회신학대학교출판부, 2002), 107.

27) 김중은, "장로회신학대학교 신학교육의 회고와 전망," 장로회신학대학교, 『21세기의 신학교육』(서울: 장로회신학대학교출판부, 2002), 175.

이 있다. 분야 자체도 4개 분야에서 11개 분야로 세분화 되었을 뿐 아니라 각 분야 안에서도 분야가 더 나누어져 성서신학의 경우, 성서의 각 권별로 전공이 정해지기도 하며, 조직신학의 경우, 신론, 인간론, 구원론, 기독론, 성령론, 종말론 등으로 세분화되거나 칼 바르트, 본회퍼, 리차드 니버, 몰트만 등 신학자 전공으로 세분화되는 경향이 있다. 실천신학 분야로 가면 일반 학문의 분야를 그대로 따르는 경향이 있는데 기독교교육학의 경우는 기독교교육철학, 기독교교육심리학, 기독교교육사회학, 기독교교육행정학 등으로 세분화되는 것이다. 마치 신학교의 연구실이 분리되어 있고 교수들이 각각 자신의 연구실에 들어가서 잘 나오지 않는 것처럼 신학은 광장을 잃어버린 채, 공동체적으로 교회와 사회의 문제를 해결하려는 통전적, 통합적 노력은 이루어지지 않고 있는 것이다. 이러한 신학의 파편화의 문제를 해결하기 위해서는 융합연구와 융합수업이 장려되어야 한다. 목회 현장의 주제는 융합적이기 때문에 주제별 공동연구와 팀티칭, 그리고 교수 간 대화의 확대로 신학교육의 통전성을 회복하여야 한다.[28] 장신 신학의 정체성 확립도 제 분야의 신학자들이 다른 분야, 다른 입장의 목소리도 경청하고 대화할 때 비로소 가능한 것이다.

Ⅲ. 목회 현장과의 괴리 극복: 현장 변화능력 함양

오늘날 신학대학원(M.Div) 교육에 대해 비판적인 시각을 지닌 사람들의 주장 중 가장 중요한 지적 가운데 하나가 신학교육이 실천적이지 못하다는 점이다. 신학교와 목회 현장이 분리되어 있고, 신학교육이 현장의 필요

---

28) 필자는 신학이 분화되는 것은 다른 학문과의 소통을 강화함으로 보다 전문화될 수 있다는 점에서 긍정적인 면이 있다고 보며, 대신 적극적으로 분야 간 대화와 융합연구를 통해 부단히 통합하려는 노력을 기울임으로 통전성을 잃지 않는 것이 바람직하다고 본다. 신학의 발전은 분화를 통한 전문화와 통합을 위한 노력이 변증법적으로 작용할 때 이루어지는 것으로 보아야 할 것이다.

를 충족시키지 못하고 있다고 주장한다. 연구자가 목회자들을 대상으로 실시한 '신학대학원 교육과정 개발을 위한 설문조사'는 한국교회 현장의 목회자들이 현재의 신학교육을 어떻게 평가하고 있으며, 어떤 신학교육을 원하고 있는지를 분명히 보여주고 있다.[29] 이 설문조사에서 가장 중요하게 다룬 부분은 '신학교육의 목회현장에 대한 적합성'이다. 전체적으로 볼 때 설문에 응답한 목회자는 부정적으로 반응하고 있다. 매우 적합하다고 응답한 목회자는 전혀 없었으며, 적합한 편이라고 긍정적으로 응답한 목회자도 전체의 12%에 불과하였다. 이에 반해서 적극적으로 적합하지 않다고 응답한 목회자는 31%로서 그저 그렇다고 응답한 목회자를 포함한다면 88%의 목회자가 오늘날의 신학교육이 목회현장에 적합하지 않다고 반응하고 있는 셈이다.[30]

또한 목회자들은 신학대학원 과정이 목회자 양성을 위한 교육과정으로 충분하다고 여기고 있지 않다. '불충분'과 '매우 불충분' 그리고 '그저 그렇다'고 응답한 목회자를 합하면 충분하다고 응답한 목회자보다 훨씬 많은 것을 볼 수 있다. 이는 신학대학원의 교육이 실천과 잘 연계되지 않는다는 목회자들의 인식과 맥을 같이 한다. 31%의 목회자가 신학교육과 실천의 연계에 대해서 부정적 입장을 갖고 있으며, '그저 그렇다'고 응답한 비율(40%)

....

29) 이 설문조사는 2004년 8월에 본 교단 목회자를 대상으로 실시되었는데, 전체를 대표할 수 있는 표집을 하기 위해 수도권 50%, 비수도권 50%의 비율을 설정하였다. 수도권 18개 노회에서 난수표를 이용한 무선표집(random sampling)으로 10개 노회를 표집하였으며, 비수도권 42개 노회에서 역시 난수표를 이용한 무선표집으로 10개 노회를 표집하였다. 그리고 각 노회에서 25개 교회를 또 다시 난수표를 이용해 무선표집하는 방식을 취하였다. 조사결과의 통계처리는 사회과학 통계 프로그램인 SPSS를 사용하였고, 기본적으로 각 문항별 빈도와 백분율을 산출하였으며, 주요 배경 변인별 응답결과의 차이를 검증하였다. 또한 필요한 경우는 빈도 외에 평균값, 표준편차 등의 통계치를 조사하였다.

30) 박상진, "신학교육에 대한 목회자 의식조사," 『신학교육개선 공동연구백서』(서울: 신학교육개선공동연구협의회, 2004), 45.

까지 합하면 대부분의 목회자가 신학교육이 실천과 연계되고 있지 못하다고 인식하고 있음을 알 수 있다. 신학대학원이 목회자 양성을 위한 교육기관이기에 목회에 가장 도움을 준 기관(단체)으로 인식하리라 기대하지만 실제에 있어서는 반드시 그렇지만은 않다. 신학교가 목회에 가장 도움을 준 기관이라는 응답은 전체의 32%에 불과하고, 목회관련세미나와 자신이 자라난 교회, 그리고 선교단체 등이 더 많은 도움(60%)을 주고 있음을 알 수 있다. 이는 현재의 신학교육이 목회현장에 큰 도움을 주지 못하고 있으며, 이러한 한계상황을 극복하지 않을 때에는 신학대학원은 형식적 교육과정이 되고 실제적인 목회자 양성 교육은 다른 기관이 수행할 가능성도 배제할 수 없음을 보여주는 결과이다.[31]

이러한 진단 결과는 신학대학원이 목회자 양성과정임에도 불구하고 목회 현장과는 괴리된 교육이 이루어지고 있음을 알 수 있다. 이수영은 오늘날 한국의 신학교육과 목회현장과의 괴리에 대해서 다음과 같이 지적하고 있다. "신학교에서 … 추상적이고 사변적이며 현실과 동떨어진 상아탑적인 이론들만 가르친다는 지적은 어제 오늘의 일이 아니다… 요즈음 신학교를 졸업하는 사람들은 목사로서 가장 중요한 것을 모른다. 즉, 설교할 줄 모르고 성경공부를 가르칠 줄 모르고 전도할 줄 모른다는 말들을 많이 듣는다… 역사의식이 없고, 현실참여 의지가 없으며, 사회의 부조리와 구조악에 대한 투쟁의식이 없다고 비판하는 소리도 있다."[32] 목회자 양성과정으로서 신학대학원(M.Div)의 신학교육은 실천지향성, 현장지향성을 회복하여야 한다. 이는 앞에서 언급한대로 실천신학의 비중을 늘리거나 목회 기

31) 위의 책, 48.

32) 이수영, "오늘의 목회와 이론신학의 과제," 『제13회 전국신학교수 세미나자료집』, 대한예수교장로회 총회 신학교육부, 1992. 19.

술이나 기능을 강조해야 한다는 것을 의미하는 것이 아니다. 목회적 실천 역량을 갖추는 신학교육이 되어서 현장에서의 목회적 변혁을 일으킬 수 있는 교육이 되어야 한다는 것이다.

신학교육이 실천지향적 교육이 되기 위해서는 신학교육 자체가 실천을 통한 교육이 되어야 한다. 목회 현장은 신학교에서 배운 이론을 적용하는 장이 아니다. 신학교육은 로버트 뱅크스가 지적한대로 목회를 위한 학습(learning-for-ministry)이 아니라 목회 안에서의 학습(learning-in-ministry)이 되어야 한다. 진정한 신학교육은 단지 목회를 준비하는 교육이 되어서는 안 되며 목회적 실천을 통해서 교육되어야 한다는 것이다.[33] 뱅크스는 이러한 실천지향적 신학교육이 이루어지기 위해서는 모든 학생이 실천지도팀(supervisory team)을 지녀야 하는데, 교수, 목회자, 평신도로 구성되어야 한다고 제안한다. 매주 교수와 학생이 제자훈련 셀(discipleship cell)에서 만나서 성경공부와 실천적인 이슈를 놓고 기도하며, 일주일에 한 번은 교회에서 모임을 갖으며, 평신도 및 목회자 수퍼비전 팀이 평가하는 것이 바람직하다는 것이다.[34] 즉, 신학적 현장교육에 있어서 현장경험을 반추하며 이를 진일보한 실천적 능력으로 이끌기 위해서는 수퍼비전(supervision)이 매우 중요한데, 수퍼비전은 "현장경험을 통해 자기 이해, 적절한 이론, 해당지식, 그리고 기능적 기술을 잘 통합시켜서 보다 성숙한 목회자로 세우기 위해 고안된 교육방법"이라고 정의할 수 있다.[35] 이렇듯 실천에 바탕을 둔 신학교육이 될 때 현장과의 괴리도 극복

---

33) Robert Banks, *Reenvisioning Theological Education: Exploring a Missional Alternative to Current Models* (Grand Rapids: Eerdmans, 1999), 226.

34) *Ibid.*, 230.

35) *Ibid.*, 86.

할 수 있을 뿐 아니라 신학 연구도 실천에 뿌리를 둔 연구가 가능하며, 그런 연구가 축적될 때 현장을 변혁시키는 신학이 될 수 있는 것이다.

Ⅳ. 신학교육의 지평 확대: 하나님 나라 일군 양성

신학교육은 지역교회의 목회자를 양성하는 것만이 아니라 하나님 나라의 일군을 양성하는 것으로 그 지평을 확대할 필요가 있다. 신학대학원(M.Div)의 교육목적은 '교회와 하나님 나라에 봉사하는 일군 양성'에 있기 때문에 '목회자'의 개념도 확장해서 이해하는 것이 요청된다. 왜냐하면 하나님의 궁극적인 관심과 성서가 증언하는 바 진정한 복음의 의미는 '하나님 나라의 도래'이기 때문이다. 예수 그리스도의 설교와 가르침의 중심도 '하나님의 나라'라고 할 수 있는데, 공관복음서에서 '하나님의 나라'(basileia tou Theou)라는 개념은 100회 정도 사용되고 있는데, 교회(ecclesia)라는 개념은 단 2회 정도 언급되고 있다. 예수님은 장차 도래하는 '하나님의 나라'를 가르치신 것이지, 단지 교회를 세우신 것이 아니다. 이형기는 이 하나님 나라와 교회의 관계에 대해서 "하나님의 나라에 대한 복음이 교회를 낳았고, 교회의 존재 이유와 목적은 이 하나님 나라의 복음이다."[36]고 설명하고 있다.

이런 의미에서 신학교육이 궁극적으로 추구해야 할 가치는 '하나님의 나라'이며 '교회'도 바로 하나님의 나라를 추구하는 '하나님의 교회'인 것이다. 이것이 바로 칼 바르트(Karl Barth)가 교회를 하나님 나라와의 관계에서 '잠정적 공동체'로 이해한 의미일 것이다. 스탠리 그렌츠(Stanley Grenz)가 그의 책 『하나님의 공동체를 위한 신학』(*The Theology for the*

36) 이형기, 『하나님의 나라와 교회: 20세기 주요 신학의 종말론적 교회론』(서울: 한들출판사, 2005), 345-346.

Community of God)에서 분명히 밝히고 있듯이 "올바른 교회론은 교회를 하나님 나라라는 맥락 속에서 이해"하는 것인데, 왜냐하면 "성경에서 하나님 나라라는 개념은 교회라는 개념보다 넓기 때문"이며, 동시에 "교회가 하나님 나라에 의존하기 때문"이다.[37]

교회는 소위 종말론적 긴장 가운데 존재하는데, '이미 이루어졌음'(already fulfilled), '아직 완성되지 않음'(not completed yet) 사이에 존재한다. 교회는 이러한 종말론적 긴장 가운데서 이미 선취된 하나님의 나라와 도래할 하나님의 나라를 선포하고 실현해 가야하는 책임을 지닌다. 이미 정치, 경제, 사회, 문화, 예술, 교육 모든 분야에 있어서 하나님이 주인이심을 선포하고, 실제적으로 왜곡된 제 분야가 하나님의 통치와 다스리심 가운데에서 회복을 경험할 수 있도록 하여야 한다. "교회와 기독교가 곧바로 하나님의 나라와 동일시 될 수는 없어도, 교회와 기독교가 이 하나님 나라의 징표요, 미리 맛봄이요, 이 하나님 나라를 이 땅 위에 실현해야 하는 도구인 것이다."[38]

053

그러나 안타깝게도 한국의 기독교는 이러한 '하나님의 나라'를 추구하기보다는 '교회주의'의 한계에 갇혀있는 경향이 있는데, 이형기 교수는 한국 개신교는 개교회주의, 교파주의, 교회성장주의에 머물고 있다고 지적하면서 "한국 개신교는 말씀이 설교되고 있고, 세례와 성만찬이 베풀어지고 있는 두 세 사람이 모인 공동체를 교회로 보는 바, 말씀과 성례전이 하나님 나라를 지향하고 있다는 사실을 모르고, 나아가서 이와 같은 종교개혁적인 교회의 '두 가지 표지'가 고대 교회가 고백했던 '하나의 거룩하고 보편적이

---

37) Stanley Grenz, *The Theology for the Community of God*, 신옥수 역, 『조직신학: 하나님의 공동체를 위한 신학』(서울: 크리스챤 다이제스트사, 2003), 685.

38) 이형기, 『하나님의 나라와 교회』, 346-347.

며 사도적인 교회'(una, sancta, catholica, apostolica)에 대해서는 모른다. 나아가 이 '하나의 거룩하고 보편적이며 사도적인 교회'가 하나님의 나라를 지향하고 있다는 사실은 더욱 아는 바 없다."[39]고 말한다.

신학교육의 관심 범위가 교회에서 하나님 나라로 지평이 확대될 때 세 가지 변화가 일어나게 된다. 첫째는 커리큘럼의 범위가 확장되며, 목회실습을 비롯한 현장교육의 영역도 넓어지게 되는데, 신학생 자신이 하나님 나라의 일군으로서 준비되기 위한 교육내용이 포함될 뿐 아니라 성도들을 하나님 나라의 일군으로 세우기 위한 교육내용이 커리큘럼 안에 포함되어야 한다. 둘째는 인문 사회과학을 비롯한 일반 학문과의 소통이 요청되고, 정치, 경제, 사회, 문화, 예술, 교육 각 분야의 전문가들과의 활발한 대화가 필요하다. 셋째는 평신도들에게도 신학교육의 기회가 주어질 수 있는 근거가 생기며, 지역교회의 목회자만이 아니라 하나님 나라 일군으로서의 사역을 감당할 평신도 사역자들을 배출할 수 있는 신학교육이 될 수 있다. 이런 점에서 신학교육은 '교회와 하나님 나라의 일군'을 세상 속으로 파송하는 센터로서의 사명을 감당하게 되는 것이다.

....

39) 위의 책, 349-350.

토의를 위한 질문

1. 신학은 '하나님에 관해서 아는 것'이 아니라 '하나님을 아는 것'이라는 말에 동의하는가?
   그 의미를 함께 나누어 보자.

2. '신학의 파편화' 현상의 사례를 말해보고 이를 극복할 수 있는 방안을 나누어 보자.

3. 신학교육이 교회주의의 한계를 넘어 하나님 나라를 추구하기 위한 방안은 무엇이라고 생각하는가?

제4장. 디지털시대의 신학교육 [40]

Ⅰ. 디지털시대의 도래

한국교회의 위기를 진단할 때 디지털시대가 야기하는 위기를 간과할 수 없다. 회중은 급격하게 변화하고 있는데 목회는 전통적인 방식을 고집할 때 결국 교회를 떠나는 탈종교화, 탈교회화로 나타나게 된다. 이것은 종교나 교회만의 현상은 아니다. 한국사회 전반에 걸쳐서 새로운 세대가 등장하게 되었다. 소위 디지털 네이티브(Digital native)의 출현이다. 이들은 태어나면서 디지털의 환경 속에서 자라나서 뼛속까지 디지털의 사고방식에 젖어 있다. 베이비부머 세대가 컴퓨터 산업을 발전시키고 인터넷을 기반으로 한 디지털 시대의 문을 열었지만 그들은 여전히 아날로그식의 사고방식을 버리지 못한 채 디지털을 활용하는 디지털 이민자(Digital immigrant)에 불과하다. 그러나 디지털 네이티브는 원어민들이 모국어로서 그 언어를 사용하는 것처럼 태어나면서부터 디지털 문화 속에서 디지털의 사고패턴과 행동양식, 그리고 삶의 방식이 익숙한 세대이다.

디지털 시대가 도래하고 디지털 네이티브가 교회의 회중의 상당부분을 차지하게 되었음에도 불구하고 디지털 시대의 목회, 디지털 시대의 교육으로 준비되지 못한 한국교회는 지금 위기를 경험하고 있다. 일반적으로 목회와 교육의 네 가지 요소를 말할 때, 목사(교사), 회중(학생), 말씀(교재), 그리고 환경을 들 수 있는데, 오늘날의 신학교육은 디지털 시대의 목회 대상인 회중과 교육대상인 신학생 이해에서 실패하고 있으며, 디지털 환경에

---

40) 박상진, 『기독교 교육과정의 새로운 패러다임』(서울: 장신대출판부, 2017)의 제3장 '디지털 시대의 기독교 교육과정(93-116)을 수정, 보완한 글임.

대한 이해도 부족하여 결국 말씀을 제대로 가르치거나 신앙적 영향력을 주는 데에서 실패하고 있는 것이다. 어떻게 디지털 시대의 회중과 신학생을 올바로 이해하며 이들에게 복음적인 영향력을 끼칠 수가 있을 것인가? 여기에서는 디지털 시대가 갖는 교육적 의미를 살펴보고, 디지털 시대에 걸맞는 신학교육이 어떤 모습일 것인지를 탐구하고자 한다.

II. 신학생 이해: 디지털 네이티브의 등장

신학교육에 있어서 신학생 이해는 결정적이다. 왜냐하면 신학교육은 바로 '그들'을 변화시키기 위해서 그들과 접촉점(point of contact)을 갖고 복음과 진리가 그들과 커뮤니케이션 되도록 돕는 것이기 때문이다. 만약 신학교육에 있어서 신학생과의 접촉점이 이루어지지 않는다면 그들에게 변화가 일어나지 않고, 이는 신학교육의 실패를 의미하는 것이다. 오늘날 '가나안 성도' 현상과 청소년들과 청년들이 조용히 교회에서 떠나가는 소위 '소리없는 출애굽'(silent exodus) 현상이 일어나는 중요한 요인이 바로 이들과 소통하지 못하는 목회와 교회교육의 무기력이라고 할 수 있다. 하나님의 말씀은 영원하고 복음은 변하지 않는다. 그러나 회중은 급격하게 변하고 있으며 그 변화에 둔감하다면 영원한 말씀, 영원한 복음을 그들에게 전하지 못하는 것이다. 진리가 영원하기에 급변하는 목회와 교육대상에게 그 영원한 진리를 전하기 위해서는 목회방법과 교육방법은 회중과 학생의 변화에 민감해야 하는 것이다.

디지털 시대가 시작되면서 등장한 신세대를 N세대라고 일컬었다. 디지털 매체 기술의 발달로 인하여 인터넷 환경이 사회적 망(social network)으로 정착되고 보편화된 환경에서 성장한 신세대를 일반적으로 부르는 명칭이다. 미래학자인 돈 탭스콧(Don Tapscott)이 지은 『N세대의 무서운 아이들』이라는 책은 본격적으로 N세대를 다루는데, N세대를 인터넷 시대의 주역이라고 평가하였다.[41) 베이비 붐 세대나 베이비 버스터 세대가 TV 세대라면 메아리 세대와 연결되는 N세대는 그 접촉매체를 기준으로 할 때 컴퓨터 세대라 할 수 있다. TV는 시청자가 프로그램을 일방적으로 시청하기 때문에 수동적이지만, 컴퓨터는 채팅이나 게임 등의 프로그램에 쌍방적으로 참여할 수 있는 매체이기 때문에 보다 멀티미디어적 디지털 특성을 갖는다.

우리나라에서는 이러한 디지털 시대의 신세대를 P세대라고 일컫기도 하였다. 2004년에 제일기획에서 대한민국 17-39세 연령의 젊은이들의 문화를 분석한 연구보고서를 발표하였는데, 이 보고서는 이들 세대를 P세대로 지칭하였다. P세대는 월드컵, 대선, 촛불시위 등을 거치며 나타난 세대로서 사회 전반에 걸쳐 적극적으로 참여(Participation)하며, 열정(Passion)을 지니고 있고, 잠재된 힘(Potential Power)을 바탕으로 사회의 패러다임의 변화를 일으키는(Paradigm-shifter) 세대라고 할 수 있다. 이러한 P세대가 성장할 수 있었던 것은 정치적 자유화가 실현되었고, 이동이 자유로운 유목성, 인터넷을 통한 정보화, 그리고 물질적인 부유함이 그 배경이라는 것이다. 이 보고서는 P세대를 특징짓는 다섯 가지 키워드를 제시하고 있는데, 권위와 고정관념을 거부하고 새로움을 추구하는 도전(Challenge), 정보를 공유하고 비슷한 성향끼리 뭉치기를 좋아하는 관계(Human Network), 솔직한 표현과 개성 및 다양성을 존중하

41) Don Tapscott, *Growing up Digital: the Rise of the Net Generation*, 허운나 외 역, 『N세대의 무서운 아이들』(서울: 물푸레, 1999).

는 개인(Individual), 한 분야의 전문가보다 다양한 체험을 중시하는 경험(Experience), 그리고 옳고 그름보다는 좋고 싫음으로 판단하는 감성(Fun/Feel) 등이다.[42]

그런데 보다 더 디지털 시대의 신학교육의 대상인 신학생의 특징을 잘 드러내는 개념이 '디지털 네이티브'이다. 돈 탭스콧이 저술한 『디지털 네이티브』라는 책에 보면 태어나면서부터 디지털 환경에 익숙한 디지털 네이티브의 등장으로 정치, 경제, 문화, 교육 영역에 엄청난 충격과 변화가 일어날 것을 주장하며 이를 분석하고 있다. 문제는 이러한 현상이 먼 미래의 이야기가 아니라 지금 이미 현장에서 일어나고 있다는 점이다. 1980년대 이후에 태어난 이러한 디지털 네이티브들이 이제는 성인이 되어 각 영역 속에서 변화를 일으키고 있는 것이다. 이런 점에서 디지털 세대의 문제는 단지 청소년이나 청년의 문제가 아니라 이제는 성인의 문제가 되었고, 목회 및 신학교육 전반에 영향을 주는 요인이 된 것이다. 미국에서 오바마가 대통령으로 당선된 것도, 우리나라의 촛불집회로 대통령이 결국 탄핵될 수밖에 없게 된 것도 이러한 디지털 네이티브의 영향력이 얼마나 큰 지를 말해주는 것이다.

디지털 네이티브는 디지털 기기를 잘 사용하는 정도를 넘어서서 생활패턴과 가치관, 사고방식과 심지어는 인식방식에 있어서도 그 전 세대와는 차이를 보이는데, 돈 탭스콧은 베이비 붐 세대와 구별되는 디지털 네이티브 세대의 특징을 8가지로 요약하고 있다. 디지털 네이티브는 첫째, 자유를 중시하는데 특히 선택할 수 있는 자유가 모든 가치에 우선한다고 보며, 둘째, 모든 것을 맞춤화하고 개인화하며, 셋째, 철저하게 조사하는 새로운

---

42) 제일기획, 『대한민국의 태풍: 젊은 그들을 말한다』, 2004.

감시자의 특성을 지니며, 넷째, 진실하고 투명한 기업을 원하며, 다섯째, 항상 즐거움과 놀이를 추구하며, 여섯째, 협력과 관계를 중요시하며, 일곱째, 업무에 있어서 빠른 속도를 요구하며, 마지막으로 혁신을 주도하는 특징을 지닌다.[43]

최근 한국사회의 가장 중요한 화두로 떠오른 제4차 산업혁명도 디지털 기술에 기인한 패러다임의 변화로서 정치, 경제, 사회, 문화, 교육 전 영역에 급격한 변동을 예고하고 있는데 디지털 네이티브들이 이 변화의 주역이 되고 있다. 제4차 산업혁명은 18세기 증기기관의 발명과 철도 건설로 시작된 제1차 산업혁명, 19세기 말의 대량생산체제를 특징으로 하는 제2차 산업혁명, 1960년대 컴퓨터의 발명으로 시작된 제3차 산업혁명과는 특성을 달리한다. 제4차 산업혁명은 급속하게 발전한 디지털 혁명과 이로 인한 인공지능의 출현을 그 특징으로 하는데 제3차 산업혁명과 세 가지 점에서 확연히 구별된다. 제4차 산업혁명을 주창한 클라우스 슈밥(Klaus Schwab)은 그 특징을 세 가지로 정리하고 있다. 첫째, 제1-3차 산업혁명과는 비교할 수 없을 정도로 빠른 속도로 진행되고 있다. 둘째, 제4차 산업혁명은 디지털 혁명을 기반으로 전 분야에 중대한 영향을 주고 있는데 소유나 방법의 문제만이 아니라 존재, 즉 정체성에까지 영향을 주고 있다. 셋째, 시스템 충격으로 사회 전체 시스템의 변혁을 수반한다.[44]

이러한 디지털 혁명과 4차 산업혁명은 한국사회에도 심대한 영향을 끼치고 있는데, 정치, 경제, 문화, 교육, 특히 신학교육의 영역은 이러한 변

43) Don Tapscott, *Grown up Digital: How the Net Generation is Changing Your World*, 이진원 역, 『디지털 네이티브』(서울: 비즈니스북, 2009).

44) Klaus Schwab, *The Fourth Industrial Revolution*, 송경진 역, 『클라우스 슈밥의 제4차 산업혁명』(서울: 새로운현재, 2016), 12-13.

화에 둔감하다고 할 수 있다. 본질적으로 기독교와 신학교육이 지니는 보수적 성향, 진리의 불변성, 그리고 이 시대나 상황이 아닌 계시 의존적 성격을 지니기 때문에 변화에 민감하지 않는 특징을 지니지만 '변화하고 있는' 회중과 신학생에 대해 무지하거나 응전에 게으르다면 결국은 디지털 네이티브로 특징지어지는 신세대들은 교회와 신학교를 떠나게 되는 현상이 일어나는 것이다. 물론 디지털 시대의 최 첨병은 청소년들이기 때문에 자라나는 세대를 위한 교회교육에서 이 주제에 대한 진지한 고민이 필요하지만, 이제는 성인세대의 다수가 디지털 세대가 되었기 때문에 더 이상 이 주제가 교회교육만의 주제가 아니라 전 목회적 주제와 신학교육의 주제가 된 것이다.

Ⅲ. 디지털시대의 인식론

디지털 시대의 신학교육을 이해하기 위해서는 디지털 시대의 새로운 인식 방식에 관심을 가져야 한다. 디지털 시대라고 하는 것은 디지털 기기를 더 많이 사용하는 정도가 아니라 인식이나 사고방식에 있어서도 변화를 경험함으로 알고, 느끼고, 행동하는 방식이 전혀 새로운 인류가 출현하는 것을 의미한다. 아날로그 시대는 단지 아날로그 기기를 활용하는 시기라는 의미를 넘어서 아날로그 식의 사고방식과 가치관을 지니고 있는 시대를 일컫는다. 마찬가지로 디지털 시대는 여전히 아날로그식의 사고방식을 갖고 있는 사람이 디지털 기기를 많이 활용하는 시대가 아니라 인간 내면의 인식과 가치관, 사유와 행동의 방식까지 디지털 시대의 특성을 갖는 것을 의미한다.

마샬 맥루한은 인류의 역사를 커뮤니케이션의 발달에 따라 다섯 단계로 시대구분하고 있는데 이는 디지털 시대에 대한 통찰을 가져다 준다. 첫째는 문자가 발명되기 전 언어에만 의존하던 구두커뮤니케이션 시대이고, 둘째는 문자커뮤니케이션 시대로서 음소문자(알파벳)와 표음문자(한자)를 언어와 함께 사용하던 시대이며, 셋째는 인쇄술의 발명으로 도래된 활자커뮤니케이션 시대이며, 넷째는 시청각시대로서 시청각미디어를 활용하는 시대이며, 마지막 다섯째는 멀티미디어 커뮤니케이션 시대로서 인터넷과 멀티미디어의 발달로 오감으로 소통하는 시대이다. 각 시대의 미디어의 발달과 커뮤니케이션 형태의 변화는 인식 방식의 변화를 초래하게 된다.

디지털 혁명으로 인한 멀티미디어커뮤니케이션 시대로의 전환은 인식의 방식에 있어서도 큰 변화를 가져오게 되었다. 문자 및 활자인쇄 커뮤니케이션 시대의 시각단일형의 특성에서부터 복수감각형으로 변화하고, 단선적 논리의 추구만을 강조하던 방식에서 감각과 감성, 상상이 중요한 인식의 방식으로 재부상하게 되었다. 활자인쇄커뮤니케이션 시대에는 개념의 설명이 중요했지만, 디지털 시대인 멀티미디어커뮤니케이션 시대에는 이미지가 더 중요하게 강조되며, 개별적 단수적 인식에서 종합적 복수적 인식으로 바뀌게 된 것이다. 예컨대 활자인쇄커뮤니케이션 시대에는 다른 감각기관의 활동을 가능한 한 중지하고, 시각에 집중함으로써 인식할 수가 있었지만, 멀티미디어 커뮤니케이션 시대에는 다양한 감각기관으로 동시에 인식하는 것이 가능케 된 것이다.

뻬에르 바뱅(Pierre Babin)은 그의 책『디지털시대의 종교』에서 미디어의 변화가 이런 점에서 인식의 방식에 변화를 일으킬 것을 말하고 있다. 그에 의하면 디지털 시대의 시각적이고 이미지 중심의 커뮤니케이션 방식이 기존의 문자적이고 논리적인 사고 중심의 커뮤니케이션 방식을 대체하고 있다.[45] 그는 미디어를 제대로 이해하려면 바탕(ground)과 형상(figure)을 구별하여야 한다고 말한다. 형상은 무엇인가를 인식할 때 주의력이 모아지는 곳을 뜻하는데 종이에 있는 활자라든지 사진이나 텔레비전 화면에 나오는 사람들이나 그들이 읊조리는 대사를 뜻한다.[46] 바탕은 잡지의 종이, 흰 여백, 사진의 배경, 영화나 텔레비전에서의 조명, 카메라의 위치, 침묵과 소리의 대조 등인데 이 바탕이야말로 명시된 형상을 틀에 넣어주고 문맥 안에 넣어 주는 것으로서 매개된 메시지의 결정적인 요소라는 것이다. 미디어 언어에서 바탕은 시선이 가게 되는 초점보다 더 중요하고 근본적이다. 이것이 목회와 교육에 있어서 왜 관계, 열정, 시선이나 몸짓 등 비언어적인 요소가 얼마나 중요한지를 깨닫게 한다.

이러한 디지털 시대의 새로운 인식의 방식은 목회와 교육을 전통적인 관점인 '가르침'(teaching)으로서보다 '커뮤니케이션'(communication)으로 이해할 것을 촉구하고 있다. 가르침은 가르치는 내용을 전달하는 데에 관심이 있다. 가르치는 내용은 '형상'으로서 가르치는 자는 이것을 초점적으로 인식하고 있다. 그러나 회중과 학생들은 그 가르치는 내용으로서의 형상만이 아닌 더 많은 것에 의해 영향(influence)을 받는다. 영향을 주는 요소에는 바탕이 포함되는데 형상 이상으로 중요한 역할을 수행한다. 바뱅은 지금까지 학교와 교회가 가르침을 통해 합리적이고 효과적으로 설명하고 전달하는 데 주력해왔지만 신앙의 전달은 교리교육으로 제한될 수 없다고 주장한다. 바뱅은 오늘날 복음을 세상에 전달하기 위해서는 형상보다 바탕을 만들어나가는데 더 많은 시간을 쏟으라고 권고하는 이유가 여기

45) Pierre Babin, *www.internet GOD*, 이영숙 편역, 『디지털시대의 종교』(서울: 한경PC라인, 2000).

46) Pierre Babin, *The New Era in Religious Communication*, 유영난 역, 『종교 커뮤니케이션의 새 시대』(왜관: 분도출판사, 1993), 25.

에 있다. 예전에는 단어를 먼저 규정짓고 그에 따른 삽화나 설명을 덧붙이는 식이었는데 오늘날에는 이미지나 음악에서 시작하여 문자로 요약 설명하는 방식으로 나가야한다는 것이다. 바뱅은 이를 오히려 복음이 쓰여지던 초대교회 시대의 커뮤니케이션 형태를 회복하는 것으로까지 보았다.[47] 디지털 시대의 인식론의 관점에서 교육을 새롭게 바라보면 그동안 그 중요성을 간과했던 다양한 바탕의 교육적 의미를 깨달을 수 있고, 이로 인해 지적인 설득만이 아닌 마음의 감동을 불러일으킬 수 있는 교육과 목회를 추구할 수 있을 것이다.

Ⅳ. 디지털시대에 맞는 신학교육

디지털 시대에 맞는 신학교육은 디지털 네이티브에 맞추기 위해 복음을 변질시키는 것을 의미하는 것이 아니다. 영원한 복음의 진리를 그들과 소통할 수 있는 방식으로 접근해야 함을 의미한다. 미국 사람에게 복음을 가장 잘 소통할 수 있는 방법은 영어로 설교하고 교육하는 것이다. 한국 사람에게 복음을 가장 잘 소통할 수 있는 방법은 한글을 사용하는 것이다. 마찬가지로 디지털 네이티브에게는 디지털 언어를 사용하여 소통하여야 한다. 오늘날 디지털 세대에게 아날로그로 목회하고 교육함으로 그들이 교회를 떠나고 있는 위기를 경험하고 있다. 최근에 필자가 속한 신학대학교에서 고민하는 현상이 있는데 다른 신학대학교도 크게 다르지 않을 것이다. 그것은 설교나 강의 시간에 휴대폰을 보거나 만지는 학생들이 많은데 어떻게 대처할 것인지에 관한 것이다. 휴대폰을 뺏거나 예배나 수업 전에 수거하거나, 교수나 조교가 학생들을 철저하게 감시하는 방안이 논의되었다.

-----

47) Pierre Babin, *www.internet.God*, 112.

그러나 그것은 디지털 세대를 아날로그 방식으로 제어하는 셈이다. 보다 적극적으로 디지털 세대와 소통하는 예배와 수업이 될 수 있도록 변화되어야 한다. 어떤 의미에서 오히려 스마트폰을 통해 학생들이 참여하고 더 활발한 모임이 될 수 있도록 기획할 수도 있을 것이다. 이러한 현상은 설교나 수업만이 아니라 신학교육의 방향과 가치, 활동과 봉사의 모든 면에서 일어날 수 있다. 만약 디지털 세대에 대한 아날로그식 통제만이 계속된다면 결국 디지털 세대를 향한 신학교육은 실패할 수밖에 없을 것이다. 그렇다면 디지털 시대의 신학교육의 대안적 방향은 무엇일까?

첫째, 상호존중의 수평적, 인격적 관계가 중요하다. 기독교 신앙은 강의를 통해서 이루어지는 것이 아니라 관계를 통해서 형성된다. 하나님을 아는 앎(yada)은 하나님에 관해서 지식적으로 아는 것이 아니라 '관계적인 앎'을 의미한다. 인격적이신 하나님은 교사와 학생, 목회자와 성도의 인격적인 관계를 통해서 가장 잘 깨달아질 수 있다. 그렇기 때문에 신학교육에 있어서는 명강의보다 더 중요한 것은 사랑의 인격적 관계이다. 디지털 시대에 가장 중요한 것은 네트워크이며 상호협력이다. 지식을 가지고 있는 교수가 지식이 없는 학생들에게 지식을 전해주는 식의 은행저축식 교육(banking education)은 더 이상 적용되지 않는다. 정보는 모두에게 드러나 있기 때문에 권위주의적이고 일방적인 신학교육은 디지털 시대에는 통용될 수 없다.

둘째, 신학생들이 스스로 참여하도록 돕는 것이 중요하다. 디지털 세대들은 스스로 참여하기를 좋아하며, 자신이 참여하지 않는 일에 대해서는 관심을 갖지 않는 경향이 있다. 디지털 네이티브들이 TV를 즐겨보지 않는 이유는 일방적으로 정해진 시간에 시청할 것을 강요받으며, 자신들은 송

신자가 아닌 수동적인 수신자에 머무르기 때문이다. 이들은 스스로 뉴스를 만들고 이것을 SNS를 통해 다른 사람과 나누고 공유하기를 원한다. 디지털 시대의 신학교육은 학생들이 참여할 수 있는 장을 만드는 것이 중요하다. 진정한 의미에서 '만인제사장설'을 실현하는 일이다. 수업은 물론 예배와 설교도 학생들이 참여하는 방식으로 이루어질 수도 있다. 신학교육을 교수의 일방적인 소통 중심에서 학습자의 참여 중심으로 전환시킬 필요가 있다.

셋째, 논리적인 설명보다 상상하도록 돕는 것이 중요하다. 언어나 문자를 매개로 한 아날로그 시대에서의 인식은 개념중심의 논리적 인식이다. 그리고 이러한 형태의 커뮤니케이션에서의 교육은 강의와 판서를 중심으로 한 교수방법을 통해 이루어진다. 그러나 디지털 시대에서의 인식은 모든 감각기관이 작용하여 이미지를 획득하는 상상적 인식이라고 할 수 있다. 디지털 시대의 교육은 다양한 매체를 사용하여 오감의 반응을 일으키는 방식으로 이루어진다. 이런 점에서 디지털 시대는 전통적인 교육이 지녔던 '논리중심의 인식,' '언어중심의 인식,' '개념중심의 인식'을 넘어서는 상상의 교육, 이미지의 교육을 요청하고 있다. 좋은 설교, 좋은 예배는 하나님을 상상하도록 돕는 설교, 예배이다. 좋은 신학교육은 지식을 가르치기만 하는 것이 아니라 하나님을 상상하도록 돕는 것이다.

넷째, 신학서적과 교과서는 물론 성경공부 교재의 디지털화가 중요하다. 디지털 시대의 인식론을 고려한다면 더 이상 문자주의적 교과서에 매이지 말아야 한다. 앞에서 언급한대로 오늘의 시대는 '활자 인쇄 커뮤니케이션 시대'가 지나가고 '멀티 미디어 커뮤니케이션' 시대가 도래한 것이다. 책이나 문자를 통한 커뮤니케이션이 아닌 영상은 물론 오감을 사용하여 인식하는 시대가 되었다. 디지털 세대는 한 가지 매체만을 사용해야 집중할 수 있는 구세대와는 달리, 다중적 미디어를 동시에 사용할 수 있는 인식의 방식을 지니고 있다. 이러한 다중적 인식 방식에 입각하여 교재를 재조명해보면 더 이상 문자로 된 책으로서의 모습을 탈피할 필요가 있음을 알 수 있다. 성서도 문자로서만이 아니라 청각적 시각적 이미지들이 포함된 하이퍼텍스트(hypertext)로 이해되어야 한다. 성경이 하나님의 말씀인데, 그 말씀은 단지 문자시대의 사람들만을 위해 주어진 것이 아니고, 디지털 시대의 사람들을 향해서도 여전히 하나님의 말씀인 것이다.

V. 디지털시대의 성육신적 신학교육

오늘날 신학교육이 경험하고 있는 위기의 상당부분은 급속하게 일어나는 디지털 시대의 변화에 제대로 응전하지 못하는 일종의 문화지연(cultural lag) 현상임을 이해하고 이를 극복하는 다양한 시도가 요청된다. 무엇보다 이러한 디지털 시대에는 '성육신적'(incarnational) 신학교육이 필요하다. 하나님은 인간과 소통하고 그들을 변화시키시기 위하여 인간과 같이 되셨고 인간의 언어로 소통하셨다. 성경이 하나님의 말씀이면서도 인간의 언어로 기록되어 있는 것은 하나님의 커뮤니케이션 방식이 어떤 모습인 것을 잘 보여준다. 디지털 시대의 디지털 세대를 위한 신학교육은 그들과 소통할 수 있는 방식이어야 하고, 이는 그들 속으로 들어가 그들을 변화시키는 성육신적 커뮤니케이션을 요청한다. 목회자는 성도 속으로 성육신해야 하고, 신학교의 교수는 신학생 속으로 성육신해야 한다. 이것은 그들과 동화되는 것을 의미하는 것은 아니다. 복음을 안고 그들 속으로 들어감으로 말미암아 그들을 복음의 사람으로 세우고, 그들을 하나님 나라의

일군으로 다시 세상 속으로(into the world) 파송하는 신학교육이 되어야
할 것이다.

토의를 위한 질문

1. 자신이 경험한 '디지털 네이티브'의 특징들을 열거해 보자. 특히, 자신이 속한 신학교나 교회에서 이런 특징들이 교육에 어떤 영향을 끼치고 있는지 말해보자.

2. '마샬 맥루한'의 커뮤니케이션 변천사를 다섯 가지 시기구분으로 살펴보고, 그 중 자신의 커뮤니케이션은 어디에 해당하고 있는지 말해보자.

3. 디지털 시대의 신학교육은 전통적인 신학교육과 달리 어떤 변화가 요청되는지 서로 나누어 보자.

2부:
신학교육
실천의 개선 및
신학교육자의 개혁

제5장. 신학교육의 개선 사례 및 미래 과제[1]

이 장에서는 신학교육을 실제적으로 개선한 사례 및 미래 과제를 한국의 대표적인 신학교육기관 중 하나인 장로회신학대학교를 중심으로 살펴보고자 한다. 장로회신학대학교는 1901년에 설립된 이후 지금까지 신학교육 개선을 위한 노력을 기울여 왔다. 필자가 집필한 『장로회신학대학교 110년 교육과정 백서』에서는 지금까지의 신학교육의 역사를 잉태기(1901년 이전), 정초기(1901-1924년), 형성기(1925-1937년), 혼란기(1938-1959년), 재건기(1960-1979년), 발전기(1980년-현자까지)로 나누어 각 시기별로 어떤 신학교육 개선의 노력을 하였는지 살피고 있다.[2] 여기에

....

1) 2017년 5월 16일 장로회신학대학교에서 개최된 종교개혁 500주년 기념 국제학술대회 '종교개혁과 신학교육의 개혁'에서 필자가 발표한 글 "장로회신학대학교 신학교육의 개혁 방향 및 과제"의 일부를 수정, 보완한 글임.

서는 비교적 최근에 이루어진 장신대 신학교육 개선의 노력을 앞에서 제시한 신학교육 개혁 방향의 범주별로 살펴보고, 각 범주별로 향후 개혁 과제가 무엇인지를 제시하려고 한다.

Ⅰ. 인격적인 관계구조 및 양육체계

1. 개선 노력

신학이 '하나님에 관해서 아는 것'(knowing about God)에 머무르지 않고 않고 '하나님을 아는 것'(knowing God)이 되기 위해서는 일방적인 강의를 통한 지식 전달이 아닌 마음의 접촉이 이루어질 수 있는 인격적인 관계구조를 갖는 것은 매우 중요하다. 이것은 수업은 물론 전 교육과정을 통해서 이루어야할 신학교육의 구조라고 할 수 있다. 장신대 신학대학원이 시행하고 있는 신학생활, 특히 2015년부터 실시하고 있는 '3년 담임교수제'는 교수와 학생 간의 인격적인 관계를 맺을 수 있는 통로가 되고 있다. 마치 예수님이 열두제자와 함께 3년을 동거하며 인격적인 관계를 맺으신 것처럼 교수가 신학대학원 3년의 과정을 학생들과 함께 함으로써 인격적인 관계를 맺을 수 있는 것이다. 현재 한 교수가 담당해야 할 학생의 수가 20명 정도가 되기 때문에 이 숫자를 줄여야 하는 과제가 있고, 연구학기를 맞는 교수로 인하여 3년 연속 지도가 어려워지는 등 개선해야할 부분은 많이 있지만 교수와 학생이 인격적 관계 속에서 교제할 수 있는 기본적인 틀이 형성되었다는 점에서는 바람직한 구조라고 할 수 있다.

1997년부터 지속적으로 시행되고 있는 '주말경건훈련'도 인격적인 관계구조 및 양육구조 형성에 도움이 되는 교육과정이다. 장신대가 신학대학

---

2) 박상진, 『장로회신학대학교 110년 교육과정 백서』(서울: 장로회신학대학교, 2011).

원 학생들의 경건훈련이 부족함을 인지하고 경건훈련지도교수를 영입하고, 신학대학원 신입생들을 소그룹으로 분류하여 매주 주말에 장신대 부설 경건훈련원에서 침묵기도와 면담을 비롯한 경건훈련을 실시하고 있다. 개교 이래 지속적으로 진행하고 있는 사경회나 화요일부터 금요일까지 매일 드려지는 채플 외에도 최근에는 학년별로 나누어 예배를 드림으로써 보다 학생들의 필요와 상황에 맞는 신앙교육이 이루어질 수 있도록 돕고 있다. 2015년부터 시행하고 있는 '떨기나무 불꽃 속으로'라는 신학대학원 프로그램은 신학대학원 입학설명회 이상의 의미를 지니고 있다. 장신대 신학대학원 입시를 임박해서 준비하는 학생들만이 아니라 목회와 신학의 길에 대해서 부르심을 받거나 관심이 있는 학생들(대학 1,2학년 학생도 가능함)을 대상으로 스스로 소명을 확인하고 미리 사역자의 길을 준비할 수 있도록 돕는 데에 본래의 의미가 있다. 가능한 한 이들과 인격적인 관계를 맺고 부활절, 성탄절 등 절기마다 격려의 카드를 보내고 이들의 신앙과 사역을 위해서 기도하는 등의 도움을 주기 위한 교육과정으로 기획된 것이다. 이 모임에서 신학대학원 교수들과의 소그룹 만남이 이루어지는 것은 그런 의미에서 중요하다고 할 수 있다.

　신학교육에 있어서 인격적인 관계를 중시하는 교육방향은 신학대학원의 입학제도 및 선발방식에도 변화를 가져왔다. 장신대 신학대학원은 추구하는 인재상을 경건한 신앙인, 겸손한 지식인, 열정적 일꾼으로 설정하고, 이것에 부합하는 목회자 후보생들을 소위 심층 면접 방식인 '장신-다면선별면접(PUTS-MSI: Multiphasic Screening Interview)으로 선발하도록 하였다. 면접은 1인당 100분 씩 소요되는데, 개인발표(individual presentation)와 질의, 응답을 통해 적성과 영성을 파악하고, 집단토론

(group discussion)을 통해 인성을 평가하고, 종합선별면접(synthetic screening interview)을 통해 대상자를 종합적이며 통전적으로 평가하게 된다. 이러한 입학제도의 개선은 영어나 성경고사 등 필답고사 성적 위주의 학생 선발에서 보다 영성과 인성을 강조하는 선발방식으로 전환되었음을 의미하며, 목회자로서의 자질과 역량을 갖춘 졸업생을 배출하겠다는 교육의지의 표현이라고 할 수 있다. 이러한 인격적인 관계 및 영성과 인성을 강조하는 선발방식은 개선의 여지가 있지만 학교 전체의 교육방향과 분위기를 건강하게 형성하였다는 점에서 바람직한 시도라 여겨진다.

2. 향후 과제

맞춤형 신학생활과 담임교수제, 소그룹 경건훈련 등 교수와 학생 간의 인격적인 관계를 위한 교육구조는 더 심화되고 발전되어야 할 것이다. 그런데 신학교에서 이루어지는 수업이 인격적, 관계적 구조를 갖는 것이 중요한 개혁과제라고 할 수 있다. 신학 수업이 '하나님을 아는 것'을 추구하는 것이라면 일방적인 강의가 아니라 인격적 관계 속에서 나눔이 이루어지는 구조가 되는 것이 바람직하다. 이를 위해서는 먼저 현재 강의 중심의 교실구조가 때로 소그룹으로 모일 수 있는 구조로 개선될 필요가 있다. 물론 학생 수가 많기 때문에 대형 강의가 불가피하고 이것이 일방적 강의 중심의 교실 구조를 요청하는 면이 있는 것은 사실인데, 신학교육의 본질이 '하나님을 아는 것'이고 목회자 양성교육이 인성과 영성의 변화를 수반한 것이 되어야 함을 생각할 때, 필수과목을 보다 인격적 관계가 가능한 규모로 편성하는 것을 연구할 필요가 있다.

신학대학원의 학생 수가 많기 때문에 개별 학생들의 목회자로서의 자질과 인격을 갖추도록 돕는 것이 쉬운 일이 아니지만 결코 포기해서는 안되는 신학교육의 본질적 과제이다. 현재 맞춤형 신학생활이 시작될 때 개개인 학생들이 자신의 포트폴리오를 작성하게 되는데, 지성, 인성, 영성, 사역 (목회적 역량)의 네 가지 영역에서 자신을 점검하게 된다. 신학교육은 신학 대학원 인재상의 네 가지 영역이기도 한 이 각각에 있어서 실제적인 성숙이 이루어지도록 도와야 한다. 이 점에 있어서는 장신대의 부설기관으로 세워져 있는 교수학습개발원, 학생생활상담소, 경건훈련원, 그리고 글로컬 현장교육원이 상호 연결되어 지성, 인성, 영성, 사역의 영역을 구체적으로 도울 수 있도록 구조화되어야 한다. 그리고 담임교수는 물론이고 모든 수업의 교수들이 학생의 목회자로서의 자질이 향상될 수 있도록 구체적인 피드백을 주는 것은 매우 중요하다. 현재의 교육평가 시스템은 학기말에 학생의 학업성취를 판단하는 총괄평가로서의 기능만 있지, 진단평가나 형성평가의 기능을 제대로 수행하지 못하고 있다. 매 학기 또는 매 학년 수업이 종강되면 교수들이 모여 각 학생들이 어느 정도 성숙했고 어떤 점에서 아직 부족한 지를 진단하고 이를 피드백 줄 수 있는 학생중심 교육과정이 실현되어야 한다.

II. 신학 정체성 확립

1. 개선 노력

신학 정체성 확립, 특히 장신신학의 정체성 확립은 장신 신학교육의 중요한 목적 중의 하나이다. 특히 대한예수교장로회(통합) 교단의 목회자를 양성함에 있어서 신학대학원(M.Div.) 교육의 과정동안 교단 신학의 정체성을 확립하고, 졸업 후에 그 정체성에 근거한 목회와 사역을 감당하도록 돕는 것은 건학의 목적이라고 할 수 있을 것이다. 장신대는 이미 1985년에

'장로회신학대학 신학 성명'을 발표한 바 있다. 이 신학성명서에는 장신대의 신학정체성을 7개의 명제로 제시하고 있다. 1) 우리의 신학은 복음적이며 성경적이다. 2) 우리의 신학은 개혁주의적이며 에큐메니칼하다. 3) 우리의 신학은 교호와 하나님의 나라에 봉사한다. 4) 우리의 신학은 선교적인 기능과 역사적, 사회적 참여와 기능을 수행한다. 5) 우리의 신학의 장은 한국이요, 아세아요, 세계이다. 6) 우리의 신학은 기술사회의 문제들에 응답해야 한다. 7) 우리의 신학은 대화적이다. 이 신학성명서는 2001년, 장신대가 100주년을 맞이하면서 발표한 신학교육성명서로 이어지며, 그 이후 광복 70주년을 맞은 해인 2015년에 발표된 '2015년 장로회신학대학교 신학성명서'로 나타나게 된다. 이러한 신학성명서의 채택은 장신대 교수 공동체가 장신신학정체성을 확립하려는 노력으로서 교육의 방향과 지표를 설정하는 의미를 지닌다.

2016년도 1학기, 2학기에 신학대학원에 개설된 '장신신학강좌 1, 2'는 장신신학의 정체성을 확립하려는 또 다른 노력이었다. '장신신학강좌 1'은 "장신신학의 정체성"이라는 주제로 개설되었는데, 구약신학, 신약신학, 역사신학, 조직신학, 기독교와문화, 예배설교학, 목회상담학, 영성학, 선교신학, 기독교교육학, 교회음악학 등 11개 분야별로 장신신학 정체성을 모색하는 수업으로서 장신대 교수 1인, 타 교단 신학대학교 교수 1인이 발제를 하고, 담임목회자 1인이 현장의 시작에서 논찬하고 학생들은 질의와 토론에 참여하는 방식으로 진행되었다. '장신신학강좌 2'는 "종교개혁500주년과 한국교회 개혁"이라는 주제로 개설되었고, 영성학 대신 교양학이 함께 참여하여 11개 분야별로 마찬가지 방식의 발제, 논찬, 토론이 진행되었다. 이 수업에는 다양한 신학 분야의 교수들이 함께 참여하여 토론함으로써 장신신학의 정체성을 공동체적으로 탐구하고, 그 과정에 학생들이 참여하여 함께 장신 신학의 정체성을 탐구해 가는 과정이 되었다.

2014년부터 새롭게 시도된 '맞춤형 신학생활'은 신학교육 개선을 위한 또 다른 노력으로 보여진다. 특히, '맞춤형 신학생활'의 3학년의 교육목표는 '신앙과 신학 통합하기'로서 2학기에는 '나의 신학'(my theology)을 작성하고 이를 나누는 시간을 갖도록 함으로써 신학대학원 학생들이 3년의 과정을 마치고 졸업할 때에는 자신의 신학을 정립하고 사역지로 나아갈 수 있도록 교육과정을 고안하고 있다. 이는 3학년 1학기 '맞춤형 신학생활'의 과제인 '나의 목회계획서' 작성과 함께 장신 신학정체성에 근거한 신학과 사역을 정립하도록 돕는 노력이라고 볼 수 있다. 또한 2016년 2학기에 신학의 제 분야별로 통일된 '개론과목 수업계획서' 작성을 요청한 것은 분야별 개론과목만큼은 어떤 교수가 수업을 담당하더라도 장신신학정체성에 입각한 통일된 수업이 이루어지도록 함으로 학생들이 장신신학 정체성을 확립할 수 있도록 돕기 위한 것이다.

2. 향후 과제

장신신학의 정체성을 확립하고 학생들이 신학대학원 3년을 마친 뒤에는 장신신학의 정체성을 지니고 현장으로 파송될 있도록 하기 위해서 가장 중요한 것은 교수들 간의 대화의 확장이다. 장신대가 하나의 신학교육공동체로서 건학이념과 교육목적을 구현하기 위해서는 장신신학의 정체성을 공유해야 한다. 이것은 하나의 획일적 신학을 갖는 것을 의미하는 것이 아니라 장신신학이 공동체적으로 추구해야 하는 신학의 방향이나 범주에 대한 공유를 의미하며, 타 교단이나 타 교파와 다른 본 교단 및 본 신학교의 신학정체성을 지니는 것을 의미한다. 이를 위해서는 세 가지 차원의 교수 간 대화가 요청된다. 첫째는 분야 내의 장신신학 정체성 관련 대화이다. 구약학, 신약학, 역사신학, 조직신학, 기독교와문화, 실천신학, 선교학, 기독교교육학, 교회음악학 등 각 분야 내의 교수들 간의 신학적 대화가 필요하다. 신학자로서 교수마다 독특한 입장이 있을 수 있지만 장신 신학정체성에 입각한 해당 분야의 입장이 무엇인지에 대한 진지한 대화와 이에 기초한 신학의 방향 설정, 그리고 그에 근거한 개론과목 교육과정 작성이 요청된다. 둘째는 분야 간의 장신신학정체성 관련 대화이다. 장신 공동체에 속해 있는 전체 교수들이 집단지성을 이루어 장신신학정체성을 확립하는 노력을 기울여야 한다.[3] 셋째는 학교 밖의 대화로서 목회자들과의 대화, 교단 내 타 신학교 교수와의 대화, 그리고 타 교단 신학교 교수와의 대화 등이 포함된다. 목회현장과의 끊임없는 대화가 교단 정체성과 신학교 정체성이 분리되지 않을 수 있는 방법이며, 다른 신학교 교수들, 심지어 타 교단 신학교 교수들과의 대화를 통해서 보다 명료한 장신 신학정체성을 확립할 수 있다.

학생들에게 장신 신학정체성을 확립하기 위해서는 '맞춤형 신학생활'에서 '나의 신학'을 작성하고 나누는 것만으로는 부족하다. 최소한 분야별 개론 수업은 장신 신학정체성에 입각하여 작성된 교재와 통일된 수업계획서에 의해서 진행될 필요가 있다. 교단 차원에서는 교단 산하 신학교가 통일된 분야별 개론서를 갖는 것을 추구할 필요가 있다. 이것이 장로교(통합) 교단의 정체성을 확립하고 건강한 목회로 인도하는 역할을 할 수 있기 때문이다. 2016년도에 시도되었던 '장신신학강좌' 수업이 지속적으로 개설되

---

3) 진정한 의미에서 교수공동체가 이루어지기 위해서는 공동체성을 가로막는 여러 가지 차별적인 조건들, 예컨대 정년트랙과 비정년트랙의 구분으로 인한 갈등 등이 해결되어야 하는 과제가 있다.

는 것이 장신 신학정체성 확립을 위해 도움이 될 것이다. 지금까지 진행되어 왔던 방식인 분야별 발제가 아니라 장신 신학정체성과 관련된 주제별로 발제 및 토론이 이루어지는 것도 시도해볼만한 가치가 있을 것이다.

장신신학정체성 확립의 과제를 주도할 가칭 '장신 신학연구소'의 설립을 제안한다. 장신대 안에 많은 부설 연구소들이 존재하지만 일부를 제외하고는 그 역할과 기능이 유명무실한 경우가 많다. 전체 연구소들을 크게 '장신 신학연구소'와 다음에 언급할 '한국교회 목회연구소'로 재편성하는 방안을 검토하여야 한다. 이 중 '장신 신학연구소'는 장신 신학의 정체성을 확립하기 위한 기초연구소로서 앞에서 제안한 대화들을 주도하며, 세계 신학 안에서 장신 신학의 정체성을 확고히 하기 위한 연구와 국제세미나를 주관하며, 과학기술과 현대문명, 정의, 평화, 환경보전, 통일 등의 이슈들에 대한 신학적 성찰을 하는 연구소로서 장신 신학을 대표하는 연구소로 자리매김할 수 있을 것이다. 장신 신학정체성의 확립은 신학교육 개혁을 비롯한 한국교회 및 사회 개혁의 기준을 제공한다는 점에서 가장 시급하고 중요한 장신대의 신학교육 개혁과제라고 할 수 있을 것이다.

Ⅲ. 실천(현장)지향적 교육

1. 개선 노력

장신대는 교육과정개발위원회를 구성하고 신학대학원 교육과정 개선 작업에 착수하였는데, '목회자 양성과정'으로서 신학대학원 교육과정에 가장 취약한 두 가지 부분으로서 하나는 성경교육, 다른 하나는 현장교육으로 진단하였다. 이를 해결하기 위해 2005년, 교육과정개발위원회 산하에 성경교육단(단장: 박동현 교수)과 현장교육단(단장: 박상진 교수)을 조직하였다. 그 결과로 교육과정에 일어난 변화가 '성경연구'와 '교회 안, 밖 현장 실천' 과목의 신설이다. '성경연구'는 신구약 66권을 권별로 공부하되 현장에서 성경공부를 인도할 수 있는 능력까지 함양하도록 하기 위한 것으로서 성서신학 교수, 기독교교육학 교수, 성서신학을 공부한 현장 목회자가 함께 교재를 집필하고 수업도 팀티칭으로 하도록 하였다. '교회 안 현장실천' 은 신학대학원 재학생들이 대부분 담당하고 있는 교육전도사 제도를 목회 실습교육으로 활용하는 방안으로서 교회 안에서의 실천을 담임목사, 평신도위원회, 현장실천조 지도교수, 동료 학우들의 피드백을 받고 개선할 수 있도록 하는 교육과정이다. '교회 밖 현장실천'은 교회 바깥의 NGO와 선교단체 등에서 이루어지는 다양한 사역들을 경험함으로 지역교회 목회만이 아니라 하나님 나라 차원의 사역을 경험하고 협력하도록 돕는 교육과정으로서 전자는 2학년 1학기, 후자는 2학년 2학기에 각각 실천하도록 구성되어 있다. 아직 개선되어야 할 여지가 많이 있지만 신학교육과 실천이 연결되는 중요한 통로가 되고 있다.

글로컬현장교육원은 장신대가 현장과의 연계를 강화하기 위해 설립한 센터로서 다양한 실천연계 프로그램을 운영하고 있다. 명칭 그대로 국내외를 망라해서 교회 및 선교단체, NGO 등의 사역현장과 네트워크를 형성하고 학생들이 실습할 수 있는 기회를 제공하고 있다. 특히, 해외 인턴십은 제3세계 교회는 물론 제1세계 교회에서 목회 인턴십을 경험함으로 이 곳에서 향후 목회할 수 있는 길을 열어주고 있다. 그 외에도 기존에 시도되지 않은 실험적인 목회를 학생들이 구상하고 실천할 수 있는 기회를 제공함으로써 다양화되고 급변하는 목회 현장을 준비할 수 있도록 돕고 있다.

2016년 2학기에 신학대학원 교육과정 개선 노력의 일환으로 '신학교육

교육과정 재진술' 작업이 진행되었다. 신학의 분야별 학점 수나 과목 수는 그대로 유지하더라도 그 분야의 교육의 목적이 신학대학원의 교육목적인 '목회자 양성'과 일치하도록 하기 위해 교육과정의 목적을 재진술하는 작업이다. 각 분야의 교육을 통해 어떻게 목회자 양성에 공헌할 수 있는지를 진술하고, 각 분야별로 선정된 교과목이 목회자 양성을 위해서 왜 필요한지를 진술하며, 각 교과목을 가르치는 목적과 그 과목을 가르친 후에 목회자 양성을 위해 기대하는 변화가 무엇인지를 진술하는 것이다. 이러한 진술을 통해 소위 이론신학을 줄이고 실천신학 과목을 늘려야 실천지향적 신학교육이 되는 것이 아니라 신학대학원의 모든 교육이 '목회자 양성'이라는 분명한 교육목적을 향해 나아갈 때 실천지향적이 될 수 있음을 깨닫고, 실천하도록 돕는 것이다.

2. 향후 과제

장신대가 교육과정개발위원회를 구성하고 실천지향적이고 현장지향적인 신학교육이 되도록 노력한 결과, 과거보다는 교회 현장과의 연계성을 확고히 지닌 신학교육을 실천하고 있다. 그러나 근본적으로 교회현장과 연계된 신학교육이 되기 위해서는 장신대 안에 가칭 '한국교회목회연구소'를 설립하는 것이 요청된다. 오늘날 신학교육의 가장 큰 딜레마는 역시 현장과의 괴리이다. 신학교에서 배운 것과 현장 목회에서 필요한 것이 일치하지 않기 때문에 신학교가 아닌 타 단체나 기관에서 다시금 배워야 한다면 신학교 무용론이 나올 수밖에 없을 것이다. 물론 신학교가 현장의 모든 기술과 노하우를 전수해 주는 곳이 아니고 신학의 기본기를 확립하게 하는 것만으로도 중요한 역할을 감당하는 것으로 보아야 할 것이다. 그러나 보다 적극적으로 신학교육의 사명을 감당하는 것은 목회 현장을 변화시킬 수 있는 관점과 역량을 제공하는 것이다. 이를 위해서는 신학교 안에 이 연구소가 필요한 것이다. 장신대 내에 여러 연구기관들이 있고 각각의 연구소 또는 연구원들이 의미있는 연구와 활동을 통해 신학교육 발전에 이바지하고 있다. 그러나 대부분의 경우 전공분야에 예속되어 있기 때문에 융합적인 활동이 어려우며 무엇보다 목회 현장의 문제들을 종합적으로 분석하고 대안을 제시할 수 있는 역할을 감당하지 못하고 있다. 장신대 내에 명실상부한 목회현장 관련 연구소가 설립되어 신학과 현장을 연결하고 이론과 실제의 가교 역할을 할 수 있어야 하며, 목회 현장의 이슈에 대한 깊은 신학적 성찰과 이에 근거한 실제적인 대안을 개발 보급할 수 있어야 할 것이다. '교회를 위한 신학'이 구호로 끝나지 않기 위해서는 이런 연구소를 통해 실제적인 공헌을 할 수 있어야 할 것이다. 이러한 목회현장연구소가 제대로 역할을 감당한다면 목회전문대학원은 이 연구소와 연결되어 목회 현장에 대한 신학적인 연구를 하되 실제적으로 현장을 변화시키는 '신학협동'의 전당이 될 수 있을 것이다.

신학대학원(M.Div)의 교육목적은 목회자 양성으로서 대학과 대학원의 교육목적과는 공통점도 있지만 분명한 차별성을 지닌다. 이는 신학대학원의 신학교육은 대학이나 대학원의 신학교육과는 구별되어야 함을 의미한다. 현재 장신대의 신학교육은 커리큘럼의 경우는 과정별로 편성되어 있지만 그 외의 거의 모든 환경이나 시설, 학교행사나 수업 외 세미나 등은 공동으로 운영되는 경향이 있다. 교육에 있어서 환경이나 풍토, 분위기의 영향은 매우 중요한데, 공식적인 수업 외의 잠재적 교육과정으로부터 심도 있는 영향을 받게 되어 있다. 신학대학원(M.Div)에 재학하는 목사 후보생들은 보다 더 '목회자 양성'에 걸맞는 구별된 교육이 이루어질 필요가 있다.

그리고 채플에 있어서도 학교 전체가 함께 드리는 공동의 채플도 필요하고 지속되어야 하지만 신학대학원(M.Div)에 재학하는 목회자 후보생들만이 별도로 드리는 채플이 확고하게 정착될 필요가 있다. 이것은 대학부와 신학대학원 모두에게 그 독특성을 고려하는 경건교육 및 실천교육이 될 것이다.

Ⅳ. 융합 교육 및 진로 교육

1. 개선 노력

장신대 신학대학원은 2015년에 '역량기반 통합수업'에 관한 연구를 수행하여, 이를 2016년도 1학기에 시행하였다. 신학대학원 교육과정에 있어서 가장 중요하게 요청되는 것은 신학의 제 학문 간의 담론을 통해 교단의 신학적 정체성을 확립하는 것이고, 급변하는 목회현장에 창조적으로 응답하는 것이며, 교역자 양성교육으로서 목회적 역량을 강화하는 것임을 깨닫고 이러한 융합성, 실천성, 현장성을 포함하는 교육과정으로 역량기반 통합수업(Competency-based Integration Class)을 제안하게 되었다. 이러한 핵심가치를 성취할 수 있도록 세 주제의 과목을 개발, 운영하였는데, 각각의 주제와 담당교수명은 다음과 같다. 목회현장과 인간이해(이상억, 양금희, 김문경교수), 성서와 신학과 강단(하경택, 윤철호, 최진봉교수), 한국사회 문화의 변화와 교회의 책임(김은혜, 한국일, 안교성교수). 각기 다른 분야의 전공교수들이 함께 이 수업을 개발하는 연구를 수행하였으며, 팀티칭으로 이 수업을 진행하였다. 여기에서의 팀티칭은 교수들이 번갈아 가며 강의하는 방식이 아니라 세 명의 교수가 동시에 수업에 참여하여 토론식으로 수업을 진행하는 방식을 의미한다. 신학대학원 졸업생들이

083

졸업 후에 목회현장에서 접하는 현실은 복합적이기 때문에 여러 분야가 함께 탐구하는 융합방식의 수업이 목회적 역량을 높이기 위한 효과적인 수업인 것이다. 이러한 융합 강좌 방식의 수업은 앞으로도 확대 실시되어야 할 것이다.

2013년부터 신학대학원에서 실시한 진로트랙별 사경회는 진로를 위한 특성화된 교육과정으로 자리매김 되고 있다. 신학대학원 3학년 1학기의 봄 사경회는 신학대학원 전체 사경회에 참여하지 않고, 신대원 3학년 학생들이 진로별로 2박3일의 사경회를 통해 졸업 후 진로를 준비하는 교육이 운영되고 있다. 진로별 트랙은 8개의 영역으로 구분되어지는데 예배와 말씀목회, 교육목회, 선교와 다문화목회, 지역사회 목회, 상담목회, 경건과 목회, 전도, 개척과 행정목회, 기관목회 등이다. 각각의 트랙에는 본교 교수 1인과 해당 영역의 목회자 1인(겸임교수로 위촉)이 팀을 이루어 진행함으로써 이론과 실제가 겸비될 수 있도록 하고 있다. 진로의 성격에 따라 기관이나 단체, 현장을 탐방하기도 하고, 다양한 현장의 목회자들을 초청하여 강의나 사례발표를 청취하기도 한다. 신학대학원 2학년 2학기에 시행하는 '교회 밖 현장실천'과 함께 신대원 학생들의 진로를 탐색하고 소명을 확인하도록 돕는 교육과정으로 정착되고 있다.

2. 향후 과제

신학대학원 교육이 파편화의 문제를 극복하면서 현장과 괴리되지 않는 교육이 되기 위해서는 신학 분야 간 융합 연구와 이에 근거한 융합 수업이 확대되어야 한다. 신학의 사중적 구조로서 성서신학, 역사신학, 조직신학, 실천신학의 분류는 현재는 구약학, 신약학, 역사신학, 조직신학, 기독교와 문화, 예배설교학, 목회상담학, 영성학, 선교학, 기독교교육학, 교회음악학 등 11개 분야로 더 세밀하게 분화되었고, 여기에서 더 세분화될 가능성마저 있다. 해당 분야의 전문성을 심화시킨다는 점에서는 신학 분야의 분화를 긍정적으로 바라볼 수도 있으며, 인문, 사회과학의 발달에 따라 제 학문과의 연계성을 강화한다는 측면에서도 강점이 있을 수 있다. 그러나 이러한 신학의 파편화 현상은 신학을 통전적으로 바라볼 수 없도록 하며, 현장의 문제를 종합적으로 해결하는 능력을 약화시킨다. 사실 목회 현장의 대부분의 문제는 다중적이며 다 측면적 성격을 지니고 있기 때문에 이를 해결하기 위해서는 다양한 분야의 접근이 동시에 필요하기도 한다. 또한 현대 사회에서 제기되는 각종 이슈도 한 분야의 탐구만으로는 부족한 경우가 많다. 따라서 목회와 현대 사회의 다양한 이슈들에 대한 융합적인 연구가 필요한데, 3-4개 분야의 교수들이 공동의 팀을 이루어 연구를 수행하고 이를 강좌로 개설하여 학생들에게 융합적으로 신학을 공부하고 실천하는 능력을 길러줄 필요가 있다.

트랙별 사경회로 시도된 진로별 교육과정은 전체 교육과정을 트랙별로 구조화하는 방식으로 확대되는 것이 바람직하다. 신학대학원 전체 교육이 어떤 의미에서는 진로교육의 성격을 띠고 있다. 신학대학원에 입학한 학생들은 전형적인 지역교회 담임목회만이 아니라 선교사, 기관목사, 특수목회 등 다양한 사역에 관심을 갖고 있고, 하나님의 나라 사역은 지역교회 목회 이상의 넓은 영역을 포함하며, 급속한 사회변화와 세계화는 특수한 사역에 헌신할 일군을 지속적으로 요청하고 있다. 2013년에 제출된 "장로회신학대학교 신학대학원(M.Div.) 교과과정의 다양화와 심화를 위한 연구" 보고서는 성경연구, 신학과 해석, 지역교회 목회, 현대 다문화사회와 선교, 일반트랙 등 5개 트랙을 나누어 교육과정을 편성할 것을 제안하고 있느데,[4] 신학대학원 교육의 어느 시점에서는 학생들의 진로에 따른 트랙으로 구분하여 진로별 맞춤형 교육을 실천할 수 있는 방법을 더 연구하고 개발할 필요가 있다.

장신대에 재학하고 있는 여학생들을 특별히 고려한 진로교육이 필요하다. 본교 신학대학원이 여학생 모집을 제한하지 않는다면 약 30%에 해당하는 신대원 여학생의 향후 사역을 위해 본교는 진지하게 응답하여야 한다. 여성사역이 기존의 교회 안에서는 심각히 제한되고 있는 현실 속에서 제도적, 구조적 개선을 요청하는 것만이 아니라 보다 적극적으로 이에 대처하는 신학교육 커리큘럼의 변화가 요청된다. 여성들이 남성 사역자들보다 더 잘할 수 있는 전문 사역을 개발하여야 하고, 전통적인 교회 목회가 아닌 다양한 교회 밖 사역을 개발할 수 있어야 하며, 새로운 형태의 교회를 시도할 수 있는 여성 팀목회를 준비할 수 있도록 도와야 한다. 여성들이 보다 야성적인 진취성을 가지고 여성 목회와 사역을 개발할 수 있는 의식 개혁도 중요한 교육과정으로 포함되어야 할 것이다. 그러나 이러한 여성 신학교육 개선을 위한 노력은 여성들에게만 필요한 것이 아니라 남성들에게도 요청된다. 양성평등과 여성을 동역자로 생각하는 인식은 교육을 통해 함양되어야 한다. 여성 진로를 위한 신학교육의 변화는 단지 교육과정의 개혁으로 끝나서는 안 되고 실제적으로 목회 현장에서 여성 사역이 정착될 수 있도록 제도적, 정책적 변화와 함께 계속 교육이 이루어져야 할 것이다.

---

4) 임학국 외, "장로회신학대학교 신학대학원(M.Div) 교과과정의 다양화와 심화를 위한 연구," 장로회신학대학교 연구과제 2013-4. 35.

Ⅴ. 하나님 나라(세계화 포함)로의 확장

1. 개선 노력

신학, 더욱이 신학대학원(M.Div)에서의 신학은 교회를 위한 신학인가? 물론 교회를 위한 신학이 되어야 함이 분명하다. 그러나 '교회를 위한 신학'은 두 가지 의미를 지닌다. 첫째는 그 교회가 교회성장이 목적이 아니라 하나님 나라의 센터가 되는 교회라는 의미에서이다. 교회 안의 성도들은 제사장들로서 이들이 섬기는 사회 속에서 빛으로 소금으로 살아야 할 존재들이고, 교회는 그들을 제자로 양육하여 세상 속으로 파송해야 할 책임이 있다. 이런 점에서 신학교육의 지평은 교회로 제한되지 않고, 교회를 통해 바라보는 '하나님 나라'까지 확장된다. 둘째는 '교회를 위한 신학'이지만 과거의 교회를 계승하거나 현재의 교회를 유지하는 것만이 아니라 미래의 교회를 위한 신학이라는 의미이다. 교회의 개혁을 가능케 하는 신학교육이 되어야 한다. 교회를 목사나 장로 개인이 사유화할 수 있는 대상으로 인식하는 왜곡된 교회관을 넘어서 공교회로서의 공공성을 회복하는 변화가 요청된다.

장신대는 2016년에 'NGO 및 선교단체 지도자 간담회'를 개최하고 이미 '교회 밖 현장실천'을 통해 맺기 시작한 교회 밖의 기독교단체들과의 보다 견고한 연대를 맺고 신학교육에서 협력을 도모하기로 하였다. 그리고 신학대학원 입학시험 중 특별전형에 '기독교NGO 및 선교단체' 특별전형을 포함시키기로 하고, 이들 단체에서 10년 이상 전임으로 근무한 사역자들은 무시험으로 입학할 수 있도록 하였다. 진로 트랙별 사경회의 트랙 중 기독교 기관이나 단체, 선교단체, 그리고 특수목회 사역을 원하는 학생들을 위한 트랙을 마련하기도 하였다. 이제는 목회자 양성이라는 개념을 좁은 의미의 지역교회 목회자 육성만을 의미하는 것이 아니라 하나님 나라의 사역자들을 총칭하는 의미로 받아들여야 할 것이다.

2. 향후 과제

장신대가 현재의 신대원(대학, 대학원도 포함) 정원을 축소하여 양질의 목회자 양성을 추구하되 평신도 교육의 강화를 도모할 수 있다. 장신대는 한국교회의 평신도들을 교육할 수 있는 너무나 중요한 위치를 차지하고 있다. 비단 본 교단만이 아니라 한국교회 전체 평신도들에게 건강한 신학과 신앙, 각 분야에 대한 기독교적 가치관적 접근을 제공할 수 있는 신학교이다. 지금까지 간헐적인 평신도 교육 시도가 있었지만 이를 본교의 중추적인 과제로 삼고 이를 동력화할 필요가 있다. 이는 단지 좋은 강좌를 개설하는 방식을 넘어서서 한국교회와 네트워크를 강화하고 평신도들의 필요를 파악하여 이들에게 맞는 교육과정을 제공하는 것이다. 이는 장신대의 발전을 위한 것만이 아니라 한국교회를 건강하게 세워가고 나아가 정치, 경제, 사회, 문화, 예술, 교육 각 영역에서 하나님 나라를 확장하는 통로가 될 것이다. 신학대학원의 교육목적인 '교회와 하나님 나라에 봉사할 목회자 양성'이기 때문에 '하나님 나라의 일군'으로서 평신도 사역자를 교육하는 방향으로 교육의 범위를 확대하는 것이 바람직하다. 그래서 교회성장보다는 '하나님 나라 확장을 향한 신학교육'이라는 관점에서 접근할 필요가 있다.

토의를 위한 질문

1. 신학교육에서 교수-학생 및 학생-학생 간 인격적인 관계구조를 갖는 것이 왜 중요한지 서로 말해보자.

2. 신학교를 졸업할 때, 자신의 신학정체성을 분명히 밝힐 수 있기 위해서는 어떤 신학교육이 필요하다고 생각하는지 서로 나누어 보자.

3. 디지털 시대의 신학교육은 전통적인 신학교육과 달리 어떤 변화가 요청되는지 서로 나누어 보자.

제6장. 신학교육방법의 새로운 패러다임[5]

전통적인 신학교육의 방법은 몇 가지 근본적인 문제를 지니고 있다. '신학교육'이라는 독특한 영역의 교육임에도 불구하고 그 독특성과 정체성을 상실한 채 여느 다른 교육의 방법과 구별되지 않는 한계성을 지니고 있다. 우선 신학교육, 특히 목회자 양성에 초점을 둔 신학교육 본래의 목적을 성취할 수 있는 교육방법을 모색해야 한다. 또 하나의 접근은 오늘날 소위 '포스트모던 시대' 또는 '멀티커뮤니케이션 시대'로 일컬어지는 새로운 시대가 요청하는 신학교육 방법의 변화이다. 이 두 가지, 원래의 신학교육 방법을 정체성을 찾으며, 동시에 오늘의 시대와 문화에 걸맞는 교육 방법으로 변화될 때 신학교육 방법은 가장 충실하게 신학교육의 목적을 달성하는 과정이 될 수 있을 것이다.

Ⅰ. 신앙교육으로서 신학교육

안셀름(Anselm)의 고전적인 정의에 따르면, 신학이란 다름 아닌 '이해를 추구하는 신앙'(fides quaerens intellectum)이라고 할 수 있다. 신학은 단지 지식더미가 아니고 하나님에 관한(about God) 학문과도 동일시 될 수 없다. 신학은 '하나님을 아는 앎'(knowing God)과 관련되어 있으며, 이는 하나님과의 관계가 전제되어 있는 '신앙적 앎'을 의미하는 것이다.[6] 이런 의미에서 신학교육은 신앙교육이고, 신학교육이 다른 일반교육과 구별되는 정체성은 신학교육이 '신앙'을 추구한다는 점이다. 신학교육, 특히 목회자를 양성하는 '목회자 후보생 교육'이 이루어지는 신학교육은 학

---

5) 박상진, 『교사교육의 새로운 패러다임』(서울: 예영커뮤니케이션, 2007)의 4장, 5장의 내용의 일부를 신학교육에 접목하여 수정, 보완한 글임.

6) 박상진, 『기독교교육과정 탐구』(서울: 장로회신학대학교출판부, 2004), 19-60.

생들의 '신앙'이 성숙하여 인격적으로나 삶으로 성도들에게 모범이 되는 영
적 지도자로 세우는 데에 그 목적이 있다.

크레익 다익스트라(Craig Dykstra)는 "사랑의 지식과 신학교육"에 대
해서 논하고 있는데, 그는 마르다 누스바움(Martha Nussbaum)의 용어
인 '사랑의 지식(love's knowledge)'을 설명하면서 신학교육이 진실로 신
학적(theological)이라면(진실로 하나님을 이해하는 것과 관련된), 사랑의
지식이 신학교육에 있어서 중심적이라고 주장한다. '사랑의 지식'은 신학교
육을 위한 전제요 기본적인 내용이고 신학교육의 본질이라는 것이다. 만약
신학교육에 '하나님을 아는 지식'이 없다면 그 교육은 신학적일 수 없으며,
'하나님을 아는 지식'이 없다면 신학교육은 더 이상 교육적일 수 없다고 말
한다. 이런 의미에서 신학교육은 하나님(God)을 아는 지식(Knowledge)
을 의미하며, 이러한 사랑의 지식은 지식이 단지 지적인(intellectual) 파
악(grasping) 이상임을 의미한다. 하나님을 아는 지식은 절대로 사악한,
조작적인, 그리고 통제하려는 지적인 방식으로는 얻어질 수 없다. 또한 지
식은 단지 지적인 것만이 아니라 정서적, 의지적인 영역이 통합된 것이다.
느낌과 헌신과 분리된 지성으로는 진정한 앎에 이를 수 없다는 것이다.[7]
다익스트라는 이와같이 신학교육에서 사랑의 지식을 회복하기 위해서는
신학교가 '신앙과 사랑의 공동체'(communities of faith and learning)
가 되어야 한다고 말한다. 여기에서만이 더 이상 신앙(faith)과 학습
(learning)이 양분화된 근대적 양극화 현상이 극복될 수 있기 때문이다.[8]

신앙을 위한 신학교육은 신앙이 신학교육의 중심 관심인 것을 전제

----

7) Craig Dykstra, *Growing in the Life of Faith: Education and Christian Practice* (Louisville,
   Kentucky: Geneva Press, 1999), 142-146.

8) *Ibid.*, 146-147.

할 뿐 아니라, 단지 교수(teaching)와 수업(instruction)보다는 '교육'(education)이 신앙을 위한 적절한 통로가 됨을 전제한다. 교육은 생각, 느낌, 행동을 포함하는 넓은 의미에서의 인간 행동을 의도적으로 변화시키는 것으로 정의될 수 있다. 이런 의미에서 신학교육은 단지 교수와 수업뿐만 아니라 사회화나 문화화의 과정까지도 포함한다. 신학교육은 또한 사람들로 하여금 하나님을 알고 그 삶이 변형되어갈 수 있는 장을 준비하기 위한 의도적인 인간의 노력이라고 정의될 수 있다. 이 점에서 교수와 수업 각각은 신앙을 양육하는 데에는 불충분하다. 신앙과 신념에 대한 스미스의 구분에 의하면 지적인 차원에만 초점을 두는 교수와 수업은 근대적 의미의 신념 형성과 관련될 뿐이다. 전인, 즉 인간의 전체 차원을 포용하는 신학교육만이 신념 형성은 물론이고 신앙을 형성하는 통로가 될 수 있다.

먼저 신학교육(education)은 교수(teaching)와는 구분되어야 한다. 교수는 교육의 한 부분이다. 교육은 교수만이 아니라 학습(learning)을 포함한다. 교육의 한 부분으로서 교수는 교사의 가르치는 행위로 제한된다. 제프 애슬리(Jeff Astley)가 지적하듯이 "사람은 다양한 학습 경험을 통해서 계속 배운다."[9] 교육은 교수보다 넓은 개념이다. 교육은 교수와 학습을 포함하며, 교사의 가르치는 행위는 물론 학생과 멘토의 대인관계적 상호작용도 포함한다. 이 점에서 신학교육은 계획된 교수–학습 과정만이 아니라 문화화 과정도 포함한다. 존 웨스터호프(John H. Westerhoff)는 그의 책 『우리 아이들이 신앙을 갖게 될 것인가』(Will Our Children Have Faith)에서 학교식–수업 패러다임의 문제점들을 지적하고 신앙공동체–문화화

---

9) Jeff Astley, The Philosophy of Christian Religious Education (Birmingham, Ala.: Religious Education Press, 1994), 35.

패러다임을 그 대안으로 제시한다.[10] 수업을 학교식교육과 동일시하면서 웨스터호프는 학교식-수업 패러다임은 기독교교육으로부터 사회화의 과정을 제외시킨다고 비판한다. 그는 비형식적인 잠재적 교육과정이 교회학교의 수업과 같은 형식적 교육과정보다 더 영향력 있다고 주장한다. 또한 마리아 해리스(Maria Harris)가 주장하듯이 신학교육은 코이노니아, 레이투르기아, 디다케, 케리그마, 그리고 디아코니아를 포함하는 교회의 전체 사역[11]을 포함해야 하는데 반하여, 좁은 의미의 교수는 단지 디다케만을 의미할 뿐이다.

또한 신학교육(education)은 수업(instruction)과는 구별되어야 한다. 토마스 그린은 수업을 교수와 구별한다. 그에게 있어서 교수는 수업보다 넓은 개념이고, 교육은 교수보다 넓은 개념이다. 그린은 수업을 통하지 않고 이루어지는 수많은 교수의 사례가 있을 수 있다고 주장한다. 수업은 어떤 습관의 형성과 같은 행동적인 영역보다는 지식이나 신념의 획득에 더 관련되는 활동이다. 수업은 필수적으로 "사람들로 하여금 진리를 이해하도록 하기 위해 이유, 증거, 주장 등을 포함하는 커뮤니케이션을 요청한다."[12] 그린에 의하면 수업은 교수의 한 부분이고, 교수는 수업을 포함한다고 보았다.

결론적으로, 신학교육은 교수와 수업보다 넓은 개념이다. 신학교육은 교회에서 행해지는 모든 사역들, 말씀선포와 전도(Kerygma), 예배와 예전(Leiturgia), 가르침과 훈련(Didache), 친교와 교제(Koinonia), 봉

10) John H. Westerhoff III, *Will Our Children Have Faith?* (New York: HarperCollins, 1976).

11) Maria Harris, *Fashion Me A People* (Louisville: Westminster/John Knox Press, 1989), 75-163.

12) Thomas Green, *The Activities of Teaching* (New York: McGraw-Hill, 1971), 29.

사와 섬김(Diakonia)을 포함한다. 그리고 신학교육은 이런 다양한 활동을 통해 이루어진다. 그런데 전통적인 신학교육은 교수와 수업을 강조하는 경향이 있는데, 이는 디다케에 한정되는 것처럼 보인다. 디다케는 신학교육의 많은 사역들 중 하나일 뿐이다. 또한 신학교육은 인지적, 정의적, 의지적, 그리고 행동적 차원을 포함하는 전인과 관련된다. 따라서 교수와 수업, 문화화 과정, 잠재적 교육과정, 교회의 다섯가지 사역의 영역을 모두 포용하는 신학교육이야말로 인간의 전체 차원을 포함하는 목회자 양성을 위한 적합한 통로가 되는 것이다.

II. 전통적인 신학교육의 진단

1. 이론위주의 신학교육

기존의 신학교육은 '대학교육'의 성격을 띠고 있고, 학문의 내용, 특히 이론적인 내용을 전달하는 방식을 취하고 있다. 삶의 변형(transformation)을 일으키는 교육이라기보다는 지식의 전수(transmission)의 기능을 수행하고 있는 경향이 있다. 성서신학, 조직신학, 교회사 등을 포함한 신학 이론적인 과목은 물론 설교학, 예배학, 목회상담학, 기독교교육학, 선교학 등의 실천분야 과목도 그 이론을 가르치는 데에 초점이 맞추어져 있다. 심지어는 실천적인 과목마저도 워십이나 실제적인 경험을 하도록 하는 것이 아니라 그 주제와 관련된 이론을 가르치는 경향이 있다. 이론은 영어로 theory인데 이는 극장이라는 단어인 theater와 같은 어원을 지니고 있다. 즉 이론은 객석에서 앉아있는 관객이 무대 위에서 공연하는 것을 보는 것이다. 직접 참여하는 것이 아니기에 실제적인 변화로 나타나기가 어렵다. 마치 공연이 끝나면 이내 원래의 자기 모습으로 돌아가듯이 변화되지 않은 원래의 모습으로 되돌아가고 마는 것이다. 이러한 이론과 실천의 괴리를 극복할 수 있는 신학교육이 되지 않는 한 신학교육은 목회자의 삶과 목회의 현장을 변화시키는 능력으로 나타나지 못할 것이다.

2. 지식위주의 신학교육

기존의 신학교육은 지식위주의 성격을 지니고 있어서 감성과 의지, 상상을 불러 일으키는 데에는 취약하다는 문제점을 지니고 있다. 무엇을 안다고 할 때, 무엇에 관해서 아는 것(knowing about)과 무엇을 아는 것(knowing)은 다르다. 하나님을 아는 앎에 있어서도 하나님에 관해서 아는 것과 하나님을 아는 것은 전혀 다르다. 무엇에 관해 아는 것은 그것에 관한 정보를 인식하는 것이다. 그러나 무엇을 진정으로 아는 데에는 감성과 의지, 상상이 동반된다. 물론 전통적인 신학교육에 감성과 의지, 상상의 영역이 전혀 없었다고 말할 수는 없을 것이다. 그러나 '대학교육'으로서의 신학교육은 여전히 인지적인 편중성을 지니고 있음을 부인할 수 없다. 신학교육에서 중요한 것은 신학과 신앙이 무엇인지를 인지적으로 아는 것도 중요하지만 느끼는 것도 중요하다. 목회에 관해서 아는 것도 중요하지만 목회가 무엇인 지에 대해서 느끼고, 어떤 방식으로 목회할 것인지를 의지적으로 결단하는 것이 동반되어야 한다. 상상(imagination)은 지, 정, 의를 다 포함하고 있다는 점에서 지식위주의 신학교육을 극복하는 대안적인 신학교육의 중요한 화두가 될 수 있다.[13]

13) Douglas Sloan, *Insight-Imagination: The Emancipation of Thought and the Modern World*, (Westport, CT: Greenwood Press, 1983), xiii.

3. 전달위주의 신학교육

기존의 신학교육은 '가르쳐야 할 내용'을 전달하는 구조를 지니고 있기 때문에 관계적인 면이 매우 약하다. 만약 신학교육에 대해 '교육내용을 가르치는가' 아니면 '학생을 가르치는가' 하는 두 가지 질문을 던진다면 전자에 해당되는 면이 더 강하다고 할 수 있다. '자치통감'에 보면 "경사(經師)는 만나기 쉽지만 인사(人師)는 만나기 어렵다"는 말이 있다.[14] 경서를 가르치는 교사는 많지만 인간을 가르치는 교사는 귀하다는 내용이다. 우리가 목회현장에서 목회자와 성도의 관계를 중요시한다면 이는 신학교육에서부터 실천되어야 할 것이다. 신학교육이 인격적인 관계 구조로 변화될 때 거기에서 인격적인 관계를 중요시하는 목회자가 배출될 수 있다. 어미 게가 자신은 옆으로 걸어가면서 자녀 게들에게 똑바로 걸어가기를 바라는 것이 어불성설이듯이 신학교육이 목회사역의 귀감이 되어야 할 것이다. 신학교육이 전달위주의 교육이 아니라 인격적인 관계를 중시하는 교육이 될 때, 진정한 목회자됨을 배울 수 있다. 신학교육의 구체적인 내용보다도 어떤 의미에서는 그러한 관계 자체를 통해서 배우는 것이 훨씬 중요하다고 할 수 있을 것이다. 왜냐하면 예수님의 제자교육이 그러했듯이 기독교교육은 관계를 통한 교육이기 때문이다.

4. 일방적인 신학교육

기존의 신학교육은 주로 교수가 일방적으로 강의하는 방식으로 진행되어온 경향이 있다. 여전히 '지식을 더 많이 알고 있는' 교수가 '그 지식을 모르고 있는' 학생들에게 지식을 전수하는 은행저축식 교육(banking education)의 형태를 띠고 있다. 그러나 신학교육은 성인교육으로서 페다

---

14) 오천석, 『스승』(서울: 교육과학사, 1972), 205.

고지(pedagogy)보5는 안드라고지(andragogy)의 관점에서 접근하는 것이 바람직할 것이다.[15] 신학교육에 있어서 가르치는 자와 배우는 자가 더불어 탐구하는 구조가 필요하다. 신학교육자인 교수가 일방적으로 지식을 전달하는 것이 아니라 쌍방적인 대화가 이루어질 수 있는 신학교육이 필요하다. 신학교육의 커리큘럼에 있어서 가장 중요한 것은 이런 대화요 나눔일 것이다. 교수와 학생 개개인이 경험하고 시행착오하였던 내용들을 서로 나누고 피드백을 받고 또한 격려하는 구조가 필요하다.

5. 교수위주의 신학교육

기존의 신학교육은 교수(teaching)위주, 그 중에서도 특히 언어적인 가르침으로 제한되는 경향이 있어왔다. 만약 커뮤니케이션(communication)의 관점에서 신학교육을 이해한다면 우리는 훨씬 더 풍성한 신학교육을 시도할 수 있을 것이다. 일반적으로 커뮤니케이션은 언어적인 커뮤니케이션과 비언어적 커뮤니케이션을 다 포함한다. 언어는 전체 커뮤니케이션의 일부이다. 삐에르 바뱅에 의하면 언어적 전달 내용이라고 할 수 있는 형상(figure)은 영향력에 있어서 전체의 7%밖에 해당되지 않는다고 한다. 나머지 93%는 배경(ground)으로서 음향, 조명, 진동, 몸짓, 표정, 그리고 관계적인 요소라고 할 수 있다.[16] 신학교육을 커뮤니케이션의 관점으로 접근한다는 것은 신학교육을 '학생에게 영향력(influence)을 끼침으로 변화시키는 과정'으로 이해할 수 있고, 이러한 영향력을 가능케 하는 모든 영역이 신학교육의 관심영역이 될 수 있고 또한 커리큘럼의 범위(scope)가 되어야 한다.

....

15) 김재은, 『성인교육론: 신앙공동체, 인간화 모형』(서울: 성광문화사, 1990), 127.

16) Pierre Babin, 이영숙 편역, 『디지털시대의 종교』(서울: 한경PC라인, 2000), 94.

6. 기술위주의 신학교육

기존의 신학교육은 지식을 강조할 뿐 아니라 기술(technique)을 강조하는 경향이 있다. 이에 비해 학생의 영성(spirituality)은 상대적으로 덜 강조되는 경향이 있어왔다. 어떻게 하면 보다 잘 가르칠 수 있는가에 관련된 방법(이나마도 이론적인 강의로 제한되었지만)에 치중한 나머지 학생의 인격적인 성숙과 영성적인 깊이를 더해갈 수 있는 면은 소홀히 다룬 것이다. 이를 철학적으로 표현하면 신학교육이 인식론(epistemology)과 교수론(pedagogy) 위주로 흐른 나머지 존재론(ontology)의 측면을 약하게 취급했다는 비판을 받을 수 있다. 신학교육의 근간은 더 많이 알고 더 잘 가르치는 것만이 아니라 교수 자신의 영성과 존재가 변화되는 것에 있다. 이런 점에서 신학교육에 있어서 영성교육은 한 두 과목이나 몇 번의 프로그램으로 인식될 것이 아니라 계속적으로 다루어져야 하는 기초훈련에 해당한다고 할 수 있다.

7. 학교식 신학교육

앞에서 열거한 기존의 신학교육이 지니는 문제점들은 구조적으로 신학교육이 '학교식 모델'(schooling model)이라는 점에 기인한다. 학교식 모델은 지식을 일방적으로 전달하고 주입하는 데에는 효과적인 구조라고 할 수 있지만, 인격을 변화시키고 영성을 심화시키며 실천적인 역량을 확장하는 데에는 적합하지 않은 구조라고 할 수 있다. 학교와 교실을 생각하면 질서정연하게 놓여진 책상과 걸상, 그리고 높은 교탁과 칠판, 거기에 하나의 교과서와 획일적인 교수와 평가 등을 떠올리게 된다. 이러한 학교모델이 지니는 효율성과 편의성은 인정되고 그로인해 근대시대동안 많은 공헌을 한 것도 사실이지만 이제는 그 구조의 한계를 여실히 드러내고 있다. 교회

교육에 있어서도 이 학교모델이 '주일학교' '교회학교'의 형태로 들어왔고, 신학교육에 있어서 '대학교'의 형태로 자리잡고 있지만 지금은 그 부작용이 존재기반을 무너뜨리고 있는 것이다. 교회교육도 '교회학교'의 대안을 모색하고 있는 이 때에 신학교육도 '대학'이라는 체제를 유지하더라도 그 성격이 학교식 모델을 극복할 수 있는 대안을 모색할 필요가 있다.

Ⅲ. 새로운 패러다임의 신학교육 방법

앞에서 논의한 전통적인 신학교육 방법의 한계는 새로운 패러다임의 신학교육 방법을 요청하고 있다. 새로운 신학교육은 단순히 기존의 신학교육의 문제점을 보완한다든지 수정하는 정도를 의미하지 않는다. 이는 패러다임의 전환을 의미한다. '패러다임'(paradigm)이란 말은 쿤(Kuhn)이 그의 저서 『과학혁명의 구조』(The Structure of Scientific Revolutions)에서 사용한 데 기원을 두고 있는데, '자연과학에서의 기본개념, 증거의 기준, 연구의 기법, 이론-실제의 관계 등을 구조적으로 결정하는 사고의 틀 혹은 양식'으로 설명할 수 있다. 그렇기 때문에 패러다임의 변화는 일종의 근본구조의 변화요, 대전제와 기본 원리의 변화라고 할 수 있다. 신학교육 방법은 다음과 같은 패러다임의 변화를 요청받고 있다.

1. 학교식 신학교육에서 공동체적 신학교육으로

신학교육은 결코 대학교육과 동일시 할 수 없다. 대학교육의 기능은 전체 신학교육의 한 부분이요 한 기능에 불과하다. 대학이라는 학교식 구조로서는 지식의 전달에는 효과가 있으나 목회자의 인격성숙과 영성훈련, 그리고 실천적 교수능력의 함양에는 적합하지 않다. 웨스터호프가 지적한대로 '학교-수업형 패러다임'(schooling-instructional paradigm)보다는 '신앙공동체–문화화 패러다임'(faith community-enculturation paradigm)이 신학교육에 있어서도 더 바람직할 것이다. 새로운 신학교육의 교육자상(像)은 단순히 '지식전달자'이거나 전통적인 '스승상'이 아니다. 사도바울은 고전4:15-20에서 '그리스도 안에서 일만 스승이 있으나 아비는 많지 않다'고 말한다. 그리고 '너희는 나를 본받는 자가 되라'고 하면서 '하나님의 나라는 말에 있는 있는 것이 아니고 능력에 있음'을 선포하고 있다. 기존의 학교식 신학교육의 교육자상이 '스승상(像)'과 동일시 될 수 있다면, 새로운 신학교육은 '아비상(像)'을 추구할 것을 요청하는 것이다. 신학교육에 있어서 스승모델과 아비모델을 비교, 요약하면 다음 도표와 같다.

〈표 6-1〉 신학교육에 있어서 스승모델과 아비모델

스승모델/ 전통적인 교육자상	아비모델/ 새로운 교육자상
지식을 전달(transmitting)	삶을 변화시킴(transforming)
가르치기만 하면 됨	함께 사는 것이 중요
입술로 전함	해산의 수고를 통해 낳음
인격적인 관계가 없어도 가능	인격적인 관계가 생명
지식중심	자식중심
안 변하면 그만	안 변하면 변할 때까지
인위적 만남	운명적 만남
일만이 있음(많음)	많지 아니함
가르침과 삶이 분리됨	삶을 본받는 것이 가르침임
말 중심	능력 중심

학교식 교육의 유형에 따른 교육자상(像)은 일차적으로 효과적인 지식의 전달자를 추구한다고 할 수 있다. 즉 신학이나 신학 관련 학문의 개념들을 어떻게 명확하게 효과적으로 인식시키느냐에 관심의 초점이 있다. 이를 위해서 교수에게 요구되는 두 가지 측면이 있는데 하나는 교육내용에 대한

이해이고 다른 하나는 그것을 효과적으로 전달할 수 있는 교육적인 기술이다. 흔히 수학교육, 영어교육, 물리교육을 생각하듯이 신학교육을 생각하는 것이다. 학교 교육에서 수학을 잘 알고 그것을 잘 교육할 수 있는 교사를 찾고 있는 방식이다. 모름지기 훌륭한 신학교수는 자기 전공 신학분야에 능통해야 하고 이를 잘 가르치는 은사와 능력을 지닌 사람이라고 생각한다.

학교식 신학교육의 가장 심각한 문제점은 분리현상이다. 신학대학교라고 하는 실천현장과 분리된 '대학'에서, 교수의 삶이나 인격, 그리고 신앙고백과는 분리된 '신학'이라는 교육내용을, 신학이나 신앙이라는 교육내용과는 분리된 교육방법이나 기술을 사용하여, 공동체가 아니라 공동체와 분리된 학생 개개인을 가르치는 구조이다. 이렇게 되면 신학교육은 개인주의적이요 비인격적이요 비참여적인 구조를 지니게 된다. 오늘날 '학교'가 지니는 가장 큰 문제가 바로 학생들을 가정과 사회로부터 분리시켜 잘 가르칠 수 있다고 믿는 전제이다. 우리의 목회가 공동체적 구조가 되어야 하고 관계가 강조되어야 한다고 믿는다면 신학교육의 구조가 먼저 공동체적 구조를 지녀야 한다.

여기에서 말하는 공동체적 신학교육은 한 두개의 과목이나 프로그램으로 진행하는 '공동체 훈련'과는 그 개념이 다르다. 교수와 학생들이 교육 공동체에 참여함으로 자연스럽게 사회화(socialization)되고 문화화(enculturation)되는 과정 속에서 목회자의 자질이 형성될 수 있는 신학교육의 차원을 의미한다. 사실 목회자에게 필요한 자질이나 인격, 품성, 그리고 지도력, 대인관계의 방식, 상담의 태도 등은 단기간의 '대학'식 교육으로 이룰 수 없는 영역이다. 강의실에서만이 아니라 평상시에 교수와 학생이 지속적으로 만나는 구조를 마련하고 신학교육 과정 자체를 공동체 사역의 장으로 형성해 감으로써 그 과정(process)속에서 획득되어 질 수 있는 덕목들이라고 할 수 있다. 교수와 학생간의 이러한 깊은 인격적인 유대와 사귐, 나눔을 통해 학생들의 태도에 점진적인 변화가 일어나게 된다. 우리가 갖고 있는 '학교식' 사고방식을 극복하고 '공동체적'으로 신학교육을 접근하면 전혀 새로운 신학교육의 지평을 열 수 있을 것이다.

2. 지식전수의 신학교육에서 양육중심의 신학교육으로

기존의 신학교육이 이론위주, 지식위주, 전달위주의 경향을 지니고 있음을 앞에서 지적하였다. 물론 전통적인 신학교육이 목회자 후보생의 영성이나 양육을 다루지 않은 것은 아니다. 몇 개의 교과목이나 예배, 사경회, 목회실습 등을 통해서 다루고 있다. 그러나 신학교육의 기본 구조는 여전히 지식전수의 구조를 지니고 있으면서 학생의 영성은 보완적으로 다루는 경향이 있는 것이다. 새로운 신학교육은 이 구조를 바꾸어 기본적 구조를 양육체제로 하고 이에 더하여 다양한 학문을 가르침으로 보완하는 형태가 바람직하다. 이는 신학교육에 있어서 존재론적인 영역이 교수론적인 영역보다 더 중요하다고 생각하기 때문이다. 교수의 가르침 이전에 교수의 삶이 교육한다. 이는 목회현장에서 목회자의 삶이 목회자의 가르침보다 앞서는 것과 같다. 이것이 '전달매체가 전달내용이다'라는 마샬 맥루한의 커뮤니케이션 원리와 상통한다. 그런 점에서 학생이 어떤 지식을 소유(having)하도록 하는 것에 초점을 맞추기 이전에 학생의 존재(being)가 새로워질 수 있도록 돕는 것이 중요하다. 신학교육의 가장 근본적인 뼈대는 '목회자됨'의 교육이다. 이는 목회자가 학문적으로 박식하거나 목회의 기술을 터득하는 것 이전에 목회자 자신의 신앙고백이 분명하고 지속적으로 하나님과의 교제를 갖고 그 하나님께 헌신하고 하나님의 소명을 확인할 수 있는 것이 보다 중요함을 의미한다. 이런 점에서 종전에는 신학교육의 범주에 전혀 포함시키지 않았던 학생의 기본적인 신앙생활의 양육이 어쩌면 가장 중요한 신학교육의 커리큘럼으로 인정되어야 한다. 이는 일반교육과는 다른 신학교육이 지니는 독특성 때문이라고도 할 수 있다. 신학교육은 네 가지 중요한 차원을 갖는다. 신학교육에서 교수는 하나님과의 관계, 학생과의 관계, 내용과의 관계, 매체와의 관계라는 네 가지 중첩적인 관계를 지닌다. 종래의 신학교육은 상당부분 교육내용과의 관계에 집중하는 경향이 있었다. 그마저도 이론 중심이었고 지식전수를 강조하는 한계를 지니고 있었지만 보다 근본적인 하나님과의 관계와 학생과의 관계에서 성숙할 수 있는 신학교육이 이루어지지 못했다는 안타까움을 지닌다. 탐구와 방법적인 기술을 포함하면서도 지속적인 신앙양육이 이루어질 수 있는 신학교육의 형태가 될 필요가 있다.

3. 신학자 양성구조에서 목회 리더십을 세우는 신학교육으로

신학교육이 대학교육의 구조를 지니면서 나타나는 가장 특징적인 현상 가운데 하나가 의식적이든 무의식적이든 학자를 양성하는 구조를 띠게 된다는 것이다. 그러나 목회자 양성과정으로서의 성격을 분명히 지녀야 하는 신대원(M.Div.) 과정은 '학자 양성'이 아닌 '목회 리더십'을 세우는 교육이 이루어져야 한다. 신학자 양성이 여전히 중요한 신학교육의 과제이지만 이는 대학원에서 추구되어야 하며, 신대원 과정은 목회자 양성에 초점을 맞추어야 하고 그런 교육이 이루어져야 한다. 교회에서 목회자는 단순히 현장에 있는 '신학자'(theologian)가 아니라 목회적 '리더'(leader)이다. 일반적으로 교수라고 할 때에는 주로 '학문'을 연구하고 가르치는 기능을 가장 중요시 한다. 그러나 신학교의 교수는 단순한 학문을 가르치는 교수가 아니다. 학생들에 대한 목회적 리더십을 수행하는 소그룹의 리더로서의 역할이 중요하다. 학문을 가르치는 기능만이 아니라 담임 교사의 역할을 하되, 중고등학교의 과목별 전문교사의 개념보다도 초등학교에서 학생들의 생활을 다 관장하면서 교과를 가르치는 담임 교사가 보다 근접한 유형이라고 할 수 있다. 이제는 신학교의 교수상을 단순히 학문을 잘 가르치는 역할로서만 인식할 것이 아니라 복합적인 역할을 지닌 교육리더(educational leader)로서 인식하고, 이를 통해 학생들을 목회적 리더로 세워나가야 할 것이다. 이런 의미에서 종전의 학교식 신학교육의 유형보다는 리더십 개발(leadership development)의 개념으로 접근할 필요가 있다.

4. 교수모델에서 커뮤니케이션 모델로

기존의 교수(teaching)중심의 신학교육은 커뮤니케이션(communication)중심으로 확대될 필요가 있다. 교수라는 개념은 가르치는 사람이 다분히 일방적으로 언어를 매개로하여 지식을 전달한다는 의미를 담고 있다. 그러나 커뮤니케이션의 관점에서 생각할 때 학생에게 영향력(influence)을 주는 모든 과정이 관심의 대상이 된다. 학생들에게 영향을 주어 보다 좋은 목회자가 될 수 있도록 하는 모든 것을 신학교육의 영역에 포함시키는 구조이다. 일반적으로 교육과정을 말할 때에 세 가지, 공식적 교육과정(formal curriculum), 잠재적 교육과정(hidden curriculum), 그리고 영의 교육과정(null curriculum)으로 분류하는데, 이 모두를 진지하게 고려할 필요가 있다.[17] 신학대학의 과목에 포함된 것들을 공식적 교육과정이라고 한다면 휴식시간이나 학생 상호간의 관계 속에서 학습되는

17) Elliot Eisner, *The Educational Imagination* (New York: MacMillan, 1985).

것이 잠재적 교육과정이며, 신학교육에서 다루어야 함에도 잠재적으로나마도 취급되지 않는 영역을 영의 교육과정이라고 말할 수 있다. 흔히 신학교육을 생각할 때 무슨 과목을 개설할 것인가를 떠 올리는데, 이는 많은 신학교육의 영역 중 작은 한 부분임을 인식해야 한다. 영향력의 관점에서 신학교육을 접근하면 무엇을 잘 가르치는 것보다 더 중요한 것은 과연 배우는 학생에게 어떤 영향이 나타날 것인가라는 학습(learning)에 더 초점이 있다. 이런 의미에서 신학교육은 언어적, 비언어적 상호작용을 포함하며, 문자미디어만이 아니라 다양한 미디어를 포함하는 멀티미디어 커뮤니케이션이 이루어지도록 해야 할 것이다.

5. 교수 중심에서 학습자 중심의 e-Learning으로

종래의 신학교육은 교수(professor) 중심이요, 교실중심이요, 흑판중심의 교육방법으로 이루어졌다면 이제는 학습자 중심의 e-Learning으로 전환되어야 한다. 오늘날의 교육은 타율적이고 획일적인 교육에서 스스로 학습하는 자율적, 열린학습으로 변하고 있으며, 또한 정보통신기술의 발달로 교육의 형태 또한 학교교육의 형식교육에서 컴퓨터 통신을 이용한 비형식 교육, 무형식 교육의 형태로 바뀌고 있다. 디지털시대의 도래와 함께 급격하게 신장하고 있는 e-Learning 산업은 e-Business가 기업경영 전반에 혁명적인 패러다임 전환을 요구하고 있는 것처럼 교육전반의 획기적인 변화를 요청하고 있는데, 이 점에서는 신학교육도 예외가 아니다. 신학교육은 일반교육의 방법과 동일시할 수는 없지만, 최근 급격히 새로워지고 첨단매체를 사용하는 교육방법을 적극적으로 받아들이고 접목하여 효율적인 교육이 이루어지도록 해야 할 것이다. 전통적인 흑판 중심의 교실을 e-Station을 사용하는 첨단강의실로 바꾸고, 인터넷을 통한 원격수업이나 사이버강의가 원활히 이루어지도록 하고, 다양한 인적 자원과 교육적 자원을 네트워크로 연결하여 충실한 신학교육을 받을 수 있도록 지원하여야 한다.

6. 이론위주의 신학교육에서 실천과 참여의 신학교육으로

학문과 현장, 이론과 실천 사이의 깊은 괴리가 신학교육에서도 심각한 문제점으로 나타나고 있다. 신학교육이 학문중심, 이론중심이기에 언제나 신학교육은 원론적인 수준에 머무르는 경향이 있고, 교수들은 학생들이 이것들을 목회 현장에 잘 '응용'해 주기를 기대하지만 현장과 이론의 괴리로 인해 변화를 경험하지 못하게 된다. 신학교육은 기본적으로 프락시스(praxis)로부터 출발하여야 한다. 이는 이론이 필요없음을 의미하는 것이 아니다. 현장에서부터 문제가 도출되어 이를 이론적으로 성찰하고 다시금 현장에서 변화를 일으킬 수 있는 모습으로 신학교육에서 다루어져야 한다. 이런 의미에서 신학교육은 과감히 강의식 형태가 아니라 워샵(workshop)과 실습(practicum) 형태로 전환될 필요가 있다. 그리고 실제적으로 학생이 주도적으로 참여하여 실습할 수 있는 구조로 바뀌어야 한다.

7. 전공 중심의 신학교육에서 간학문적 신학교육으로

기존의 신학교육에서는 신학의 제 분야들이 통합되기 보다는 더욱 더 분화되었을 뿐만 아니라 세부 전공이 그대로 교수되는 구조를 지니고 있다. 그러나 보다 현장지향적인 신학교육이 이루어지기 위해서는 목회 현장의 중요한 주제에 대해 간학문적(interdisciplinary) 접근이 이루어져야 하며, 신학교육 방법에 있어서도 팀 티칭(team teaching)이 적극 도입되어야 한다. 현장은 성서신학, 조직신학, 교회사, 기독교윤리, 실천신학 등이 분리되어 존재하지 않고 통합되어 있기 때문에, 대부분의 목회 현장의 문제를 해결하기 위해서는 간학문적인 사고가 필요하다. 물론 교수들은 각각 세부적인 전공을 가르치면서 학생들이 '알아서' 이들을 통합하기를 기대할 수도 있지만, 이는 무리한 요구이다. 각각의 학문적인 독특성을 인정하되 이들이 어떻게 상호 연계되어 있으며 대화가 가능한지를 팀 티칭 방식을 통해 깨달음으로 목회현상의 다측면들을 고려할 수 있는 안목을 길러주어야 할 것이다. 팀 티칭은 같은 전공 내에서도 다른 관점을 지닌 두 명 이상의 교수가 진행할 수도 있고, 분야 정체성을 지니는 한 신학 분야 과목의 진행에 그 분야의 전공교수와 함께 다른 전공 교수가 참여하는 방식을 취할 수도 있다. 그리고 중요한 주제에 대해 다양한 전공의 교수가 함께 준비하고 토의하며 가르치는 방식으로 진행할 수도 있다. 이러한 팀 티칭 방식을 도입하기 위해서는 먼저 전공 분야 내의 교수들은 물론 타 분야의 교수들과 학문적인 대화를 나누는 분위기가 선행되어야 할 것이다.

Ⅳ. 세 가지 수준의 신학교육

신학교육을 세 가지 수준으로 나눌 수 있을 것이다. 첫째는 대학 이전 수준의 신학교육, 둘째는 대학 수준의 신학교육, 그리고 셋째는 대학 이후 수준의 신학교육이다. 한국교회의 신학교육은 그동안 '성서신학원'이나 '각종학교' 형태의 비인가 대학의 형태에서 발전하여 명실상부한 '대학교육'으로서의 형태를 띠게 되었다. 그러나 이제는 대학 수준을 넘어 학문적인 수준이 퇴보되지 않으면서도 '실천체계' 및 '양육체계'로서의 신학교육을 추구함으로 한국교회와 세계교회가 요청하는 목회자를 양성하는 신학교육 원래의 정체성을 회복하여야 할 것이다.

한국교회는 포스트모던 시대라고 불리우는 탈 근대시대 또는 후기 근대시대를 맞이하고 있다. 스텐리 그렌츠(Stanley Grenz)가 말하듯이 포스트모던 시대는 계몽주의 이후 지나치게 과학적 합리주의를 강조한 '근대성'으로 인해 왜곡된 복음이해를 원래의 통전적 복음으로 회복할 수 있는 기회라고 할 수 있는데, 신학교육에 있어서도 마찬가지이다.[18] 지나친 지식주의, 개인주의, 분리주의로 인해 왜곡된 신학교육을 감동이 있는 신학교육, 공동체를 강조하는 신학교육, 인격적인 만남과 파편화된 학문의 통합, 이론과 실천의 통합을 추구하는 신학교육으로 변화시켜 통전적 신학교육(holistic theological education)이 될 수 있는 기회를 맞이하고 있다. 이런 신학교육 방법의 패러다임 변화는 신학교육의 발전은 물론 한국교회의 새로운 성숙을 가능케 할 것이다.

18) Stanley Grenz, *A Primer on Postmodernism* (Grand Rapids: Eerdmans, 1996).

토의를 위한 질문

1. 신학과 신앙은 어떤 관계가 있다고 생각하는가? 신학교육과 신앙교육이 함께 이루어질 수
있는 방안은 무엇이라고 생각하는가?

2. 전통적인 신학교육이 지니는 문제점들을 열거해 보자. 그중 가장 심각한 문제점이라고 생
각하는 것은 무엇인가? 그 이유를 말해보자.

3. 새로운 신학교육의 방법으로 당신이 제안하고 싶은 것은 무엇인가? 그것을 왜 제안하고자
하는지 그 이유를 말해보자.

제7장. 실천지향적 신학교육을 위한 신학교육자의 개혁 [19]

신학교육의 개혁은 신학교육자의 개혁이 없이는 이루어지지 않는다. 신학교육의 개혁은 신학교육자의 개혁으로부터 시작해서 신학교육자의 개혁으로 끝난다고 말할 수 있을 정도로 중요하다. 왜냐하면 신학교육을 개혁해야 하는 사람이 개혁되지 않으면 모든 개혁은 진정성이 없는 개혁일 수밖에 없기 때문이다. 더욱이 실천지향적 신학교육은 앞에서 언급한대로 신학교육자인 교수와 학생의 인격적 관계에서 이루어지며, 신학교육은 단지 지식을 전달하는 행위만이 아니라 공동체 안에서 삶의 모범을 통해 끼쳐지는 영향력이기 때문이다. 신학교육자의 개혁은 신학교육자의 관계 구조를 생각할 때, 하나님과의 관계, 자신과의 관계, 학생과의 관계, 교회와의 관계, 동료교수와의 관계 등의 차원으로 나누어 살펴볼 수 있다.

Ⅰ. 하나님과의 관계: 신학교육자의 소명과 영성

신학교육자는 어떤 관계보다 하나님과의 관계가 우선되며, 그 관계가 바로 정립되어야 하는 것이 가장 중요한 개혁과제이다. 신학교육자는 먼저 예수 그리스도의 구속의 은총으로 말미암아 구원받은 존재이며, 그 구원의 감격으로 하나님의 부르심에 응답하여 신학교육자로 서게 된 것이다. 이 은혜가 고갈되면 신학교육을 가능케 하는 힘의 원천이 사라지게 되는 것이다. 신학교육자가 신학교에서 학생들을 교육하는 일이 자신에게 주어진 하나님의 소명임을 인식할 때 어떠한 상황 속에서도 그 직을 성실히 감당할 수 있는 기초를 갖게 된다. 그리고 지속적으로 그 하나님과의 교제를 통

---

19) 이 글은 필자가 쓴 '장로회신학대학교 신학교육의 개혁 방향 및 과제' (『종교개혁과 신학교육의 개혁』, 장로회신학대학교, 2017)의 일부를 수정, 보완한 것임.

해 신학교육을 향한 '하나님의 뜻'에 초점을 맞추어야 한다. 신학교육자가 먼저 지속적인 신앙성숙을 경험할 때 학생들을 신앙적으로 돌보며 양육할 수 있게 된다. 사실 신학교육은 신앙고백적이어야 한다. 자신의 신앙과 다른 신앙을 가르쳐서는 안 되고 가르칠 수도 없다. 왜냐하면 결국 가르쳐지는 것은 신학교육자의 신앙이기 때문이다. 신학교육자는 진실하게 자신의 신앙을 드러내어야 하며, 그 신앙고백이 교단의 신앙고백 범주를 벗어나는 경우에는 교단의 목회자 양성 교육을 담당하는 신학교육자로는 적절치 않은 것이다. 결국 신학교육자가 지속적인 성화의 삶을 살고, 소명에 뿌리를 내린 경건한 삶을 살 때 신학교육이 건강하게 이루어질 수 있는 것이다.

Ⅱ. 자신과의 관계: 신학교육자의 삶, 인성, 윤리

신학교육에 있어서 신학교육자가 전하는 지식의 내용도 중요하지만 신학교육자의 삶이 중요하다. 마샬 맥루한이 '전달매체가 전달내용이다'라고 말했듯이 교사가 진정한 의미에서 커리큘럼이고, 신학교육자가 강의하는 내용보다도 신학교육자의 삶이 전달된다. 신학교육에 있어서 신학교육자의 존재와 신학교육자의 교수는 분리되지 않으며, 존재론(ontology)과 교수론(pedagogy)은 분리되지 않는다. 이런 점에서 신학교육자의 인성은 목회자 후보생의 인성 형성에 심대한 영향을 끼치게 되는데, 신학교육자의 친절, 환대, 섬김은 파커 파머(Parker Palmer)가 말한 것처럼 도덕적인 덕목만이 아니라 인식론적인 덕목(epistemological virtue)이다. 신학생들에게는 목회가 무엇인지를 깨닫게 되는 통로가 될 수 있기 때문이다. 최근 목회자의 윤리적인 문제가 한국교회 신뢰도를 추락시키고 전도의 문을 가로막게 되는 경우를 종종 보게 되는데, 신학교육자의 윤리는 신학생들에게 영향을 끼치고 결국은 한국교회 목회자의 윤리 형성에도 영향을 미치게 되는 것이다. 이런 점에서 신학교육은 학생들에게 어떻게 강의를 잘하느냐의 문제 이전에 신학교육자 자신과의 싸움이라고 할 수 있을 것이다.

III. 학생과의 관계: 기독교교육자로서의 정체성

신학교수에게는 두 가지 영역의 긴장이 지속적으로 존재하는데, 하나는 연구이고, 다른 하나는 교육이다. 신학교수는 자신의 신학 분야에 있어서 학자요 전문가이기 때문에 계속해서 새로운 연구를 하고 이를 국내외의 전문학술지에 기고하여야 한다. 해당 분야의 학회에서 발표도 해야 하고 저술활동도 해야 한다. 승진을 위해서도 연구업적을 쌓아야 하고, 교육당국에서 진행하는 학교 평가에서도 상위의 점수를 얻기 위해서는 연구실적이 많아야 하기 때문에 연구에 대한 부담감이 큰 것이 사실이다. 그러나 신학교육자는 무엇보다 학생들을 교육하는 것에 우선순위를 두어야 한다. 특히, 목회자 양성을 목적으로 삼고 있는 '실천지향적' 신학교육의 경우에는 신학생들이 목회적 역량을 갖출 수 있도록 교육하는 일이 중요하다.[20] 이런 점에서 신학교육자는 자신을 기독교교육자로 인식할 필요가 있다. 많은 경우, 자신의 전공 분야는 깊이 연구했지만 이 내용을 학생들에게 가르치는 데 있어서 전문가가 못되기 때문에 교육적 영향력이 크지 않은 것을 보게 된다. 신학교육자는 보다 효과적인 수업을 진행하고, 주제에 따라 다양

112

---

20) 2017년 장신대 '신학춘추'에 실린 한 학생의 글은 수업개혁이 가장 중요한 과제임을 상기시키고 있다. "지금 장로회신학대학교 대학/신학대학원에 필요한 것은 종교개혁과 같은 거대담론, '다시 프로테스탄트'로 따위의 거대담론이 아니라고 감히 말하고 싶다. 우리 삶에 가장 근접한 것, '수업이 개혁되어야 한다.'고 감히 말하고 싶다. 이 학교의 수업은 어떠한가? 교수들은 학생들에게 흥미를 잃었고, 지나친 발표 수업 따위로 강의를 대신하고 있으며, 수업준비는 해오지 않고 자기 유학시절 무용담이나 읊어대고, 동료 교수들–심지어는 총장님까지 수업에서 애둘러 비난하거나, 자기의 아들, 딸 자랑을 하거나, 자기 책/번역서를 팔아대고, 정당한 질문에 대화가 안 된다고 무시해버리기까지 한다... 종교개혁을 논하기 전에 교수님들과 학생들의 뼈를 깎는 수업개혁이 필요하다."(김OO, 신대원 신학과 2, 2017. 3. 28, 『신학춘추』, 11면)

한 매체를 사용하여 교육을 극대화할 수 있는 탁월한 교육자가 되어야 하는 것이다. 무엇보다도 학생과 함께 있는 시간을 확보함으로 학생과의 인격적인 관계를 맺을 수 있어야 하고, 담임교수에게 맡겨진 학생을 신앙적으로 양육하고 격려하는 멘토의 역할을 감당할 수 있어야 할 것이다.

Ⅳ. 교회와의 관계: 신학을 목회와 연계하는 능력

'실천지향적' 신학교육을 위해서는 신학교육자가 실천지향성을 지녀야 한다. 신학교육자가 목회자를 양성할 때에 목회에 대한 인식이 없는 피상적인 교육에 머무를 수밖에 없을 것이다. 과거에는 신학교수가 되기 위해서는 3년의 담임목사 경험이 요구되었지만 지금은 부목사 경험까지 인정해주고 있다. 문제는 형식적인 요구를 충족시키는 것이 아니라 실제적으로 한국교회을 이해하고 있고, 목회의 현실과 문제점, 그리고 향후 목회가 변화되어야 할 모습이 무엇인지를 인식할 때 제대로 된 목회적 역량을 함양할 수 있을 것이다. '실천지향적' 신학교육에 있어서 신학교수의 중요한 역할은 '학문지향적' 신학을 '실천지향적' 신학으로 번역하는 것이다. 번역은 두 가지 언어가 가능하여야 하는데, 신학교육자는 학문과 실천, 신학과 현장을 더불어 알고 이 둘을 연결시킬 수 있는 능력이 있어야 하는 것이다. 신학대학원(M.Div)에서 학생을 가르치지만 이런 능력이 결여되어 있을 때 교회현장과는 괴리된 신학교육이 이루어질 수밖에 없는 것이다. 신학교육자는 교회만이 아니라 하나님 나라의 관점에서 이 사회가 지니는 문제점과 대안의 방향을 인식할 필요가 있는데, 신학대학원(M.Div)의 교육목적이 '교회와 하나님 나라의 일군'을 양성하는 것이기 때문이다.

V. 동료와의 관계: 교수공동체 형성

신학교육은 공동체 안에서 이루어진다. 신학교육자는 동료 신학교수들과 진정한 공동체를 형성하여 공동체적인 교육이 일어나도록 해야 한다. 물론 신학교의 모든 구성원들, 학생, 교수, 교직원들이 하나의 공동체를 이루어야 한다. 그런데 각각의 구성원들이 상호 대화하며 소통하는 공동체를 만들어 나가는 것이 중요하다. 교수공동체가 신앙공동체, 학문공동체, 교육공동체, 친교공동체가 될 때 그 안에서 역동적인 교감이 일어나고, 집단지성으로 신학교육의 새로운 방향과 지침들이 마련되어진다. 장신신학의 정체성은 교수공동체 내의 소통을 통해 확립될 수 있으며, 신학교육의 개혁의 이슈들도 교수공동체에서 구체적으로 논의될 때 실제적인 실천방안이 도출될 수 있다. 우선 신학의 분야별로 교수공동체가 이루어져야 한다. '같은 전공의 교수끼리 서로 만나는 것보다 다른 전공의 교수와 만나는 것이 더 편하다'는 말은 일면 이해가 간다. 동일 전공 분야 내에서는 '경쟁관계'가 형성되어질 수 있기 때문이다. 그러나 이 작은 학과 내 교수 상호 간에 존중하고 진심으로 소통하는 풍토가 이루어지지 않으면 전체 교수공동체의 형성을 기대할 수 없다. 그리고 타 분야의 교수와 소통하며 융합연구와 통합수업을 할 수 있는 관계로 발전해야 한다. 교수공동체가 성숙하는 만큼 신학교육은 성숙하게 되어 있는 것이다.

신학교육 개혁의 주체는 누구인가? 진정한 개혁은 외부로부터 주어지는 것이 아니다. 교단의 목회자 양성과정인 신학대학원(M.Div)의 교육개혁도 교단 총회나 신학교육부가 개혁의 주체가 아니라 신학교육의 구성원인 학생, 직원, 교수, 이사회가 사명감을 갖고 개혁에 임해야 한다. 그래서 공동체적 신학교육 개혁이 되도록 해야 한다. 그리고 서로가 다른 구성원들의 개혁을 요구하기 이전에 자신이 무엇을 개혁해야 할지를 생각해야 한다. 각 구성원들은 개혁의 주체이면서 동시에 개혁의 대상이 된다. 신학교육에 있어서 개혁해야 할 과제들이 산적해 있지만 이 모든 것은 자신의 개혁으로부터, 자신의 개혁과 함께 시작되는 것이다. 모든 개혁에는 개혁자가 있다. 종교개혁에는 종교개혁자가 있다. 신학교육의 개혁은 신학교육 개혁자를 요청하고 있다. 개혁은 희생을 전제하는데 희생 없는 개혁은 존재하지 않는다. 개혁자는 개혁을 위해 자신의 희생을 기꺼이 감수하고 자신의 몸을 던지는 헌신된 개혁자가 있을 때에만 가능하다. 신학교육의 전구성원들이 이런 아름다운 헌신으로 자신과 자신의 삶, 자신의 영역부터 개혁함으로 진정한 신학교육의 개혁이 이루어지기를 소망한다.

토의를 위한 질문

1. "신학교육의 개혁은 신학교육자의 개혁 없이는 이루어지지 않는다"는 말에 동의하는가?
그 이유는 무엇이라고 생각하는가?

2. 신학교육자가 지녀야 할 자질 중 가장 중요한 요소는 무엇이라고 생각하는가? 왜 그렇게
생각하는지 말해보자.

3. 자신이 가장 존경하는 신학교육자는 누구인가? 그 분의 어떤 면을 존경하는지 서로 나누
어 보자.

3부:

교단의
바람직한
신학교육 정책

제8장. 교단의 바람직한 신학교 운영[1]

Ⅰ. 교단과 신학교의 관계

오늘날 한국교회의 위기는 목회자의 위기이고, 목회자의 위기는 신학교육의 위기에 기인한다고 해도 과언이 아닐 것이다. 지속적으로 신문 사회면을 장식하는 목회자의 탈선과 일탈행위는 물론, 한국교회의 침체와 무기력은 상당부분 목회자의 자질과 역량에 기인하고 있고, 이는 이들을 양성하는 신학교육에 근거하고 있다고 볼 수 있기 때문이다. 이는 반대로 신학교육이 갱신되고 건강하고 역량있는 목회자를 배출할 수 있다면 한국교회가 위기를 극복할 수 있음을 의미하기도 한다. 이런 점에서 신학교육은 한

---

1) 이 글은 박상진, '교단의 바람직한 신학교 운영',(『목회와 신학』, 통권327호, 2016년 9월호. 65-71.)을 수정, 보완한 것임.

국교회의 핵심에 위치하고 있으며, 신학교육을 올바르게 세우는 일은 한국교회의 제반 문제해결과 위기 극복의 열쇠가 된다고 할 수 있다.

신학교육은 교단과 밀접하게 관련되어 있다. 대부분의 한국의 신학교는 한국교회의 교단이 그 교단의 목회자를 양성하기 위해서 설립하였다. 교단과는 관계없이 종합대학에 속해 있는 신학대학 또는 신학과가 있지만, 대부분의 신학대학원(M.Div) 과정은 목회자 양성과정으로서 교단에 소속되어 있으며, 이 과정을 마친 사람들에게 그 교단의 목사 안수를 받을 수 있는 자격을 부여하고 있다. 과연 교단과 신학교가 어떤 관계가 있으며, 바람직한 신학교 운영을 위해서 교단과 신학교는 어떤 관계를 맺어야 하며, 각각에게 어떤 변화가 필요할까?

교단과 신학교의 관계는 매우 복잡한 양상을 띠고 있다. 교단 직영 신학교라고 하더라도 교단의 결정에 의해서만 신학교육이 이루어지기 쉽지 않은 제도 속에 있다. 우리나라의 경우 공교육 체제 속에 '신학대학교'가 위치하고 있다. '신학대학교'라는 명칭이 보여주고 있듯이 오늘날의 신학교는 두 가지 전승을 갖고 있다. 하나는 소위 '선지동산'이라고 불리우듯이 목회자 후보생인 선지생도를 양육하는 교육기관으로서 '신학교'인데 한국교회 목회자 양성소의 정체성을 지니고 있다. 다른 하나는 '대학교'로서 교육부의 감독과 지도를 받으며 대학종합평가를 비롯한 교육평가를 받으며 이에 근거하여 국가의 재정지원을 받게 되는 공교육 기관으로서의 정체성을 지니고 있다. 이 두 가지 전승과 정체성 가운데 어느 것을 더 강조하느냐에 따라 매우 다른 신학교육이 이루어질 수 있다.

'선지동산'으로서의 신학교는 하나님 나라의 일군을 양성하고 예수 그리스도의 제자로서의 목회자를 양성하는 것에 관심을 가지며 섬김과 봉사,

헌신과 희생의 영성을 강조하는 경향이 있다. 이에 비하여 '대학교'로서의 신학교는 공교육 기관으로서의 기준을 충족하여야 하며 고등교육기관으로서 해당 영역의 지도자를 육성하는 과정이며, 학생들은 이 과정을 통해 자신들의 직업을 준비하며 신분상승의 욕구를 충족시키게 된다. 오늘날 우리나라의 경우는 공교육을 강화하며 대학의 공적 기능을 강조함에 따라 이 두 가지 전승 중 후자의 '대학교'로서의 성격이 더 심화되는 경향이 있다. 교수들은 교육부 또는 학술연구재단이 제시하는 연구 기준을 충족하는 연구논문을 작성하여야 하며, 신학교는 교육부나 한국교육개발원, 또는 대학교육협의회가 제시하는 대학평가 기준에 따라 상대평가를 실시해야 하고 강의평가를 공개해야 하며 거의 모든 교육을 수량화하는 노력을 기울여야 한다.

이런 점에서 신학교가 교단에 속해 있지만 교육부의 인가를 받지 않은 미인가 상태 때보다는 대학 인가를 받고 공교육 체계 속에 편입 된 이후에는 점점 교단의 영향력보다는 교육부나 국가의 영향력을 받게 되는 경향이 있다. 그러나 여전히 대부분의 신학교는 학교법인이지만 교단 소속으로서 교단이 이사들을 파송하여 학교 이사회를 구성하고 교단의 의지를 정관에 반영하여 학교를 운영하고 있다. 학교법인의 이사회는 신학교 운영의 주체로서 학교의 건학이념과 교육목적을 설정하고 그 정체성대로 교육이 이루어지도록 해야 할 책임이 있으며, 총장 및 교원에 대한 인사권을 비롯해 시설과 재정에 대한 제반 결정을 할 수 있는 권한을 갖고 있다. 이런 점에서 신학교, 특히 신학대학원 과정은 교단의 직접적인 감독과 통제를 받고 있으며, 교단은 여전히 신학교의 정체성, 방향, 그리고 운영에 있어서 중요한 권리와 의무를 동시에 지니고 있다고 볼 수 있다.

II. 교단 신학교의 운영 장애물과 극복 방안

오늘날 한국교회에 있어서 교단이 신학교를 운영하는데 있어서 몇 가지 한계가 있다. 모든 교단이 동일하게 경험하고 있는 것은 아닐지라도 공통적인 어려움이라고 할 수 있다. 교단이 책임있게 신학교를 운영하고 발전시키기 위해서는 이러한 장애물들을 극복하여야 할 것이다. 여기에서는 먼저 교단의 신학교 운영 장애물들을 열거하고 이를 극복하는 방안을 제시하고자 한다.

첫째, 교단의 신학교 관장 부서의 임시적 성격이다. 대부분의 교단 총회는 해당 교단의 신학교를 감독, 운영하기 위하여 신학교육부를 두고 있다. 그러나 신학교육부의 부장이나 임원, 실행위원들의 임기가 1년으로서 지속적으로 교단 산하 신학교를 감독, 운영하기 어려운 구조를 지니고 있다. 필자가 속해 있는 장로교(통합)의 경우는 총회 신학교육부 안에 신학교운영상설전문위원회를 두어서 이러한 한계를 극복하려는 노력을 도모하고 있다. 신학교운영상설전문위원회는 교단 신학교들의 총장들을 포함하여 전문위원들이 일정기간 지속적으로 신학교육의 발전을 도모할 수 있도록 하기 위한 조직이다. 교육은 백년대지계임을 인정한다면 교단이 중장기적으로 신학교육의 개혁과 발전을 도모할 수 있는 제도적 노력이 필요하다.

둘째, 교단의 재정지원 미흡이다. 일반적으로 사립대학의 경우는 설립자나 시설 투자 및 기금 조성자가 이사진으로 구성되어 재정적으로 학교를 지원하면서 동시에 학교를 운영한다. 그러나 우리나라의 교단 신학교의 경우는 대부분 학생들의 등록금에 의존하고 교단이나 이사회가 아닌 대학의 모금에 의존하여 학교가 운영되기 때문에 교단의 영향력이 제한되는 경향이 있다. 사실 교단의 신학대학원은 교단의 목회자 교육을 위탁받은 위탁

교육기관이다. 교단이 목회자 후보생들에게 전액 장학금을 지급하거나 일정 부분의 등록금이라도 부담하여 양질의 목회자 교육을 담당할 수 있어야 할 것이다. 교단의 신학교 경영에 있어서도 교단이 신학교육에 대해서 재정적인 책임을 지고 이사를 파송, 운영할 때 보다 영향력 있는 신학교육을 담당할 수 있을 것이다.

셋째, 신학교육에 대한 연구기능의 부재이다. 교단이 실제적으로 신학교육의 주체가 되어 신학교를 발전시키기 위해서는 가장 중요한 것이 연구기능이다. 신학교육에 영향을 주는 매우 다양한 요인들이 있으며, 한국교회의 현실에 대한 분석은 물론 시대적 변화와 인구 동향의 변화, 그리고 사회문화적 상황의 변화를 분석하여 신학교육에 대한 정책을 수립하여야 한다. 이를 위해서는 신학교육에 대한 연구를 지속적으로 수행하고 이를 반영하는 노력을 도모하여야 한다. 신학교육정책은 회의를 통해서 결정해야 하는 것이 아니라 연구에 근거한 것이 되어야 한다. 목회자 수급에 대한 연구, 목회현장의 필요에 대한 연구, 사회의 요구분석 연구 등이 없이 신학교육정책을 수립하는 것은 주먹구구식에 불과하다. 오늘날 대부분의 신학교가 겪는 시행착오는 이러한 연구 없이 정책이 수립되었기 때문에 일어나는 현상인 것이다. 한국교회의 교단 총회가 갖는 가장 큰 취약점은 너무나 중요한 안건이 연구가 수행되지 않은 채 회의를 통해서 논의되기 때문에 정치적으로 또는 임시방편적으로 결정되는 경향이 있는 것이다. 교단 산하든지 초교파적으로 신학교육에 대한 상설 연구기관이 있어서 지속적인 연구를 수행하여야 한다.

넷째, 교단 총회에 신학교수들의 참여가 부족하다. 총회는 신학교수를 비롯한 전문직 사역자(평신도 전문가 포함)들이 활발히 참여할 수 있는 구

123

조를 만들 필요가 있다. 오늘날 총회나 노회는 지나칠 정도로 지역교회 목회자 중심이다. 지역교회가 한국교회의 뿌리요 모판임을 인정하지만 신학교수를 비롯한 선교사, 교목, 원목, 군목 등 기관목사, 전도목사들을 의사결정 과정에 참여시킴으로 해당 분야의 전문성을 높일 필요가 있다. 총회소속의 전문가들이 포진하고 있음에도 불구하고 이들을 제대로 활용하지 못하는 안타까움을 지니고 있는 것이다. 신학교육의 정책, 교육과정, 교육방법, 신학교와 교회의 연계 등의 분야에 신학교수들이 공헌할 수 있는 여지가 얼마든지 있는 것이다. 신학교육에 오랜 기간 재직하며 교육과 연구, 교육행정의 경험을 지닌 교수들이 교단의 신학교육에 대한 정책 입안 과정에 참여할 때 정책의 적합성과 현장성을 제고할 수 있을 것이다.

다섯째, 이사들의 학교 이해 부족이다. 대부분의 대학교의 정관에 근거해 볼 때 이사회의 권한과 책임은 막중하다. 사립대학교의 경우 건학이념의 구현이 학교의 정체성과 관련되기 때문에 이사회가 그 이념을 실현할 수 있는 인사권, 재정권, 감독권을 행사하도록 되어 있는 것이다. 이러한 지배권한과 책임은 그만큼 학교를 이해하고 파악하는 것을 전제한다. 이사들이 이 권한을 총장에게 위임하고 이를 지원하는 형태를 취하지 않고 직접적인 이사회의 권한을 행사하려고 한다면 학교상황을 면밀히 파악하고 교육이 효과적으로 이루어지고 있는지, 학생들과 교수 및 직원의 필요가 무엇이며 학교가 책임있게 감당해야 할 과제가 무엇인지를 인지하고 있어야 한다. 이를 위해서는 1년에 2-3회 개최되는 이사회에 참여하는 것만이 아닌 이사의 역량강화 및 신학교육 이해를 위한 이사교육 또는 연수가 필수적으로 요청된다.

Ⅲ. 교단과 신학교의 교육과정

신학교육에 있어서 가장 중요한 요소가 교육과정이다. 신학교는 교육과정의 운영을 통해 그 교단이 추구하는 목회자상을 구현하는 교육을 실천할 수 있다. 신학교육은 단지 목회자를 선발(selection)하거나 충원(recruitment)하는 기능을 수행할 뿐 아니라 목회자 후보생을 교단의 한 구성원으로 사회화(socialization)시키는 기능이 있으며, 교단의 일체감과 통합(integration)을 이루는 기능이 있고, 나아가 교단의 신학을 갱신하고 개혁(reformation)하는 기능이 있다. 교단의 역할을 두 가지로 요약한다면 신학교육을 통해 교단의 통합을 공고히 하는 것과 교단의 신학의 발전을 도모하는 일이다. 후자를 위해서는 개방성과 다양성이 요청되지만 전자를 위해서는 전통의 계승과 공유가 요청된다. 이 두 가지 요소 중 어느 하나를 선택하고 다른 하나를 배제하는 것이 아니라 연속성(continuity)과 변화(change)가 공존할 때 교단의 신학은 건강한 발전을 도모할 수 있을 것이다. 이를 위해서 교단이 신학교에 대해 다음 몇 가지 정책 방향을 지닐 필요가 있다.

첫째, 개별 신학교 내의 공통 커리큘럼이 필요하다. 교단의 목회자 양성기관인 신학대학원의 경우는 교단의 신학 정체성을 반영한 공통의 커리큘럼과 이에 근거한 교재발간이 요청된다. 신대원 과정을 마치게 되면 목회자 후보생이 그 분야에 있어서 해당 교단 신학의 정체성에 입각한 관점에서 그 분야의 신학 정체성을 지니고 졸업하여 그 방향의 목회를 할 수 있어야 한다. 만약 교수들이 자신들의 신학적 입장이나 미국이나 유럽에서 배운 신학적 내용만을 교수한다면 학생들은 다양한 신학을 공부하는 장점은 있지만 교단 신학의 정체성을 형성할 수 없을 것이다. 먼저 교단 신학교 내에서 구약학, 신약학, 역사신학, 조직신학, 기독교와 문화, 예배설교학, 목회상담학, 영성학, 선교학, 기독교교육학 등 제 분야마다 공통 커리큘럼이 필요하다. 최소한 개론과목의 경우 공통의 교재를 갖고 공통의 강의계획서대로 교육이 진행되는 것이 바람직하다. 교단은 교단 산하의 신학대학원 안에서 교단 신학에 근거한 공통 커리큘럼이 마련되도록 지원을 아끼지 않아야 한다.

둘째, 교단 신학교들의 '하나됨'을 추구하여야 한다. 대부분의 한국교회 교단들은 복수의 신학교를 갖고 있는 경우가 많다. 이 경우 각 신학교들이 다양성을 지니고 상호보완적인 관계를 맺는 것은 좋으나 교단의 신학 정체성에 근거한 통합성을 지녀야 한다. 이를 위해서는 모든 교단 산하 신학교가 각 분야별로 통일된 개론서를 갖는 것이 바람직하다. 공동의 집필위원회를 구성하여 공저를 출판하여 교재로 사용할 수 있을 것이다. 그리고 상호 강의 교류는 물론 학생들이 교단 내 타 신학교에서 학점을 이수할 수 있도록 하는 학생 교류를 통해 일체감을 형성하는 것이 필요하다. 예장(통합) 교단에서 실시하고 있는 신대원 통합 수련회는 교단 내 모든 신학대학원 학생들이 동질감을 갖고 교단의 정체성에 근거한 일체감을 갖는 데에 크게 기여하고 있는데 이런 노력을 심화시켜 나가야 할 것이다.

셋째, 신학교육의 교육과정 평가가 필요하다. 교단 신학교가 교단의 지역교회들을 비롯한 기관, 단체들에서 제대로 목회를 담당할 목회자 후보생들을 교육하여 배출하고 있는지를 평가할 필요가 있다. 이것은 학생들의 학업성취 평가와는 다른 개념으로서 교육과정 평가라고 할 수 있다. 과연 신학교의 교육과정이 한국교회의 필요를 충족시키고 있는가? 한국교회 목회의 갱신을 건강하게 도모하고 있는가? 교육과정은 교육목적을 구현하는 과정으로서 제대로 그 목적을 성취하고 있는지를 평가하고 피드백을 반영하는 것은 필수적인 과정이다. 그런데 누가 평가할 것인가는 매우 신중하게 접근할 필요가 있다. 신학교의 교육과정 평가는 자체 평가 방식으로 진행하고 이를 교단에 보고하는 방식이 바람직하다. 교단이 직접 평가하는 것은 신학교육의 자율성과 전문성을 위축시킬 수 있기 때문이다. 교단이 신학교 스스로 건강한 평가를 통해 교육과정의 내실화를 기할 수 있도록 지원함으로써 신학교육의 발전을 도모하여야 할 것이다.

넷째, 현장교육의 장을 제공하여야 한다. 교단 신학교의 신학대학원 과정은 현장지향적 교육이 이루어져야 하는데, 목회를 위한 학습(learning for ministry)을 넘어서 목회 안에서의 학습(learning in ministry)이 되어야 한다. 신학교육의 실천성과 현장성을 제고하기 위해서는 실습과 인턴쉽이 매우 중요한데 교단은 적극적으로 이러한 실천의 장을 제공할 수 있어야 하고 협력을 도모하여야 한다. 한국교회에는 대부분의 교단에서 신학대학원 재학생들이 교육전도사로 봉사하는 경향이 있는데, 교육전도사 제도를 목회자 후보생 현장교육 인턥쉽 개념으로 접근할 필요가 있다. 지역교회 목회현장만이 아니라 교단 산하의 다양한 기관과 단체들, 그리고 노회와 총회의 모든 활동들이 모두 신학교 현장교육의 장이 될 수 있다. 교단이 체계적으로 신학교와 협력하여 현장교육을 재구성할 때 신학교육이 이론적인 교육으로 그치지 않고 한국교회를 실제적으로 변화시키는 실천성을 담보하게 될 것이다.

다섯째, 신학교가 목회자 계속교육의 장이 되어야 한다. 교단 산하 신학교의 교육적 기능은 목회자 후보생 양성만이 아닌 목회자 계속교육까지 포함한다. 시대가 급변하는 오늘날 목회는 최초 3년의 신학교육만으로는 부족하다. 새로운 신학적 이론의 이해는 물론 변화하는 회중에 대한 이해, 사회와 문화에 대한 이해, 다양하게 시도되는 목회적 접근에 대한 신학적 성찰, 그리고 기독교 NGO와 단체들과의 협력 등에 대하여 지속적으로 배우고 이를 통해 목회의 갱신을 도모할 수 있어야 한다. 신학교 교수들은 해외 신학이론의 수입만이 아니라 한국교회 현장에 대한 심도있는 연구를 통해 목회자들에게 교단의 정체성에 근거한 새로운 목회적 비전을 제공할 수 있어야 한다. 만약 이렇듯 신학교가 목회현장에 대한 이론적 성찰과 이를 통한 현장의 새로운 변혁 방안을 제시할 수 있다면 목회자들은 교단 밖의 다른 어떤 세미나 또는 연수보다 교단 신학교의 계속교육에 관심을 가질 것이다.

Ⅳ. 신학교육과 범 교단적인 노력

한국교회의 목회자 양성과정으로서 신학교육의 문제를 다루는 데 있어서 교단의 역할을 뛰어넘는 범 교단적인 노력이 요청된다. 한국의 신학교육 기관으로는 교육부로부터 정식으로 대학 인가를 받은 신학대학교 외에 수많은 신학교들이 존재하고 있다. 소위 '총회 신학교'라는 이름을 지닌 군소 교단의 신학교들은 물론 개교회나 목회자 개인이 설립한 신학교들까지 그 수효는 파악조차 되지 않고 있다. 이러한 신학교의 교육과정은 어떠한 인증도 받지 않은 채 운영되고 있으며 이를 통해 자질이나 역량이 검증되지 않은 수많은 목회자들이 배출되어 목사 안수를 받고 목회를 담당하고 있는 것이다. '목사'라는 호칭을 지닌 사람들이 저지르는 범죄는 그 개인이나 그가 속한 교회만이 아니라 전체 기독교의 명예를 훼손하고 있고 전도의 문을 막고 있는 것이다.

한국교회에 초교파적인 신학교육 인증기관이 필요하다. 미국의 ATS (Association of Theological Schools)가 신학대학 교육과정 지침을 정하고, 그 기준에 의하여 신학교육 기관을 평가하여 인증을 주는 것처럼 우리나라에도 범 교단적인 신학교육 인증기관이 신학교의 질 관리를 할 수 있도록 하여야 한다. 물론 우리나라의 신학대학교들의 연합체인 전국신학대학협의회(Korea Association of Accredited Theological Schools)가 있지만 아직 이런 역할까지 감당하고 있지 못하다. 한국교회가 신학교와 목사후보생의 질 관리(quality control)에 실패한다면 지속적인 목회자의 윤리적 문제와 일탈행위가 발생하게 될 것이며 한국교회의 신뢰도는 계속해서 하락하게 될 것이다. 이는 한국교회의 갱신과 성숙을 가로막는 심각한 장애물이 될 것임에 틀림없다. 신학교는 신학을 공부하여 목회자가 되기 위해 지원하는 학생들에게 그 신학교의 인증 여부를 알려주어 선택에 고려하도록 해야 한다. 그리고 아직 인증 받지 못한 신학교에게는 자격조건을 갖추어 인증 신학교로 발돋움할 수 있도록 도와야 할 것이다.

궁극적으로 신학교육의 실명제가 필요하다. 마치 최근에 농산물이 어디에서 재배되었는지를 표시하는 '농산물 원산지 표시제'처럼 목회자들이 어느 신학교에서 어떤 교수로부터 교육을 받았는지를 파악할 수 있도록 해야 한다. 물론 이것은 선언적인 의미로서 실제적으로 증서를 만들거나 표식을 붙이자는 것이 아니라 그 정도로 책임교육이 이루어져야 함을 강조하는 것이다. 소위 '리콜 시스템'을 통해 높은 질의 생산품을 공급하고 문제 있는 제품은 언제든지 다시 교환하거나 완전하게 수리하여 제공한다는 윤리기업의 책임경영처럼 신학교육도 목회자 양성에 있어서 공적 책무성을 감당해야 할 것이다. 교단적으로, 때로는 범 교단적으로 이런 신학교육의 질에 대한 관리가 요청되는 것이다.

신학대학교의 신학대학원(M.Div) 과정은 대학이나 일반 대학원과정과는 달리 교단의 목회자를 양성하는 기관으로서 교단의 생존과 발전에 직접적인 영향을 주는 교육기관이다. 이런 점에서 교단 신학교는 교육부와의 관계 속에서 그 요구에 부응하여야하지만 교단과의 밀접한 관계 속에서 교단의 전통 계승과 새로운 개혁의 센터가 되어야 한다. 그런데 신학교는 어느 정도 지속적인 리더십을 지니고 운영되는 반면에 교단의 총회나 신학교육 담당 부서의 운영은 임시적인 경향이 있다. 교단이 실제적으로 신학교의 신학교육을 지원, 발전시키기 위해서는 보다 상시적인 구조를 갖추어야 한다. 혹시 신학교육 부서가 독립되어 있지 못하다면 전담 총무를 둔 독립 부서로 자리매김 되어야 한다.

한국교회의 위기를 극복할 수 있는 개혁의 진원지는 신학교가 되어야 한다. 신학교가 세속의 시류에 물들지 않고, 말씀에 뿌리 내린 영성과 경건을 지니고, 현실을 변혁시킬 수 있는 목회적 역량을 지닌 목회자들을 배출해 낼 때, 이들이 한국교회의 문제를 해결해 나가기 시작할 것이다. 오늘날 한국교회의 침체가 신학교의 침체로 이어지고 있고, 무기력한 신학교육이 무능한 목회로 연결되는 이 악순환을 끊고 신학교육의 개혁을 통해 한국교회의 갱신을 도모해야 할 책임이 교단과 신학교에게 주어져 있다. 교단과 신학교가 상호 긴밀한 협력을 통해 새로운 대안적 신학교육과 대안적 목회의 비전을 제시할 때 신학교의 발전은 물론 한국교회의 건강한 성숙이 가능할 것이다. 한국교회의 모든 교단이 이 시대 속에서 신학교육이 지니는 중요성에 주목하면서 신학교육의 변화를 통한 한국교회 갱신을 도모할 수 있기를 소망한다.

토의를 위한 질문

1. 교단에 소속된 신학대학교가 교단 및 교육부에 동시에 소속되어 있기 때문에 오는 어려움은 무엇인지 말해보자.

2. 교단에서 신학교를 운영하는 데 있어서 어떤 장애물들이 있는지 열거해 보고 그 중 가장 심각한 문제 한 가지를 선택해서 왜 그렇게 생각하는지 말해보자.

3. 교단 내에 여러 신학교가 있을 경우 공통의 커리큘럼이 필요하다고 생각하는가? 그 이유는 무엇인지 각자의 생각을 나누어 보자.

제9장. 교단의 목회자 수급계획[2]

한국교회의 목회자수급은 적절하게 이루어지고 있는가? 목회자를 양성하는 신학교는 적정 인원을 선발하여 목회자로 배출하고 있는가? 최근 한국교회의 성장이 정체되거나 교인수가 감소하는 현실 속에서 교인 수나 교회 수에 비하여 목회자가 과도하게 양성되는 것은 아닌가 하는 의구심이 있기도 하다. 사실 1884년 알렌 선교사가 한국에 와서 선교를 시작한 이래 한국교회는 지속적으로 성장하다가 2000년대에 접어들면서 정체 내지는 감소하는 현상을 보이기 시작한다. 장로교(예장 통합)의 경우, 교세통계보고에 의하면 2010년도까지는 점진적으로 교인수가 증가하다가 그 이후부터 감소하기 시작하는 것을 알 수 있다. 교인 수는 이렇듯 정체되거나 감소하는 추세이고, 교회수도 완만한 성장세를 보이는 것에 비해서 목회자수는 급격하게 증가하고 있다. 특히 1990년 제75회 제주 총회에서 교단 산하 7개 신학교에 모두 M.Div 과정을 허락하여 과거보다 많은 목사후보생을 배출하게 되었다. 만약 목회자가 교회 수나 교인 수에 비해 지나치게 많이 양성, 배출되면 우선 임지를 찾을 수 없는 목회자들이 양산되고, 그 가정이 경제적인 어려움을 겪게 되는 것은 물론 무임목사가 증가하고 이중직 문제가 심각한 이슈로 드러나게 되며, 목회청빙 과정에서의 경쟁은 가열될 수밖에 없을 것이다. 반대로 만약 미래의 교회 수나 교인 수에 비해 목회자가 지나치게 적게 배출되면 교회는 목회자 청빙에 큰 어려움을 겪게 되며 교회의 양적 성장과 질적 성숙은 제한을 받게 될 것이다. 안타깝게도 이렇듯 중요한 목회자수급에 대한 연구가 제대로 이루어지지 않은 채 신학교육정책

---

2) 이 글은 박상진, 이만식, 『교단의 목회자 수급계획을 위한 연구』 (대한예수교 장로회(통합) 총회 신학교육부 연구보고서, 2016) 중에서 필자가 집필한 내용 중 일부를 수정, 보완한 것임.

이 결정되고 신학대학원의 정원책정이 이루어지고 있다.

I. 교단 목회자수급 계획의 중요성

교육을 정의할 때 가장 일반적으로 사용하는 것은 정범모 교수의 "교육은 인간행동의 계획적인 변화이다"라는 정의이다. 교육은 계획적인 행위인데 가르치는 내용이나 방법을 계획적으로 준비하는 것만이 아니라 누구들 대상으로 어느 정도의 규모로 교육할 것인지를 계획하는 것은 중요하다. 한 교단의 신학교육에 있어서도 향후 목회자가 어느 정도 필요하고 어떤 자질과 역량을 지닌 목회자가 필요한지를 파악하고 그 규모와 기준에 맞는 목회자를 양성하는 일은 교단의 미래를 위해서 가장 중요한 일 중의 하나이다.

일반적으로 대학의 학생수급계획이나 교원, 의료인, 법조인 등의 수급계획에 있어서 몇 가지 접근방식이 있다. 인력수요 접근법, 사회수요 접근법, 국제 비교 접근법 등이 포함된다. 인력수요 접근법(Manpower Requirement Approach)은 인력 수요와 공급을 고려하여 인력수급계획을 수립하는 계획 모델이다. 일반적으로 경제 분야에서 산업인력을 예측하고 교육을 통해 그 인력을 육성, 공급하는 방식이다. 그러나 거의 모든 직업 분야가 해당 분야의 인력수요가 어느 정도 될 지를 예측하고 그 인적 자원을 충원하여야 하기 때문에 가장 합리적인 접근으로 받아들여지는 방안이다. 사회적 수요 접근법(Social Demand Approach)은 계획적으로 수요를 예측하고 공급의 양과 질을 결정하는 방식이 아니라 시장 경제의 원리에 따라 수요와 공급이 결정되는 모델이다. "사회적 수요란 개인의 교육에 대한 필요와 욕구로부터 나타난 총합적 수준의 교육수요를 말한다."[3] 국제 비교에 의한 접근법(International Comparison Approach)은 "경제 및 교육 발전이 유사한 선진국이나 다른 나라의 경험과 사례를 비교 연구함으로써 자국의 경제 및 교육 발전을 위한 전략과 방향 등을 참고하려는 방법"이다. 만약 학령인구 감소 현상이나 노령화 현상도 비슷하고 경제 저성장 현상도 비슷한 일본의 사례를 참조하여 인력수급 계획을 작성한다면 이는 이 범주에 해당할 것이다.

목회자를 양성하는 신학대학원(M.Div과정)은 일종의 전문분야의 지도자양성과정으로서 보다 더 계획적인 접근이 요청된다. 일반 대학교를 4년 공부하고 졸업할 때에는 자신의 전공과 직접적으로 연관되지 않은 직장에 취업할 수도 있고 대학의 과정을 기본적인 교양과정으로 인식할 수도 있다. 그러나 의학전문대학원이나 법학전문대학원, 그리고 사관학교와 같은 특정 분야에 종사하는 직업인을 양성하는 과정은 그 분야의 수요에 맞게 정원을 설정하고 인력을 적절하게 공급하는 것은 매우 중요하다. 신학대학교의 M.Div 과정은 일종이 신학전문대학원의 성격을 지니고 있다. 교단의 향후 목회자 수요를 예측하고 목회 분야에서 필요한 목사를 체계적으로 양성하는 것이 교단의 목회자 양성의 사명이요, 교단의 신학대학원은 그러한 목회자 후보생들을 교육하는 역할을 지니고 있다. 이런 점에서 기본적으로 목회자수급계획에 있어서는 '인력 수요 접근법'을 따르는 것이 타당하다. 교단 산하 신학대학원이 아닌 종합대학교의 신학분야는 '사회 수요 접근법'을 따를 수도 있을 것이다.

교단이 목회자의 수요를 예측할 때는 교회 수 추이 또는 교인 수 추이에 따른 수요만이 아닌 정책적인 면이 고려될 수 있다. 예컨대 선교사 파송을

3) 이정규, "대학정원정책의 현황과 전망," 「아시아교육연구」 2권 2호(2001), 23.

어느 정도 확대할 것인지, 기독교 NGO나 특수목회를 어느 정도 다양화하고 확산시킬 것인지를 전망하고 이를 교단의 중장기 발전계획에 포함시켜 이를 근거로 미래 변화에 맞는 교육공급이 이루어지도록 계획하여야 할 것이다. "신학을 공부해서 목사되면 다 할 일이 있어." "북한의 문이 열리면 엄청난 목회자가 필요할 거야." "다 선교사로 나가면 되지." "설마 밥 굶겠니?" 등으로 수급계획을 세우지 않은 채 주먹구구식으로 목회자를 양성하는 것은 올바른 일이 아니다. 기본적으로 한국교회의 미래를 전망하고 교회 수, 교인 수, 목회자 수의 추이를 파악하고, 또한 세계선교든 북한선교든, 아니면 특수목회 또는 기관목회든 미래 목회에 대한 합리적이고 타당한 계획을 수립하고 그에 따른 목회자 수급계획을 수립하여야 하는 것이다.

고용수도 목회자수급이 계획적으로 이루어져야함을 그의 연구 '예장교역자 수급계획 수립을 위한 현실진단과 신학교육의 과제'에서 다음과 같이 지적하고 있다.

> 최근의 교파난립, 교파간의 경쟁 속에서 신학교의 난립성을 봅니다. 그러할 때 그 속에서 주어져 있는 신학생들의 수급, 하나의 과정을 본다면 뚜렷한 원칙이 없습니다. 단순한 교파확장의 수단— 그래서 아무나 와서 소명감만 있으면 된다는 식의 관용과 함께 대량 생산해 갑니다. 그렇게 길러만 놓으면 어디가도 교회가 세워지고 교세가 확장된다는 신학 본연의 위치를 완전히 상실해 가고 있는 신학의 현장을 볼 수 있는데 우리가 정말 장자 교단이라는 이름을 가지고서 군소 교단의 교파 확장의 수단으로서 이용하고 있는 대량 생산의 하나의 방편으로서 쓰고 있는 신학교육의 수급계획의 원칙을 좇아가고 있다는 것이 과연 바람직할 것이냐는 문제입니다. … 그래서 양적인 교파확장의 현대 분위기 속에서 교육환경의 고려없이 단순히 선교의 지상 명령을 좇아서 될 수 있으면 신학교에 교육을 받

을 대상들을 계속해서 많이 모집해 보내야 된다는 이런 사고는 아마 신학교육의 원칙적인 정신에서 빗나간다고 볼 수 있겠습니다. 신학교의 학생수를 신학교를 운영하는 방편으로 생각하고서 정책으로 운영한다는 이것도 신학교육 과정 속에서 반성해 보아야 할 문제입니다.[4]

목회자 수급계획의 필요성은 단지 요구되는 수요만큼 목회자를 양성하여 공급한다는 양적인 의미만 있는 것이 아니라 목회자다운 목회자후보생을 선발하여 훈련한다는 질적인 의미가 담겨있다. 과도한 정원을 책정하고 학생을 모집하여 정원을 충족하려고 할 때 목회자의 자질과 역량을 갖추지 못한 질 낮은 목사후보생들이 선발될 가능성이 있고, 이들이 졸업하고 목회 현장으로 나가 사역을 감당하게 될 수가 있다. 김영재 교수는 목사지망생과 목사후보생을 구분하면서 목사지망생이 많아도 목사후보생은 엄선하여야 한다고 주장한다.

목사 후보생이 너무 많이 배출된다고 염려하면서 목사 지망생이 많은 것에 대해 다행으로 여기고 감사할 일이라고 말하는 것은 모순 같다. 하지만 목사 지망생이 많다는 사실과 목사 후보생이 많다는 사실을 구별해야 한다. 목사 지망생이 많고 적음은 인위적으로 조정할 수 있는 것이 아니므로 교회는 그 수가 많으면 감사해야 하고 적으면 일군을 보내 주시도록 하나님께 기도해야 한다. 그러나 우리가 유념해야 할 것은, 교회와 신학교가 목사를 지망하는 사람을 다 후보자로 받아들여야 하는 것은 아니라는 점이다. 교회와 신학교는 마땅히 지망생 중에서 후보생을 선별해야 한다. 그럼에도 오늘의 한국 교회와 신학교가 목사 지망생을 선별하지 않고 다 받아주는 것이 문제이다.[5]

....

4) 고용수, "예장교역자 수급계획 수립을 위한 현실진단과 신학교육의 과제," 대한예수교장로회 총회 신학교육부, 『교회 목회와 신학교육』(서울: 양서각, 1983), 60-61.

5) 김영재, "신학교육과 목회자 수급,"『장로교회와 신학』7호(2010), 167.

신학교가 목사 지망생을 다 받아들여 정원을 채우는 이유 중의 하나가 학교 운영을 위한 재정 확보이다. 오늘날 대부분의 신학교가 등록금을 주된 재정 수입의 원천으로 삼고 있다. 재정을 확충하기 위해서는 정원을 늘려야 하고 지원한 학생들을 목회자 후보생의 기준으로 선별하는 것이 아니라 기준을 낮추어가면서 정원에 해당하는 모든 학생들을 선발하는 것이다. 사실 교단의 목회자를 양성하는 신학대학원 교육은 교단이 재정 부담의 책임을 갖고 양질의 목사 후보생을 교육해야 할 책임이 있다. 신학교가 재정적인 이유로 정원을 확대하거나 무분별한 선발이 이루어진다면 이는 목회자의 질을 떨어뜨리고 향후 한국교회에 많은 문제를 야기할 것이다. 신학교의 정원 책정 및 목회자 수급계획은 단지 수요와 공급이라는 양적인 측면의 계획만이 아니라 소명감과 영성, 자질과 역량을 갖춘 목회자를 양성하기 위한 계획이 되어야 한다.

II. 장로교(예장 통합)의 목회자수급의 역사

장로교단(예장 통합) 목회자수급의 역사는 크게 복잡하지 않다. 1990년 제75회 제주 총회의 새로운 신학교육정책이 결정되기 전까지는 단일 신학교 체제를 통해 목회자 양성(M.Div과정)이 이루어졌다. 1901년 마펫 선교사에 의해 평양신학교(장로회신학대학교의 전신)가 개교된 이후 본 교단의 목사 안수를 받기 위해서는 이 학교를 졸업하여야만 했다. 그런데 제75회 총회 이후에는 교단 산하 7개 신학교에 모두 M.Div과정 개설이 허락되었으며, 이들 학교 졸업자는 모두 목사고시에 응시할 수 있는 자격이 부여되었다. 예장 통합 교단의 목회자수급의 변화를 이해하기 위해서는 먼저 75회 총회의 결의를 이해할 필요가 있고, 이후 다시 '하나의 신학교'로 통합되어야 한다는 논의가 어떻게 진행되었는지를 파악할 필요가 있다.

1. 제75회 총회의 결의

예장 통합 교단 총회에서 신학학제개편 연구위원회가 구성된 것은 제71회 총회 시이다. 당시 신학교육부장인 박중철씨가 제출한 총회 산하 신학학제개편에 관한 안을 받아들이고, 신학교 학제개편 연구위원회를 조직하기로 결정한다.[6] 위원으로는 박중철 정재훈 손병호 홍성현 이경석 김기수 김영일 오육랑 김문협 최병곤 등 10인이 선임되었다.[7] 그 이후 제72회 총회에서는 다음과 같이 결의하고 있다. "제71회 총회에서 유안된 신학학제개편안은 1년 동안 연구해 온 결과 사회적 여건이 변화하는 과정에 있으므로 학제 개편을 위한 전문 상설위원 11인을 신학교육부로 하여금 선정하여 계속 연구하도록 가결하다."[8] 그후 제73회 총회에서 제안된 개편내용은 크게 '장신대 학제 7년제,' '지방신학 7년제,' 그리고 '지방신학의 인정받지 못하는 신학교의 경우'로 분류되어 있다. 장신대 학제 7년제의 경우는 "학부는 제 4학년에 가서 신학 기초과목을 이수케 한다. 학부생의 신대원 3학년은 목회실습과 논문학년으로 한다. 목회실습은 개교회 당회장의 지도 하에 인턴쉽을 이수해야 하고 당회장, 지도교수의 공동관리 하에 둔다. 일반대학 졸업자로 신대원에 입학한 자는 제1학년에서 신학 기초과목을 이수한다. 일반대학 졸업하고 신대원에 입학한 자는 3년간 마치고 1년간 당회장, 지도교수 하에 인턴쉽을 이수해야 한다."고 규정하고 있다. 지방신학 7년제는 "총회가 인준하는 지방신학 중에 문교부로부터 대학학력 인정을

6) 제71회 총회 회의록, 415.

7) 위의 책, 496.

8) 제72회 총회 회의록, 189.

받은 학교는 7년제 신대원을 운영할 수 있다. 7년제 학교를 운영함에는 제 반기준을 갖추면 청원에 의하여 총회가 심사하고 총회의 허락으로 학사를 운영한다. 7년을 이수하는 학생의 최종학년은 당회장, 지도교수의 공동관리의 인턴쉽을 이수해야 한다. 졸업자는 총회가 수여하는 M.Div의 학위를 수여한다. 졸업자는 총회의 목사고시에 응할 수 있다."로 규정하고 있다. 지방신학으로 학력인정을 받지 못한 학교는 "해당지역 내의 정규학교와 신대원교육을 공동관리할 수 있다. 장신대, 지방신학 중 인정된 학교에는 1995년까지 목회연구원을 둘 수 있다. 1996년부터는 목회연구원제도는 완전히 폐지된다."로 규정하고 있다.[9]

또한 제74회 총회 회의록(1989년)에 나타나고 있는 개편안 내용의 청원사항은 다음과 같다. "본 위원회는 1. 장로회신학대학을 명실상부한 교단 대표 신학교로 강화하기 위하여 신대원 중심, 석사, 박사 과정을 충실하게, 목사계속교육을 효율 있게 실시하는 학교로 2. 호남신학교, 영남신학교, 서울장로회신학교를 목연 중심 신학교로 강화하며, 3. 대전신학교, 한일신학교, 부산신학교를 지방신학교로 더욱 충실하게 강화하자는 학제개편안을 작성하여 이미 기독공보에 발표된 바도 있으나 개편 취지 제 5항인 교단분열방지와 더 큰 화합을 위하는 면에 우려가 있다는 여론과 지방신학교의 등차감을 준다는 의견에 보다 더 원만한 해결과 보완이 필요하다고 여겨져 다음과 같이 요청하나이다. 청원: 본 위원회로 하여금 1년 더 계속 연구하여 개편안을 보고케 하여 주시기를 요청하나이다."[10] 즉, 제71회부터 제74회에 걸쳐서 신학학제 개편에 대한 연구가 이루어졌는데, 마침내 제

....

9) 제73회 총회 회의록, 421.

10) 제74회 총회 회의록, 80.

주도에서 개최된 제75회 총회에서 신학학제 개편안이 받아들여지게 된 것이다.

제75회 총회 당시 신학학제개편 연구위원회의 조직은 위원장 림인식을 비롯해 서기 소의수, 위원으로는 한완석, 김이봉, 박종철, 오욱량, 이만규, 이정일, 이한흥, 김치대, 정복량, 김영일, 노정현, 지영진 등이다. 동 위원회 안에 학제개편 소위원회가 구성되어 활동하였는데 7인으로서 림인식, 한완석, 소의수, 박종철, 김이봉, 맹용길, 황승룡 등이다.[11] 신학학제개편 연구위원회는 제75회 총회에서 연구위원회 보고를 통해서 교단 산하 7개 신학교에 신학대학원(M.Div과정)을 두어 목회자후보생을 배출하도록 하는 안을 제안하게 된다. 이 위원회는 1년 동안 총회 산하 각 신학교 학장 및 교장 연석회의 1회, 위원회 2회, 학제개편 소위원회 2회를 소집하여 학제개편 위원회의 연구 결과와 당시 지방신학교 학장, 교장들의 협의문을 검토하고 연구하여 개선안을 제안한 것이다.

당시 위원회는 다섯 가지 개편 원리를 천명하였다. 첫째는 교단의 화합과 통일유지에 유익을 주는 개편이 되어야 한다는 점, 둘째는 미래 교세에 상응하기 위한 개편이 되어야 한다는 점, 셋째는 교세증가와 신학 졸업생 증가 추세에 의한 개편이라는 점, 넷째, 목회자 자질향상과 실력있는 신학자 양성을 위한 개편이 되어야 한다는 점, 다섯째, 장신대와 지방신학교가 각각의 특색을 살려 더욱 발전하는 개편이 되어야 한다는 점 등이다.

신학학제개편 연구위원회가 제안한 개편의 구체적인 내용은 다음과 같다.

140

11) 제75회 총회회의록, '신학학제개편 연구위원회 보고,' 429.

1) 장로회신학대학

　　가. 명실상부한 교단대표 신학교로 강화하여 한국과 세계적 최고 수준의
　　　　신학교로 육성한다.

　　나. 목회연구원(지방신학교 졸업 2년, B.D 학위), 신대원(대학졸업자로 3
　　　　년 수업, M.Div 학위) 과정을 효율적으로 운영한다.

　　다. 석사과정과 박사과정을 충실히 하여 시대에 부응하는 실력 있는 목회
　　　　자와 신학자를 양성하는 데 집중 교육한다.

　　라. 목사 계속교육을 효율적으로 운영하여 목회자 자질향상에 크게 기여
　　　　토록 한다.

2) 기타신학대학(교)

　　가. 모든 지방신학대학(교)를 총회 직영으로 운영하는 것을 원칙으로 하고
　　　　이사는 총회가 파송하며 정관은 총회 직영 신학대학에 준하는 정관으
　　　　로 개정한다.

　　나. 신학교육부에 신학교 운영 상설전문위원회를 두어 정원과 커리큘럼과
　　　　그 외에 필요한 사항을 관장케 한다.

　　다. 총회 직영 신학대학(교)를 졸업한 자에게 목사고시에 응시할 자격을 준다.

　　라. 총회에서 직영 신학대학(교)로 승인받은 후 입학한 학생부터 목사고시
　　　　에 응시할 자격을 부여한다.(단, 1993년도 입학생을 최초 해당자로
　　　　한다.)

　　마. 수업년한은 4년(학부)+3년(신대원)으로 한다.(M.Div 학위)

　　바. 총회 직영 신학교로 개편되지 않는 지방신학대학(교) 졸업생들은 계속
　　　　장로회신학대학에 진학하여 목사고시 응시자격을 얻는다.

3) 총회 직영 신학대학(교)의 교수와 부교수는 취임할 때와 매 4년마다 신학교 이
　사회 제청으로 총회 신학교육부의 인준을 받아야 한다.

신학학제개편 연구위원회는 이러한 개편안과 함께 '신학교운영 상설 전문위원회'를 신설할 것을 제안하였다. 예장 통합 교단 산하 신학교의 학제연구 검토, 통일성 있는 커리큘럼 작성 및 지시, 학생정원 결정 및 통제, 그리고 기타 종합적 운영방침 설정과 관장을 위해서 신학교육부 안에 '신학교운영 상설 전문위원회'를 두는 안이다. 조직은 총 15명의 위원으로 구성되는데 당연직 위원으로는 신학교육부장(위원장), 서기, 각 신학교장이 되고, 나머지 전문위원은 당연직 위원의 합의로 추천하여 신학교육부가 인준을 하도록 하였으며, 사무실을 총회 안에 두고 총무를 두어 실무를 담당하도록 하였다.[12]

제75회 총회가 이러한 신학학제개편 연구위원회의 제안을 받아들임으로 오늘과 같은 7개 신학대학교 체제가 구축되게 된다. 이 총회의 결의에 따라 호남신학대학교는 1996년부터, 영남신학대학교와 한일장신대학교는 1997년부터 신학대학원을 개설하였다. 이어서 대전신학교는 2000년에, 서울장신대학교와 부산장신대학교는 2002년에 신학대학원생을 받음으로써 본 교단 산하 7개 신학대학교 모두에게 M.Div과정이 개설되었고, 이 과정을 졸업한 자는 목사고시에 응시할 수 있는 자격이 부여되었다.

제75회 총회의 '7개 신학교 신대원 과정 개설' 결의는 정상적인 총회의 결정사항으로서 다수 총대의 동의를 얻어 가결된 사안이다. 그렇기 때문에 그 결의에 대해서 이의를 제기한다든지 비판하는 것은 매우 신중할 필요가 있다. 당시의 상황으로서는 그렇게 결정하는 것이 최선의 선택이라고 생각하였기에 도출된 결론이었을 것이기 때문이다. 사실 당시에 '7개 신학교 신대원 과정 개설'을 결의하게 된 배경에는 여러 가지 요인들이 있었다. 이를

142

12) 위의 책, 430.

어덟가지로 정리하여 열거하면 다음과 같다. 1) 장로회신학대교 목회연구과정 편입학의 불합격율의 급증으로 인한 전도사 누증 현상, 2) 지역신학대학교들의 4년제 정규대학 인가에 따른 신학대학원 교육체제로 학제 전환, 3) 지역 신학교 출신 학생들이 지역연고지를 떠나 서울에 소재한 장로회신학대학교 신학대학원에 진학하여 공부하는 것의 어려움, 4) 장신대 시설 부족, 5) 지방화 시대(지방자치의 시대), 6) 지역신학대학교들의 성장, 7) 각 신학대학교들의 경쟁력 강화, 8) 지역신학대학교들의 재정적 활성화 등이다.[13] 그러나 이 결정은 그로부터 25여년이 지난 지금의 상황에서 되돌아볼 때 과연 최선의 결정이었는가에 대한 의구심을 갖게 한다. 신학학제개편 연구위원회가 제안한 내용 중 개편원리로 제시한 내용을 중심으로 그 문제점을 지적하면 다음과 같다.

첫째는 교단의 화합과 통일유지에 유익을 주는 개편이 되어야 한다는 점, 제75회 총회가 교단 산하 단일 신학교 체제에서 7개 신학교 체제로 개편하면서 '교단의 화합과 통일유지에 유익을 주는 개편'이 되어야 함을 천명한 것은 아이러니하다. 7개 신학교 체제가 되면서 가장 우려하게 된 것이 바로 교단의 화합과 통일유지가 어렵게 되었기 때문이고, 이로 인해서 '하나의 신학대학교'에 대한 심각한 요청이 발생하게 된 것이다. 이 원리는 7개 신학교 체제가 단일 신학교 체제보다 더 교단 화합과 통일유지에 도움이 된다는 주장이라기보다는 7개 신학교 체제로 할 때 교단 화합과 통일이 깨어질 수 있기 때문에 이 점을 가장 중요시하여야 함을 강조한 것으로 볼 수 있다.

둘째는 미래 교세에 상응하기 위한 개편이 되어야 한다는 점, 셋째는 교

---

13) 주승중 외, "목회자수급계획 및 미래신학교육정책에 관한 연구" 2004.5. 3-5.

세증가와 신학 졸업생 증가 추세에 의한 개편이라는 점, 제75회 총회가 개최된 해는 1990년도이며 이때만 해도 교인수가 지속적으로 상승하고 있었기 때문에 향후 지속적으로 교세가 확장되는 것을 전제로 신학대학원 학생수도 확대해야 한다고 보았을 것이다. 그런데 이로부터 불과 10년 후인 2000년에 접어들면서 한국교회 교인수가 정체 상태에 빠지게 되고 2005년에 조사된 통계청 종교인구 추이에 따르면 1995년과 비교할 때 2005년의 개신교 인구는 1.6% 감소한 것으로 드러났다. 우리 교단의 교세통계에 따르면 2010년부터 교인수가 감소 추세를 보이고 있어서 7개 신학교로 목회자후보생 양성을 확대한 것이 미래 교세에 상응하는 것이 되지 못하고 있다. 당시에 '미래 교세'에 대한 어떤 체계적인 연구가 이루어졌는지에 대해 궁금점을 갖게 된다.

넷째, 목회자 자질향상과 실력있는 신학자 양성을 위한 개편이 되어야 한다는 점. 신학학제개편 연구위원회가 신학교육 개선 방안을 마련하면서 목회자 및 신학자의 자질 향상을 설정하였는데, 7개 신학교 체제에서 이것이 어느 정도 구현되고 있는지를 평가할 필요가 있다. 정원을 늘려서 더 많은 사람들에게 신학교육의 기회를 주는 것은 필요하고 바람직한 일이지만 그 정원이 늘어나고, 심지어는 그로 인해 지원자 수가 정원을 채우지 못하는 경우, 자질이 부족한 사람들이 신학교에 입학하여 목사후보생이 될 수 있는 가능성이 많아질 것이다. 신학학제를 개편할 때에 목회자의 질적 성숙을 위한 개편이 되어야 한다는 이 원리는 늘 염두에 두고 지켜나가야 할 기준이라고 할 수 있다.

다섯째, 장신대와 지방신학교의 각각의 특색을 살려 더욱 발전하는 개편이 되어야 한다는 점. 신학학제개편 연구위원회가 제안한 내용에 따르면,

장로회신학대학교는 단지 7개 신학교 중의 하나가 아니라 "명실상부한 교단대표 신학교"로서 이를 강화하여 "한국과 세계적 최고 수준의 신학교"로 육성되어야 한다고 보고 있다. 특히, 장신대는 석사과정과 박사과정을 충실히 하여 시대에 부응하는 실력 있는 목회자와 신학자를 집중, 양성하도록 되어 있다. 그리고 지속적으로 효율적인 목사 계속교육을 통해 목회자들을 교육하는 역할을 담당하기를 기대 받고 있다. 대신에 모든 지방 신학대학(교)들이 총회 직영 신학교가 되어 목회자 후보생 교육을 담당하되 공통의 커리큘럼을 사용하도록 하고 있다. 이러한 특성화와 역할 분담이 현 7개 신학교 체제에서 어느 정도 구현되고 있는지도 평가해 보아야 할 것이다.

2. '하나의 신학대학교를 위한 정책'

2003년 제88회 총회에서 신학교육부가 '하나의 신학대학교를 위한 정책'을 제안하게 된다. 신학교육부는 총장협의회, 신대원장/교학처장 연석회의, 신학교육부 실행위원/총장/이사장/총회임원 연석 정책 간담회 등을 통해 수렴된 안으로서, 현재 총회가 목회자 양성을 위해 '총회 직영 7개 신학대학교'에 위탁 교육을 하고 있는 것을 '교단 목사 배출 창구 일원화'를 위해 하나의 신학대학교로 묶기 위한 정책이다. 이 안은 각 신학대학교에서 운영하고 있는 신학대학원(M.Div과정)들을 일원화하는 방안으로서 대학이나 대학원 등 다른 과정은 종전같이 개별 신학교가 운영하는 것을 전제로 하고 있다. 이 정책의 기본 방침은 다음과 같다.[14]

① 이 정책은 현재 총회가 목회자 양성을 위해 '총회 직영 7개 신학대학교'에 위탁

---

14) 제88회 총회회의록, 2003. 374-375.

교육하고 있는 목사후보생들에 대해 '교단 목사 배출 창구 일원화'를 하라는 총회의 수임사항에 따른 정책으로써, 그 '위탁교육을 담당하는 각 신학대학교의 '신학대학원'을 하나로 묶기 위한 정책이다.

② 현재의 각 신학대학교에는 '목회자 양성 위탁교육'을 담당하는 '신학대학원'외에도 학부 및 대학원, 특수 대학원들이 활발히 운영되고 있는 바, '신학대학원'을 제외한 타 교육기관들은 현재의 각 신학대학교에서 하고 있는 대로 자율적으로 운영한다.

③ 따라서 현재의 각 신학대학교에 구성되어 있는 총장 이하 각 보직 및 이사회는 그대로 존속하며, 학교의 경영 및 발전을 위한 일을 계속한다.

④ 목사후보생이 되는 교역학 석사과정(M. Div)의 '신학대학원'은 각 신학대학교에서 임의로 운영하지 못하며 총회의 정책을 따라야 한다.

'하나의 신학교'를 형성하기 위해서 총회 산하 7개 신학교의 신학대학원의 명칭을 모두 '장로회신학대학원'으로 통일하며, 편의 상 그 명칭 뒤에 현재의 각 신학대학교의 명칭에 따라 "○○신대 캠퍼스"라고 부르도록 하였다. 그리고 학제는 '3학년(교역학 석사−M.Div.) + 목회 인턴쉽 1학기'로 하는 것으로 하였다. 신입생은 '통합 입학고사'를 통해 일괄 선발하며, 지망생으로 하여금 희망하는 캠퍼스를 제 1지망, 제 2지망, 제 3지망으로 지망케 하고 이를 참고하여 배치하도록 하는 것이다. 현재의 7개 캠퍼스 중에서 장신대 캠퍼스는 1학년과 2학년을 수용하지 아니하며, 기타 지역 신학대학교의 캠퍼스에서 2년간 교육받도록 하였다. 신입 후보생은 배정된 한 지역 캠퍼스에서 1학년을 수료하며, 2학년 진급시에는 반드시 장신대 캠퍼스를 제외한 다른 캠퍼스로 가서 수료해야 한다. 과목 유급시에는 2학년 수업 캠퍼스에서 해당 과목의 학점을 보완 취득해야 하며, 학점을 취득하지 못할 시에는 3학년으로 진급되지 않고, 2학년 때 캠퍼스에 유급된다. 2학년 과정을 완전 수료하고 진급하는 목사후보생은 3학년 때에는 장신대 캠퍼스에 모두 함께 모여서 수업을 받는다. 그리고 3학년 수료 후에는 장신대 캠퍼스에서 한 학기 동안 목회를 위한 인턴쉽 과정을 이수하도록 되어 있다.[15)]

각 캠퍼스별 정원 책정은 '신학대학교 운영 상설 전문위원회'와 '총장 협의회'에 위임하여 각 캠퍼스의 수용 능력(기숙사 시설 등)의 현황을 고려해서 전체 '신학대학원' 신입생 정원과 캠퍼스별 정원을 정하게 하였다. 단 전체 신입생 정원은 총회의 목회자 수급 계획에 따라 증감할 수 있으되, 증가시킬 시에는 반드시 총회의 허락을 받도록 하였다. 3년 과정을 수료한 목사후보생은 장신대 캠퍼스에서 졸업을 하며, 졸업장(교역학 석사—M. Div.)에는 총회장 명과 총장협의회 회장명, 그리고 나머지 6개 신학대학교 총장명 연서로 된 졸업장을 수여하며, 졸업하는 목사후보생에게는 현 "장로회신학대학교 신대원"의 졸업기수를 계속 적용하도록 하였다.[16)]

이 '하나의 신학교' 정책은 총회 통과 후 2003년 후반기 및 2004년 동안에 준비하여, 2005년 봄 학기부터 실시함을 목표로 하였다. 이 정책의 2005년 실시를 위한 준비 및 '그 후의 이 정책에 따른 운영책임'을 '신학대학교 운영 상설 전문위원회'와 '총장 협의회'가 담당하도록 되어 있는데, 이 정책이 채택되면, 평양 신학교 때부터의 전통을 잇고 있으며, 신입생을 배정받지 않아 중립적 입장을 취할 수 있는 장신대의 총장이 '총장협의회'의 회장(Chancellor)이 되며, 이와 함께 '총장협의회' 산하에 '신대원장 모임'

───────────────

15) 위의 책, 2003. 375.

16) 위의 책, 2003. 375.

을 정례화하며, 장신대의 신대원장이 이 모임의 의장(Provost)이 되도록 하였다.[17)

이러한 '하나의 신학대학교를 위한 정책'은 현재의 7개 신학대학교를 그대로 존속시키면서도 교단 산하의 목회자 양성과정을 일원화하는 방안을 구체적으로 제시하고 있다. 김서년 책임연구원을 비롯한 연구팀이 교단의 분열을 막고 교단의 목회자 후보생들이 일체감을 갖고 사역할 수 있는 창의적 방안을 제안하기 위해 많은 노력을 기울인 것이 사실이다. 그런데 이 방안은 여러 가지 문제점을 지니고 있었는데, 2003년 9월 9일자 기독공보에 실린 "하나의 신학대학교를 위한 정책'에 대한 의견"이라는 글에서 장신대 교수들은 우려를 표명하고 있다. '하나의 신학대학교'라는 총회의 근본적인 취지와 정신에는 기본적으로 동의하지만 몇 가지 심각한 문제를 해결하여야 함을 밝힌 것이다. 구체적인 해결과제를 아래와 같이 기술하고 있다.[18)

148

1) 하나의 신학교를 추진하기 위해서는 신학교육부의 주관아래 각 대학 총장과 신대원장. 교학처장 등의 대학교육 전문가들을 포함하는 포괄적이고 전문적인 연구위원회가 구성되어야 하며, 백년대계의 관점에서 충분한 연구와 연구기간 동안의 투명하고 합리적인 연구과정과 의사결정과정을 통해 정책이 수립되어야 합니다.

2) 모든 정책은 교육부가 제정한 법의 테두리 안에서 실현 가능한 방식으로 수립되어야 합니다.

3) 전체 학생 정원의 조정 및 신학교간 교육의 교류를 실질적으로 활성화할 수 있는 실현 가능한 제도적 장치가 연구되어야 합니다.

17) 위의 책, 2003. 376.

18) 기독공보, 2003. 9. 9.

4) 목회자 수급의 불균형이 교회의 문제를 넘어서 사회적 문제가 되고 있는 이 때, 적정한 수의 목회자 양성을 위해서는 목회자 수급현황에 대한 구체적이고 객관적인 통계자료가 나와야 하며, 이에 따른 신대원 정원 배정을 위한 장단기 목회자 수급 계획이 먼저 확정되어야 합니다.

5) 복음적이고 통전적인 신학교육과 경건 및 인격 교육을 위한 통합적 교육과정을 위한 연구가 먼저 하루 속히 이루어져야 합니다.

6) 온전한 교육을 위한 기숙사와 도서관을 비롯한 교육 및 복지 시설의 확충이 먼저 이루어져야 합니다.

결국 '하나의 신학대학교를 위한 정책' 제안은 2003년 제88회 총회에 입안되어 보고되었으나 총회에서는 이를 더 연구하도록 보류하여 오늘에 이르고 있다. 그러므로 제75회 총회에서 결의한 '7개 신학대학교 신학대학원 과정 개설' 정책이 시행되어 오늘에까지 이르고 있고, 그 결과 목회자 수급의 공급과잉 현상과 교단의 목회자들의 일체감 형성 약화 현상은 여전히 지속되고 있는 것이다.

Ⅲ. 교단의 목회자 수급정책의 방향

목회자 수급계획에는 세 가지 단계가 있다. 첫째는 교단의 정책 수립 및 중장기발전계획 수립의 단계이고, 둘째는 이에 근거하여 신학교육부가 전체 신학교육의 정원정책을 수립하는 단계이며, 셋째는 개별 신학교가 이에 따라서 해당 신학대학원의 정원을 책정 또는 조정하는 단계이다. 우리나라의 교원수급정책에 있어서도 국가 수준의 교원정책 수립 및 교원수급 예측 연구가 있고, 시도 교육청의 교원수급 조정 기능이 있으며, 단위 학교의 교원정원 확정 및 교원임용의 과정이 있는 것이다.[19] 이 수급계획의 각 단계가 충실히 이루어질 때 건강한 교원수급이 이루어질 수 있는 것이다. 목회자 수급에 있어서도 이 과정이 충실히 이행되어야 하는데 이를 위해서는 다음의 정책적인 변화가 요청된다.

1. 교단의 미래 발전 계획 수립

목회자 수급은 교단의 미래 발전계획과 맞물려 있다. 향후 교단 산하 교회들의 목회를 전망하고 다양한 교회 밖 사역 및 선교사역의 미래를 조망하면서 이러한 사역을 위한 목회자가 어느 정도 요청되는 지를 파악하여야 한다. 교인 수가 감소하고 다음세대 학생 수가 감소한다고 해서 축소 지향적으로 계획을 세워야 한다는 것을 의미하는 것은 아니다. 적극적이고 진취적인 계획을 세우되 현실적으로 실현 가능한 계획을 수립하고 그 사역을 가능케 하는 목회자 및 사역자를 양성하는 계획을 세워야 하는 것이다. 이를 위해서는 교단의 연구기능이 강화되어야 한다. 기업체들은 소위 R & D(Research & Development)에 많은 투자를 하여 기업의 미래를 준비하는데 한국교회의 가장 취약한 부분이 연구기능을 통한 미래 계획을 심도있게 작성하는 것이다. 교단의 미래 발전 계획과 중요한 정책은 회의를 통해서 결정하는 것이 아니라 연구를 실시하고 그 결과를 시뮬레이션하여 책임 있는 정책이 실현되도록 해야 하는 것이다. 교단에 이런 싱크탱크(Think Tank)가 존재해서 거기에서 교단 미래 사역에 대한 합리적인 청사진이 도출될 때 목회자 수급의 첫 단계가 성공적으로 이루어질 수 있을 것이다.

19) 천세영, 김병윤, "교원수급정책의 진단과 과제," 「한국교원교육연구」, 2012, 29권 4호, 472.

2. 신학교육연구소

교단 안에 신학교육과 관련하여 목회자 수급과 관련된 신학교 정원정책을 비롯한 공통의 교육과정, 교수방법, 경건훈련, 신학교의 특성화, 다양한 목회 진로 지도, 현장교육의 내실화, 신학교육 질 제고 등을 연구하고 관장하는 상시적인 조직이 필요하다. 현재의 신학교육 정책과 관련 업무는 신학교육부가 담당하고 있는데, 교단의 신학교육부는 총회시마다 부장과 임원이 교체되고 실행위원이 바뀌는 등 매우 임시적인 성격을 지니고 있다. 물론 본 교단의 경우는 총회 신학교육부 안에 신학대학교운영상설전문위원회를 두어서 이러한 한계를 극복하려는 노력을 도모하고 있지만 이 역시 명칭 그대로 '위원회'의 수준에 머무를 수밖에 없다. 1984년도에 발간되어 총회에 보고된 "예장교역자수급계획을 위한 조사연구"(연구보고자: 고용수)는 당시 장로회신학대학교 안에 설립된 신학교육연구소가 발행한 것이다. 그 보고서의 서문에는 신학교육연구소 설립의 취지에 대해 다음과 같이 쓰고 있다. "최근 교회 교역자 지망생의 급격한 증가추세를 보면서 본 교단 총회는 교단산하 교회 수 , 교인 수의 증가와 이에 따른 교역자 수급계획에 대한 대책강구가 긴박한 과제임을 인식하고 3년 전 교역자 수급계획에 대한 연구를 위한 상설기구를 만들도록 결의했다. 이에 따라 1983년 6월 1일 총회 신학교육부 실행위원과 장로회신학대학 교수들로 구성된 연구위원회에서 총회 직속기관으로 장로회신학대학 내에 '신학교육연구소'를 설치키로 확정하면서 본 연구에 착수하게 되었다."[20] 이미 시도한 대로 교단 산하 신학교육연구소를 장로회신학대학교 안에 두는 것도 지속적인 연

151

---

20) 고용수, '예장교역자수급계획을 위한 조사연구: 신학교육 적정인원 조정을 위한 기초자료,' 장로회신학대학 신학교육연구소, 1984년 12월, 7.

구 업무를 효과적으로 수행할 수 있는 한 방안이라고 할 수 있을 것이다.

3. 교단 산하 7개 신학대학원 체제에 대한 대안 필요

목회자의 과잉공급 문제 해결과 교단 목회자의 일체감 저하, 신학교 운영의 어려움, 교단 신학의 정체성 강화 등의 요인으로 현재 교단의 '7개 신학대학원 체제'는 어떤 형태로든 대안이 요청된다. 크게 세 가지 종류의 대안을 상정할 수 있는데, 하나의 신학교, 권역별 신학교 통합, 현 체제 속에서 정원 조정 및 일체감 강화 등을 들 수 있다.

첫째, 하나의 신학교 방안이다. 이미 본 연구의 앞 부분에서 자세하게 살펴본 대로 2003년 제88회 총회 시에 신학교육부가 제안한 '하나의 신학대학교를 위한 정책'이 대표적인 안이라고 할 수 있다. 물론 신학대학원 (M.Div 과정)을 제외한 학교의 모든 구조와 기능은 그대로 존속하되 목회자 양성과정인 신학대학원만 하나의 학교로 만드는 안이다. 그러나 당시에 제안된 안은 교육법 상 시행의 어려움, 학제 운영 및 교육과정의 현실성 부족, 교육시설(기숙사 포함)의 한계 등에 의해서 받아들여지지 않았는데, 그 본래의 취지를 살리되 이러한 문제점을 극복할 수 있는 방안을 연구한다면 '하나의 신학교' 방안은 '7개 신학교 체제' 이전의 교단 목회자 양성과정의 단일화 체제를 재건할 수 있다는 점에서 여전히 의미를 갖는 방안이라고 할 수 있다.

둘째, 권역별 통합 방안이다. 전체 7개 신학교를 하나의 신학교로 통합하는 것이 어렵다면 현실적인 안으로 고려될 수 있는 방안이 권역별(지역별) 통합 방안이다. 즉, 지역별로 부분적인 통합을 이루면서 동시에 전체적으로 연합을 추구하는 방안이다. 이 안에 대해서 가장 상세하게 정리된 문건이 있는데 바로 '목회자수급계획 및 미래신학교육정책에 관한 연구'(미간행 연구보고서)로서 2004년 5월에 장로회신학대학교 교수들(주승중, 김영동, 노영상, 이만식)이 연구, 작성한 보고서이다. 이 연구에서는 현행의 7개 신학교 체제를 그대로 유지하는 안, 하나의 신학교로 통합하는 안, 연합하는 안, 그리고 권역별로 통합하는 안으로 나누어 각각의 장점과 단점을 살피고 그 가능성을 분석하고 있는데, 권역별 통합 방안이 가장 바람직하다고 본 것이다.[21] 네 가지 접근에 대한 장, 단점은 아래의 표와 같다.

《표 9-1》 하나의 신학교를 위한 다양한 접근[22]

구분	1. 현행(분립유지)대로 할 경우	2. (흡수)통합	3. 연합 (유연한) 연합	3. 연합 (더 강한) 연합	4. 부분통합 후 연합
실례	현 신대원 체제	부경대/ 공주대/ 영산대	BTI/ GTU/ TST/ 호남권 대학 컨소시엄	PCUSA 신대원	신대원의 하나 됨의 문제와 동시 목회자 수급의 문제도 함께 고려
운영모습	− 7개 신학대학원 − 총회 현 체제에 대한 개선을 원함	− 재단의 통합(법인의 통일) − 총장 한 명으로 전체 관할 − 교직원의 승계 및 일부 구조조정	− 선택 학점교류 − 도서관 공용 − 통합행정 − 입학한 학교의 학생신분 유지 * 호남권 컨소시엄 − 일총장 다부총장제 − 1대학 5캠퍼스제 − 공동의 강의요강	− 신학교육위원회(재정분배 및 교육방향 정함) − 교재의 방향 정함 − 한 교단 내의 신학교라는 특징 − 다총장 일 챈슬러 제도도 가능	− 신대원을 4개 처로 통합한 후 연합의 원칙을 적용한다. − 통합되는 곳의 신대원을 두 캠퍼스로 운용하는 방안도 있다. − 신대원 정원이 감소되지 않고 통합되는 것은 무의미하다.
강점	− 지방화시대 − 지역신학교 성장 − 각 신학교 재정활성화 − 경쟁적 발전 − 입시탈락생 감소 − 지역신학생들의 편의성	− 정원축소의 효과 − 재정절감 − 교육여건의 개선 − 교수확보율의 증가	− 독립성 유지하며 하나로 연합됨 − 각 신학교의 특성화 통해 경쟁적 발전 유도 − 재정지원의 일원화 − 부실한 신대원은 자연적으로 구조 조정 됨	− 본 교단과 같은 체제에 적용하기 쉽다. − 입학 시의 학적은 유지한다. − 원격교육 방식 채용 − 학점교류가 가능할 것이다.	− 연합과 흡수통합의 장점들을 포용함 − 신대원 정원조정의 효과를 가져 옴 − 신대원간의 과도한 경쟁을 방지함

21) 주승중 외, '목회자수급계획 및 미래신학교육정책에 관한 연구' 장로회신학대학교, 2004. 5.

22) 위의 글. 95-96.

약점	– 교단 분열 우려 – 교단신학의 정체성 위협 – 목회자 과잉공급 – 신대원 교육의 질 저하 – 지역폐쇄성 – 경쟁력 약화와 재정적 어려움	– 각 신학교의 생존력 상실 – 교원확보율과 교사확보율의 저하 – 정원감축으로 인한 재정악화 – 인력과잉을 나음 – 교직원 승계문제, 급여차 등 야기 – 어느 한쪽으로의 흡수통합은 한 측의 불만을 낳기 쉽다	– 본 교단과 같이 한 교단 내의 신학교 체제로는 너무 느슨한 하나 됨의 모습이다. – 행정의 중복을 가져 올 수 있다. – 서로간의 의견불일치에 따른 갈등	– 지나친 중앙의 간섭으로 행정능률이 떨어질 수 있다. – 거리가 멀어 실제적 학점교류는 거의 불가능하다. – 연합을 통해서 얻은 이익분배에 대한 의견불일치	– 흡수통합에 대한 저항이 예상됨 – 지역 신학발전에 저해 – 행정적 조처의 복잡함
비고	– 상호연대 – 연합의 방향 – 다양성 속의 일치	– 이 흡수통합의 방법은 본 교단 신대원의 하나 됨의 모델로는 현실적이지 않다.	각 대학의 재정은 서로 독립하는 것이 좋을 것이다.	가장 바람직한 방안으로 사료된다.	

권역별 통합 방안은 지역의 목회자 수급 요구에 적극적으로 부응할 수 있으며, 발전적으로 통합만 이루어진다면 교수요원, 교육과정, 교육시설 등의 효율성을 극대화할 수 있을 것이다. 또한 지역적 상황에 맞는 신학교육의 특성화를 추구할 수 있고, 지역의 교회들과 밀도있는 교회–학교 연계를 통한 현장교육 내실화를 기대할 수 있을 것이다. 무엇보다 지역의 목회자 수급을 보다 정확히 예측하고 이에 터한 수급계획을 작성하여 지역교회 및 지역 선교 활성화를 위한 목회자를 양성하는 신학교 정원정책을 수립할 수 있을 것이다.

셋째, 현 체제 속에서 정원조정 및 일체감 강화 방안이다. 신학교에 대한 기구적 통합, 그것이 하나의 체제이든 권역별 통합이든 실천하기에는 여러 가지 어려움이 있기 때문에 장기적으로 그런 방향으로 가더라도 현재는 지금의 체제 속에서 문제를 해결할 수 있는 방안을 찾는 일이 중요하다. 현재의 7개 신학대학원을 유지하더라도 총회(신학교육부 담당)가 교단 전체 및 지역별 교인 수, 교회 수, 목회자 수의 변화를 분석하고, 이에 상응하는 신학대학원 정원정책을 수립하여 이를 실천하는 방안이다. 단순한 신학대학원 정원 조정이나 삭감이 아니라 축소된 신학대학원 정원만큼 타 대학원의 정원을 늘리는 등 신학교의 전체 정원에는 변동이 없도록 추진할 필요가 있다. 대부분의 신학대학교가 등록금에 크게 의존하고 있기 때문에 등록금 수입 자체는 축소되지 않는 방안을 마련하는 것이 실현 가능성이 있는 안이 될 것이다.

4. 목회자 수급의 적정 수준

목회자 수급계획에 있어서 가장 중요한 부분 중의 하나가 목회자 수급의 적정수준을 정하는 일이다. 소위 '목회자의 공급과잉'이라고 말할 때 어느 정도 수준 이상을 '과잉'이라고 일컫는지, 그 기준을 산출하는 일은 용이하지 않다. 1984년 고용수 교수의 '예장교역자 수급계획을 위한 조사보고'에 따르면 1988년의 예상 목회자 수요인원은 273명이었다. 이에 비해 당해 연도에 목사안수를 받을 예측 인원은 359명으로서 76명의 인원이 과잉 공급되고 있음을 지적하고 있다. 이용남 목사는 제22회 전국신학교수세미나(2001년)에서 매년 500-700명 정도의 목회자 수요가 있을 것이라고 추정하였다.[23]

일반적으로 목사 1인당 교인수 200명을 적정선으로 인식하는 경향이 있다. 여기에서의 목사는 '안수 받은 목사'를 의미하고 목사 외에 전도사, 교육전도사 등 다른 교역자들도 교회를 섬기기 때문에 목사 1인이 200명을 목양하는 것이 바람직하다는 것이다. 200명의 교인이 있을 때 목사 1인의 생활비와 목회활동을 지원할 수 있는 역량이 있게 되고, 목사는 교인들을

23) 이용남, '교역자 수급대책에 관한 소고' 제22회 전국신학교수세미나 자료집, 2001.

질적으로 성숙하도록 돌볼 수 있게 된다. 목사 1인당 교인 수가 150명 이하가 되면 그만큼 열악한 환경에서 목회할 수밖에 없고 제한된 목회지에 대한 목회자의 경쟁이 심화되는 것이다. 반면에 목사 1인당 교인 수가 250명을 넘게 되면 그만큼 교인들을 돌보고 양육하기가 어려워지는 것이다. 이런 점에서 목사 1인당 200명의 비율보다 낮아지는 경우, 즉 목사의 수가 많아지는 경우는 목회자수급에 있어서 목회자 공급 과잉이 되는 것이다.

5. 목회자 수급에 따른 신학대학원의 정원 책정

예장 통합 교단 산하 신학대학원의 정원에 관한 1990년 이후의 결의사항을 시대 순으로 살펴보면 다음과 같다. 1997년 총회 회의록에 나타난 총회신학교육부 청원서를 보면 신대원 입학 정원을 550명 내외로 할 것을 천명하고 있다. "총회 목사인력 수급계획은 단기적인 총회의 신대원 입학 정원은 550명 내외로 하고 잠정적으로 400명 내외로 하여, 현행 각 신학대학교의 정원을 적용하고 나머지 신학교가 신대원을 개설할 때 150명 내외를 증원하기로 한다."[24] 즉, 7개 신학대학원이 모두 개설되어도 그 정원은 550명 내외가 되는 것으로 정하였다. 2000년 제85회 총회 회의록에 보면 신학교운영상설전문위원회 보고서 안에 신대원 정원을 밝히고 있다. 아직 신대원 개설이 이루어지지 않은 학교를 제외한 5개 신학대학원의 정원을 506명으로 정한 것이다. "총회 직영신학교 신대원 정원의 건은 아직 신대원 개설이 이루어지지 않은 신학교가 있으므로 신학교의 신대원 정원을 탄력적으로 운영하기로 하여 다음과 같이 인원을 허락하되, 차후 적절하게 조절하기로 하다. 장로회신학대학교 216명, 대전신학교 50명, 영남신학대학교 90명, 호남신학대학교 100명, 한일장신대학교 50명." 그리고 교

24) 제82회 총회 회의록, 373.

단 산하 직영 신학대학원의 정원을 증원할 경우는 반드시 총회의 승인을 받을 것을 정하였다. "총회에서 결의한 대로 총회 직영신학대학원의 정원을 준수하지 않는 해당신학교에 엄중하게 경고토록 하며, 반드시 총회 결의대로 총회 직영신학대학원의 정원을 철저하게 준수토록 각 신학교에 통보키로 결의하다. 총회 직영신학교의 M.Div.과정의 정원 증원은 반드시 총회의 승인을 받은 후에 교육부에 신청토록 총회에 헌의하기로 결의하다."[25]

2001년 제86회 총회 신학교육부 보고서에는 "신대원 정원은 장로회신학대학교 300명, 그 외 나머지 신학교는 각 50명으로 합계 600명으로 한다. 목연과정은 지방신학교에서만 각 50명(6개 신학교)으로 합계 300명으로 한다."라고 결의한 내용이 수록되어 있다.[26] 이 결의 후 2003년부터 장신대 신대원은 입학정원을 300명으로 증원하게 되는데, 여타 신학교의 정원은 그 때마다의 청원에 따라 다르게 결정되어 '각 50명'이라는 정원정책은 실천되지 못하였다. 2015년의 예장 통합 교단 산하 신학대학원의 입학정원 총 수는 892명이다. 신대원(신학과)이 770명, 목회연구과가 122명이다. 신학교별 입학정원을 살펴보면, 장신대의 경우, 신대원 신학과 300명, 목연과 50명, 서울장신대는 신대원 신학과 65명, 목연과 20명, 호신대는 신대원 신학과만 120명, 영남신대는 신대원 신학과가 85명, 목연과가 27명, 한일장신대는 신대원 신학과가 50명, 목연과가 25명, 대전신대와 부산장신대는 신대원 신학과만 각각 75명이다.

당해 연도 예장통합 교단의 목사 수는 18,121명인데, 과잉공급분에 해당하는 4,068명을 제외한 14,252명을 상정하면 평균 30년 목회한다고

---

25) 제85회 총회회의록, 2000, 369.

26) 제86회 총회회의록, 2001, 399.

간주할 때 매년 475명 정도의 목회자가 자연 은퇴하게 된다. 예장 통합 교단의 향후 10년간 교인 수 추이 예측에 따르면 10년간 매년 평균 31,125명이 증가하는바, 교역자 1인이 200명을 목회하는 것이 적당하다고 생각할 때 156명의 목사가 더 필요하다. 기타 은퇴 전 사망자(매년10명 정도), 이직자(30명 정도), 유학 나가는 사람(유학을 마치고 들어오는 사람 수 감안, 15명), 선교사 및 외국목회(마치고 들어오는 사람 감안, 매년 65명), 새로 설립된 기독교기관으로 나가는 사람(10명) 기타 (20명) 등으로 더 소요되는 목사의 인원이 150명 정도 될 것이라고 예상된다.[27] 이에 위의 인원을 합산하면 매년 781명 정도의 목사가 충원되어야 할 것이다. 현재 각 신학대학교의 신학대학원 신학과 목연과의 입학정원은 앞에서 살펴 본대로 892명으로서 111명의 정원이 과잉으로 책정되어있다고 볼 수 있다. 물론 이것은 예측 수치이기 때문에 정확하다고 보기는 어렵지만 통계적인 예측에 근거한 것이기 때문에 100-120명 정도의 정원을 축소하는 정원정책을 마련하여야 할 것이다.

IV. 한국교회의 목회자수급과 초교파적인 노력

한국교회의 목회자 수급계획과 신학교육의 문제를 다루는 데 있어서 교단의 역할을 뛰어넘는 범 교단적인 노력이 요청된다. 한국의 신학교육 기관으로는 교육부로부터 정식으로 대학 인가를 받은 신학대학교 외에 수많은 신학교들이 존재하고 있다. 소위 '총회 신학교'라는 이름을 지닌 군소 교단의 신학교들은 물론 개 교회나 목회자 개인이 설립한 신학교들까지 그 수효는 파악조차 되지 않고 있다. 이러한 신학교의 교육과정은 어떠한 인증

27) 주승중 외, '목회자수급계획 및 미래신학교육정책에 관한 연구' 참조.

도 받지 않은 채 운영되고 있으며 이를 통해 자질이나 역량이 검증되지 않은 수많은 목회자들이 배출되어 목사 안수를 받고 목회를 담당하고 있는 것이다. '목사'라는 호칭을 지닌 사람들이 저지르는 범죄는 그 개인이나 그가 속한 교회만이 아니라 전체 기독교의 명예를 훼손하고 있고 전도의 문을 막고 있는 것이다. 이러한 자격을 갖추지 않은 목사들이 과잉 배출된다면 개별 교단의 목회자 수급을 위한 노력이나 신학교육 정상화를 위한 노력이 그 의미가 퇴색되는 것이다.

한국교회에 초교파적인 신학교육 인증기관이 필요하다. 미국의 ATS (Association of Theological Schools)가 신학대학 교육과정 지침을 정하고, 그 기준에 의하여 신학교육 기관을 평가하여 인증을 주는 것처럼 우리나라에도 범 교단적인 신학교육 인증기관이 신학교의 질 관리를 할 수 있도록 하여야 한다. 물론 우리나라의 신학대학교들의 연합체인 전국신학대학협의회(Korea Association of Accredited Theological Schools)가 있지만 아직 이런 역할까지 감당하고 있지 못하다. 한국교회가 신학교와 목사후보생의 질 관리(quality control)에 실패한다면 지속적인 목회자의 윤리적 문제와 일탈행위가 발생하게 될 것이며 한국교회의 신뢰도는 계속해서 하락하게 될 것이다. 이는 한국교회의 갱신과 성숙을 가로막는 심각한 장애물이 될 것임에 틀림없다. 신학교는 신학을 공부하여 목회자가 되기 위해 지원하는 학생들에게 그 신학교의 인증 여부를 알려주어 선택에 고려하도록 해야 한다. 그리고 아직 인증 받지 못한 신학교에게는 자격조건을 갖추어 인증 신학교로 발돋움할 수 있도록 도와야 할 것이다.

궁극적으로 신학교육의 실명제가 필요하다. 마치 최근에 농산물이 어디에서 재배되었는지를 표시하는 '농산물 원산지 표시제'처럼 목회자들이 어느 신학교에서 어떤 교수로부터 교육을 받았는지를 파악할 수 있도록 해야 한다. 물론 이것은 선언적인 의미로서 실제적으로 증서를 만들거나 표식을 붙이자는 것이 아니라 그 정도로 책임교육이 이루어져야 함을 강조하는 것이다. 소위 '리콜 시스템'을 통해 높은 질의 생산품을 공급하고 문제 있는 제품은 언제든지 다시 교환하거나 완전하게 수리하여 제공한다는 윤리기업의 책임경영처럼 신학교육도 목회자 양성에 있어서 공적 책무성을 감당해야 할 것이다. 교단적으로, 때로는 범 교단적으로 이런 신학교육의 질에 대한 관리가 요청되는 것이다.

교육은 백년지대계(百年之大計)이다. 교단의 목회자 양성 교육은 계획적으로 이루어져야 하는데, 교단의 미래 목회자 수급계획에 근거하여 신학대학원의 정원을 책정하고 목회자 후보생들을 선발하여 교육하여야 할 것이다. 미래의 한국교회의 변화에는 다양한 요인이 변수로 작용하기 때문에 정확한 예측을 하는 것은 매우 어려운 과제이다. 그러나 현재의 상황 속에서 최선의 노력을 기울여 교단의 미래를 전망하고 이에 근거한 수급계획을 치밀하게 세울 때 책임 있는 신학교육을 실천할 수 있을 것이다. 물론 신학교육은 양적인 측면만이 아니라 질적인 측면이 중요하다. 목회자 수급계획에 맞는 정원을 책정하고 그 목회자 후보생들을 영성과 소명, 자질과 목회적 역량을 갖춘 미래 목회자로 양성하는 것이 신학대학원의 사명이다. 이를 위해서는 신학교육의 혁신이 필요하다. 특히, 대학부나 대학원 과정과는 다른 '목회자 양성과정'으로서 신학대학원의 교육과정과 교수방법, 경건훈련의 특성화와 개선을 위한 노력이 필요하다. 이를 위해서는 개별 신학교를 넘어선 교단 차원의 지속적인 연구와 지원 및 이를 위한 상시적인 기구가 요청된다.

한국교회의 위기를 극복할 수 있는 개혁의 진원지는 신학교가 되어야 한다. 신학교가 세속의 시류에 물들지 않고, 말씀에 뿌리 내린 영성과 경건을 지니고, 현실을 변혁시킬 수 있는 목회적 역량을 지닌 목회자들을 배출해 낼 때, 이들이 한국교회의 문제를 해결해 나가기 시작할 것이다. 오늘날 한국교회의 침체가 신학교의 침체로 이어지고 있고, 무기력한 신학교육이 무기력한 목회로 연결되고 이것이 한국교회의 침체를 가속화시키는 이 악순환을 끊고 신학교육의 개혁을 통해 한국교회의 갱신을 도모해야 할 책임이 교단과 신학교에게 주어져 있다. 교단과 신학교가 상호 긴밀한 협력을 통해 합리적인 목회자 수급의 방안을 마련하고 이에 따른 신학교육 정책을 수립하고, 목회자 양성교육의 혁신을 통해 새로운 대안적 목회의 비전을 제시할 때 신학교의 발전은 물론 한국교회의 건강한 성숙이 가능할 것이다.

토의를 위한 질문

1. 오늘날 한국교회의 목회자 수급은 적절하게 이루어지고 있다고 생각하는가? 그렇게 생각하는 이유가 무엇인지 말해보자.

2. 장로교(통합)의 목회자 수급 역사 가운데 제75회 총회가 결의한 7개 신학대학교 체제에 대해 어떻게 생각하는가? 그렇게 생각하는 이유는 무엇인지 말해보자.

3. 한국교회의 목회자 수급을 위한 최선의 방안은 무엇이라고 생각하는가? 그 이유를 설명해 보자.

제10장. 교회학교 교육을 살리는 신학교육 [28]

Ⅰ. 교육전도사제도와 신학교육

한국교회의 교회학교는 신학교육과 매우 밀접한 관련이 있다. 대부분의 신학대학교 재학생, 특히 신학대학원(M.Div.) 과정의 재학생들은 소위 '교육전도사'의 직책을 감당하고 있다. 교육전도사 제도는 다른 나라에서는 발견하기 어려운 한국교회의 독특한 특징 가운데 하나이다. 누군가가 의도해서 이 제도를 창안한 것도 아니고, 교회 헌법에 의해서 규정되어 있는 공식적인 제도도 아니다. 그러나 현실적으로는 가장 영향력있는 교육제도로서 한국교회에 보편화되어 있는 제도이기도 하다. 대부분의 교회학교의 부서들은 신학교 재학생인 교육전도사들이 맡고 있으며, 담임목사가 성인목회를 담당한다면 교육전도사는 아동목회와 청소년목회를 담당하는 일종의 분업이 이루어지고 있는 셈이다.

이러한 교육전도사 제도는 두가지 측면을 지닌다. 하나는 긍정적인 면으로서 한국교회와 신학교육에 공헌하고 있는 면이고, 다른 하나는 부정적인 면으로서 한국교회와 신학교육의 성숙을 저하시키는 면이다. 신학교육을 논할 때, 현재 대부분의 신학교육을 받고 있는 재학생들이 교육전도사의 역할을 담당하고 있는 현실을 직시하면서, 이 문제를 심도있게 탐구함으로써 한국교회와 신학교육이 함께 성숙하고, 궁극적으로 교회학교 교육을 살리는 신학교육이 되고, 교회현장의 실천과 경험을 근거로 한 살아있는 신학교육이 될 수 있는 방안을 모색할 필요가 있다.

163

....

[28] 이 글은 필자의 책 『교회교육 현장론: 중심을 변화시키는 교회교육』(서울: 장신대출판부, 2009)의 제25장 '교회학교를 살리는 신학교육'을 수정, 보완한 것임.

교육전도사 제도는 여러 가지 면에 있어서 한국교회에 공헌해 왔다. 교회가 교육부서를 위해 전임교역자를 모실 수 없는 상황 속에서 신학교 재학생인 교육전도사들이 전임 목회자의 역할을 대신 담당하여 교회학교 부서들을 육성함으로 오늘날 한국교회 성장을 이룰 수 있도록 하는 원동력이 되었다. 교육전도사는 신학교육을 다 마치지 못했다는 점에서 신학지식이 불충분할 수 있지만, 신학교에 지원한 '불타는' 소명감으로 교회학교를 위해 헌신함으로 어쩌면 기성 목회자보다 더 생동감있고 역동적으로 사명을 감당한 면이 있다고 보여진다. 필자도 신학대학원 1학년에 입학하면서부터 교육전도사의 직임을 감당하게 되었는데, 그때 여러 가지 면에서 부족했지만 열심에 있어서는 그 이후 어떤 사역보다도 더 강렬했음을 인정하지 않을 수 없다. 또한 교육전도사는 기성 목회자보다 아동이나 청소년들과 교감하기에 좋은 젊은 년령대이기 때문에 자라나는 세대와 원활한 커뮤니케이션과 활동, 삶의 나눔을 통해 효과적인 사역을 감당할 수 있기도 하다.

무엇보다 교육전도사의 경험은 본인에게 더 없이 귀중한 목회실습의 기회가 되어, 신학교육에서 미처 제공하지 못하는 다양한 목회적인 훈련을 실천의 장에서 체험할 수 있다는 점에서 중요한 의미를 갖는다. 사실 "될성 싶은 나무는 떡잎부터 안다"는 격언이 있듯이 그 교역자의 목회적 역량은 이미 교육전도사로서 어떻게 사역하느냐에 의해 어느 정도는 가늠되어진다고 볼 수 있다. 현재 활발하게 성인목회를 하고 있는 대부분의 목회자들은 이미 교육전도사 시절에 철저한 현장 실습과 목회적 경험을 통해 입증된 분들이라고 해도 과언이 아닐 것이다. 그렇기 때문에 교육전도사 제도는 한국교회의 성장과 부흥에도 공헌하였을 뿐 아니라, 교역자의 목회교육을 위한 귀중한 장이 되고 있음을 인정할 수 밖에 없다.

그러나 몇 가지 점에 있어서 교육전도사 제도는 심각한 문제를 지니고 있다. 첫째로 교육전도사라는 중요한 목회적 사명을 감당하게 됨에도 불구하고 이를 위한 체계적인 준비나 교육, 훈련을 받지 못하고 있다는 점이다. 신학교육을 종료한 상태도 아니고, 인생의 경험에 있어서도 교회학교 교사들보다 더 완숙한 것도 아니며, 더욱이 교사경력이나 교회 봉사 경험도 부족할 수 있는데, 단지 목회자 후보생으로서 신학교 재학생이라는 것만으로 교육전도사의 역할을 감당하기 때문에 오는 한계가 있을 수 있다. 교육전도사는 누구이며 어떤 역할을 어떻게 감당해야 하는지, 그리고 교회교육에 대한 기본적인 지식이나 훈련도 받지 않은 상태에서 그 임무를 감당하게 되는 것은 마치 총을 갖지 않고 전쟁터로 나가는 군인과 마찬가지이다. 필자가 장로회신학대학교 기독교교육연구원에서 책임연구원으로 있던 1993년도에 처음으로 '교육전도사 교육과정'을 제안하여 당시 총회교육부와 공동으로 그 과정을 개설한 것이 '교육전도사를 위한 교육'의 첫 시도라고 여겨지는데, 최근에는 몇 몇 신학대학교에서 이런 프로그램이 실행되고 있으나 이 역시 충분한 교육과 훈련이 이루어지고 있지 못한 실정이다. 둘째, 신학교 재학생이 교육전도사의 임무를 감당하는 것으로 인해서 신학도 본연의 임무인 신학교육에 집중하지 못하는 한계점을 지적할 수 있다. 교육전도사의 역할이 교육부서를 목회적으로 거의 책임지는 사역이기 때문에 단지 주일 하루만의 시간으로 끝나지 않고 주중 시간을 요구함으로 신학교육을 약화시키는 요인이 되고 있는 것이다. 교육이냐 사역이냐의 갈등 속에서 어느 하나의 강조는 다른 하나의 약화를 의미하는 구조적 한계라고 할 수 있다. 셋째는 앞의 두 가지 요인을 야기하는 근본적인 문제점으로서 교육전도사 제도가 신학교육에서 교육적으로 고려되지 않은 채 운영됨으로써 가

165

장 효과적인 신학교육의 장이 될 수 있는 목회 현장 경험이 그 효과가 반감되고 있다는 점이다. 교회교육 현장과 신학교육이 이원론적으로 존재하거나 분리되어 있는 것이 아니라 서로 연계되어 있고 상호 관계 속에서 서로를 강화하도록 돕는 것이 가장 긴요하다. 사실 일부러도 그런 현장 경험의 기회를 만들어야 하는데, 이미 하고 있는 교회 현장의 경험을 목회실습과 교육실습의 기회로 만들고 이를 커리큘럼으로 수용하는 노력은 신학교육의 내실화와 교회현장의 활성화를 위해서 공히 필요하다.

II. 신학 현장교육으로서 교육전도사제도

목회자 양성과정으로서 신학교육은 현장에 근거하여야 하고 현장을 변화시키는 교육이 되어야 한다. 한국의 신학교육이 지니는 가장 심각한 문제점은 현장과의 분리현상일 것이다. 많은 목회자들이 '신학교 무용론'을 말하며 '신학교에서 배운 것은 교회 현장에서 별 도움이 되지 않았다'고 말하는 것은 이런 분리현상을 드러내주는 것이다. 이러한 신학교육에서 나타나는 현장과의 분리현상을 극복할 수 있는 가장 좋은 방법 중의 하나가 교육전도사 제도를 현장교육의 차원에서 신학교육의 커리큘럼으로 수용하는 것이다. 종래에는 신학교육 바깥에서 개인적으로 교회에 봉사하는 '사적 차원'으로 여겨진 영역을 신학교육의 공적인 영역으로 받아들이는 방안이다. 교회학교 사역을 통해 목회자로서의 실습과 훈련을 체계적으로 경험하도록 교육적으로 재구성하는 것이다.

이를 위해서는 현장교육의 차원에서 교육전도사 및 교회봉사자의 역할을 평가하고 피드백을 주며, 목회에 있어서 자기 발전을 꾀할 수 있도록 도와줄 수 있는 구조를 갖추어야 한다. 로버트 뱅크스가 지적한대로 신학교육의 커리큘럼은 목회를 위한 학습(learning-for-ministry)이 아니라 목회 안에서의 학습(learning-in-ministry)이 되어야 한다는 의미가 바로 이것이다. 진정한 신학교육은 단지 목회를 준비하는 교육이 되어서는 안되며 목회적 실천을 통해서 교육되어야 한다는 것이다.[29] 뱅크스는 이러한 현장교육이 이루어지기 위해서는 모든 학생이 실천지도팀(supervisory team)을 지녀야 하는데, 교수, 목회자, 평신도로 구성되어야 한다고 제안한다. 매주 교수와 학생이 제자훈련 셀(discipleship cell)에서 만나서 성경공부와 실천적인 이슈를 놓고 기도하며, 일주일에 한 번은 교회에서 모임을 갖으며, 평신도 및 목회자 수퍼비전 팀이 평가하는 것이 바람직하다는 것이다.[30]

필자는 이러한 현장교육을 지원하기 위해서 신학교마다 가칭 '현장교육원'을 둘 것을 제안한다. 종래의 실천처의 구조로는 현장교육을 효과적으로 지원할 수 없다. 지금까지 실천처는 대개의 경우 교회사역이나 봉사에 대해 담임목사님의 확인서를 받아 제출받는 역할을 담당하고 있다. 그러나 보다 적극적으로 교회사역을 신학교육의 과정이 되도록 하기 위해서는 학생과 교수, 목회자가 연계되어 교육적 경험을 할 수 있도록 지원하고 평가하고 감독하는 기관이 필요한 것이다. 그리고 신학교육, 특히 신학대학원(M.Div.) 과정의 마지막 학기에는 실습을 대폭 강화하여 현장교육 위주의 교육을 받도록 하는 것이 필요하다. 이 점에 있어서는 목회와 매우 유사한 영역이라고 할 수 있는 의료영역에서 통찰을 얻을 수 있다. 의학교육의 경우, 임상의학을 공부하는 본과의 경우 실습이 매우 강조되며, 특히 전문의

....

29) Robert Banks, *Reenvisioning Theological Education*, 226.

30) *Ibid.*, 230.

가 되기 위해서는 인턴 과정과 레지던트 과정을 거치도록 하고 있다. 신학교육에서도 실습교육의 강화는 물론 인턴제도의 도입을 검토할 필요가 있다. 학교의 교사가 되기 위해서도 교직과목을 이수하는 것은 물론, 마지막 학년에는 교생실습을 통해 현장에 나가 실습을 통한 교육을 받는 것을 필수적인 과정으로 하고 있다. 신학교의 현장교육원에서 평소에 실천하는 현장교육 실습은 물론 인턴과정을 관장함으로서 신학교육의 현장교육의 센터가 된다면 신학교는 더 이상 현장과 괴리된 곳이 아니라, 현장 안에서의 교육, 그리고 현장을 위한 교육이 이루어지는 장이 될 것이다.

III. 교회학교 교육을 살리는 신학교육

교회학교에서의 목회실습을 신학교육이 교육의 과정 안에 품게 될 때에 현장을 강조하는 신학교육이 되어 활력을 얻게 될 것이고, 동시에 현장지향적인 그러한 신학교육은 교회학교를 살리는 역할을 감당하게 될 것이다. 신학교를 졸업하고 상당한 기간동안은 전임교역자라고 하더라도 교회학교를 담당하는 것이 일반적인 경향이고, 성인목회와 자라나는 세대를 주 대상으로 삼는 교회학교 목회가 본질적으로 다르지 않다는 점에서 교회학교 교육을 활성화시킬 수 있는 신학교육이 되도록 하는 것은 중요하다. 이를 위해서는 다음 몇 가지 점을 충분히 고려할 필요가 있다.

1. 현장 중심적 커리큘럼으로의 개편

학문과 현장, 이론과 실천 사이의 깊은 괴리가 신학교육에서 심각한 문제점으로 나타나고 있다. 신학교육이 학문중심, 이론중심이기에 언제나 신학교육은 원론적인 수준에 머무르는 경향이 있고, 교수들은 학생들이 이것들을 목회 현장에 잘 '응용'해 주기를 기대하지만 현장과 이론의 괴리로 인해 변화를 경험하지 못하게 된다. 신학교육은 기본적으로 프락시스(praxis)로부터 출발하여야 한다. 이는 이론이 필요없음을 의미하는 것이 아니다. 현장에서부터 문제가 도출되어 이를 이론적으로 성찰하고 다시금 현장에서 변화를 일으킬 수 있는 모습으로 신학교육에서 다루어져야 한다. 이런 의미에서 신학교육은 과감히 강의식 형태가 아니라 워샵(workshop)과 실습(practicum) 형태로 전환될 필요가 있다. 그리고 실제적으로 학생이 주도적으로 참여하여 실습할 수 있는 구조로 바뀌어야 한다. 언제부터인가 신학대학원을 졸업한 사람들을 대상으로하는 다양한 현장중심의 '또 다른' 교육기관이 설립되는 경향이 있다. 이는 현재까지의 신학교육이 현장에 적합하지 못했음을 드러내는 하나의 증거라고 할 수 있다. 신학교가 목회자 양성기관이라면 그 교육 자체가 현장을 위한 교육이 되어야 함을 두말할 나위가 없다.

169

2. 간학문적 신학교육의 강화

교회학교는 물론 목회현장의 변화를 추구하기 위해서는 신학교육에 있어서 간학문적 접근(interdisciplinary approach)이 필요하다. 로버트 뱅크스(Robert Banks)는 신학교육에 있어서 교수(instruction)와 행동(action) 사이의 연결을 중요시 했는데, 이를 가능케 하는 네 가지 방법으로 통합적인 코스(integrative courses), 간학문적 코스(cross-divisional courses), 협력 코스(collaborative courses), 그리고 삶-행동 코스(live-action courses)를 들고 있다. 통합적인 코스는 다양한 삶의 현장(교수 연구실, 가정, 교회 등)에서 수업하는 것을 의미하며, 간학문적 코스는 타 전공교수와의 협력수업(단일 전공내, 타 전공간)을 의미하고, 협력 코스는 신학교수와 목회자(현장실천가)와의 협력수업을 말하며,

삶-행동 코스는 현장에서의 수업을 의미한다. 이 네 가지 모두 신학교육 안에서의 통합교육의 중요성을 강조하는데, 간학문적 신학교육은 그 중 가장 대표적인 교육방법이라고 할 수 있다.[31]

기존의 신학교육에서는 신학의 제 분야들이 통합되기 보다는 더욱 더 분화되었을 뿐만 아니라 세부 전공이 그대로 교수되는 구조를 지니고 있다. 그러나 보다 현장지향적인 신학교육이 이루어지기 위해서는 목회 현장의 중요한 주제에 대해 간학문적(interdisciplinary) 접근이 이루어져야 하며, 신학교육 방법에 있어서도 팀 티칭(team teaching)이 적극 도입되어야 한다. 현장은 성서신학, 조직신학, 교회사, 기독교윤리, 실천신학 등이 분리되어 존재하지 않고 통합되어 있기 때문에, 대부분의 목회 현장의 문제를 해결하기 위해서는 간학문적인 사고가 필요하다. 각각의 학문적인 독특성을 인정하되 이들이 어떻게 상호 연계되어 있으며 대화가 가능한지를 팀 티칭 방식을 통해 깨달음으로 목회현상의 다측면들을 고려할 수 있는 안목을 길러주어야 할 것이다. 이러한 팀 티칭 방식을 도입하기 위해서는 먼저 전공 분야 내의 교수들은 물론 타 분야의 교수들과 학문적인 대화를 나누는 분위기가 선행되어야 할 것이다.

3. 양육구조로서의 신학교육

교회학교와 목회현장을 활성화시키기 위해서는 목회자가 훌륭한 신학적인 지식과 학문적인 소양을 갖는 것(having)도 중요하지만, 그보다 더 중요한 것은 좋은 목회자가 되는 것(being)이다. 신학교육, 특히 신학대학원 과정의 신학교육의 목적이 단지 신학자 양성이 아니라 '목회자 양성'이라고 한다면, 한국의 신학교육은 오늘날 상아탑식의 대학이라는 학교형 패러다

31) *Ibid.*, 175-179.

임(schooling paradigm)에서부터 진정한 목회자를 양육하는 양육형 패러다임(nurturing paradigm)으로 전환하여야 한다. 한국교회가 요청하는 목회자상(像)이 있고, 목회자의 자질이 있는데 신학교육은 이를 갖출 수 있도록 양육하는 과정이 되어야 한다. 이는 획일적인 과정이라기보다는 각 학생의 삶의 여정을 돕고 하나님의 일군으로 세워나가는 과정이다. 양육체제의 신학교육으로 패러다임 전환이 이루어지기 위해서는 몇 가지 변화가 요청된다.

첫째, 신학교육은 '신앙성숙의 과정'이 되어야 하며, '영적 지도자가 되는 과정'이어야 한다. 종전의 신학교육은 학생들의 신앙적인 성숙은 개인적이고 사적인 일로 간주하며, 학문을 가르치는 일에 초점을 두어 왔다. 그러나 신학교육의 목적이 목회자 양성이라면 신학교육 과정 전체가 신앙성숙의 과정이 되고 제자훈련의 과정이 되어서 성숙한 크리스챤은 물론 교회 지도자로 세움받을 수 있어야 할 것이다. 둘째, 신학교육은 관계적인 구조 안에서 이루어져야 한다. 신학교육은 교수와 학생의 인격적인 만남이 전혀 이루어지지 않는 대형 강의실에서 이루어질 수 있는 성질의 것이 아니다. 때로 대규모 강의방식이 필요할 때도 있지만, 양육이 이루어지기 위해서는 피드백이 가능한 소그룹 형태가 바람직하며 교수는 이 소그룹의 리더로서의 역할을 감당하여야 한다. 셋째, 양육은 하나님의 말씀을 통해서 이루어지기 때문에 성경읽기와 성경묵상, 성경공부는 신학교육 전과정에 걸쳐서 시행되어야 한다. 이는 성서신학과는 구별되는 것으로 신학교육 기간을 통해 성경을 깊이 이해하고 숙지하도록 하여 모든 졸업생이 '성경교사'로서 목회자가 되도록 하는 것이다.

4. 교육전도사 교육과정의 교과목화

교육전도사가 되기 위해서는 기본적인 교육을 받아야 한다. 교회학교 교사가 되기 위해서는 교사대학의 과정을 요구하는데 교사들을 지도하며 부서의 학생 전체를 목양하는 교육전도사가 되기 위해서는 아무런 준비교육도 요구되지 않는 것은 합당치 않다. 이러한 필요성을 인식한 몇 몇 기독교 교육관련 연구소는 교육전도사 교육과정을 개설하고 있고, 일부 신학대학교는 교육전도사 과정을 특별 프로그램으로 개설하고 있다. 그러나 교육전도사 교육과정은 거의 모든 신학대학원 재학생들이 교육전도사를 하고 있는 현실을 고려할 때 신학교육의 커리큘럼에 포함하여 교과목화하는 것이 필요하다. 그리하여 모든 신학대학원생들이 교회학교에서의 교육목회를 위한 체계적인 교육과 훈련을 받을 수 있는 기회가 제공되어야 한다. 또한 앞에서 언급한대로 현장교육원을 중심으로 교육전도사로서의 실습이 교육적 피드백을 받을 수 있는 체제가 되면, 신학교 재학시절부터 교회학교를 활성화시키는 목회자가 될 수 있고, 이는 향후 성인목회도 활성화시키는 중요한 기초훈련이 될 수 있을 것이다.

IV. 책임적인 신학교육으로서 목회자 재교육

교회학교 교육을 살리고, 교회 현장에서 생명력있는 목회를 담당케 하기 위해서는 보다 책임있는 신학교육이 이루어져야 한다. 책임있는 신학교육은 신학교에 재학하고 있는 학생들에 대한 책임있는 교육만을 의미하는 것이 아니다. 신학교를 졸업하고 교회 현장에서 목회하고 있는 졸업생들의 목회에 대한 책임감을 갖는 것을 의미한다. 급변하는 사회와 교회 현장에 대해 목회자들에게 새로운 정보를 제공하고 성숙한 목회를 담당하기 위한 재교육 프로그램은 신학교의 또 다른 교육적 사명이다. 신학교를 졸업한 목회자가 교회학교와 성인목회 현장에서 역동적인 역할을 감당하도록 신학교육기관은 그들을 추수지도(follow-up)하며 지속적인 봉사(after-service)를 통해 목회의 질이 낮아지지 않도록 해야 한다. 자동차 회사가 자사가 제작한 제품에 대해서는 리콜(re-call) 제도를 통해 질을 보장하는 것처럼, 신학교육도 책임적인 목회자 양성을 해야 하는 것이다.

교회학교 학생수가 급격히 감소하는 '교회학교 위기'의 시기를 맞이하고 있다. 혹자는 '교회학교 붕괴'를 말하기도 하고 '교회학교는 죽었다'고 사망선고까지 하는 이도 있다. 어떻게 이러한 위기를 극복할 수 있을까? 그 근본적인 해결책의 하나가 신학교육과 교회학교를 연계시키는 방안이다. 교회학교 교육현장을 신학교육의 현장실습의 장으로 삼고, 교육전도사로서의 실천을 신학교육과 목회실습의 과정으로 수용하는 방안이며, 교육전도사 교육과정을 신학교육의 커리큘럼으로 삼을 뿐만 아니라 보다 적극적으로 현장지향적이며 양육지향적인 신학교육이 되도록 하는 방안이다. 이러한 신학교육의 변화는 교회학교를 활성화시키며, 나아가 한국교회의 목회를 활성화시키는 데 있어서 중요한 촉매제가 될 수 있을 것이다.

토의를 위한 질문

1. 한국교회에 존재하는 교육전도사 제도에 대해서 어떻게 생각하는가? 교육전도사 제도가 지니는 장점과 단점을 열거하고 이를 비교해 보자.

2. 교육전도사의 경험을 현장교육의 기회로 활용할 수 있는 방안은 무엇인가? 신학교육에서 고려해야 할 것은 무엇인지 서로 나누어 보자.

3. 교회학교를 살리는 신학교육이 되기 위한 방안은 무엇인가? 특히 신학대학원 커리큘럼에 반영해야 할 것을 제안해 보자.

제11장. 신학교육의 실천성 제고를 위한 인턴십 모델[32]

Ⅰ. 신학교육과 인턴십 모델

신학교육, 특히 신학대학원 교육의 목적은 '목회자 양성'에 있다. 2002년 발표된 '장로회신학대학교 교육이념 및 목적'에는 신학대학원의 교육목적을 '교회와 하나님 나라를 위해 봉사할 목회자 양성'에 있음을 분명히 밝히고 있다.[33] 이러한 신학대학원의 교육목적은 대학부과정의 교육목적인 '교회, 사회 및 국가에 봉사할 지도자의 양성'과도 구별되며, 대학원과정의 교육목적인 '교회, 사회 및 국가발전에 이바지 할 수 있는 학자와 지도자 양성'과도 구별된다. 즉, 신학대학원의 교육목적은 '실천성'과 '현장지향성'을 강조하고 있으며, 이러한 교육목적을 달성하기 위한 교육과정을 요청하고 있다.

신학대학원 교육에 대해 비판적인 시각을 지닌 사람들의 주장 중 가장 중요한 지적 가운데 하나가 신학교육이 실천적이지 못하다는 점이다. 신학교와 목회 현장이 분리되어 있고, 신학교육이 현장의 필요를 충족시키지 못하고 있다고 주장한다. 그러나 신학교육에 있어서 실천성을 강조한다는 것이 결코 이론과 실천 가운데 실천의 비중을 높여야 한다는 의미로 이해되어서도 안될 것이다. 이론을 강조하되 실천지향적 이론이 되도록 해야하고, 실천을 강조하되 이론적 반성이 가능하도록 해야 할 것이다.

본 연구는 이렇게 이론과 실천을 심도있게 연계할 수 있는 교육방법 중의 하나로 인턴십 모델에 주목하며, 신학대학원 교육에 있어서 실천성을 제고

---

32) 이 글은 필자의 책 『교회교육 현장론』(서울: 장신대출판부, 2009)의 제26장 '교육전도사와 인턴십'을 수정, 보완한 것임.

33) 장로회신학대학교, 『장로회신학대학교 교육이념 및 목적』(서울: 장로회신학대학교, 2002), 16.

하기 위해 인턴십 모델을 적용할 수 있는 방안을 제시하려고 한다. 특히 현재 한국교회에서 일반화되어 있고, 대부분의 신학대학원 재학생들이 활동하고 있는 교육전도사 제도를 인턴십 교육으로 활용하는 방안을 모색할 것이다. 이러한 인턴십 모델은 비단 신학대학원만이 아니라 대학부와 대학원 과정에도 유용할 것으로 사료되지만, 본 연구는 '목회자 양성'을 교육목적으로 삼고 있는 신학대학원 교육에 먼저 초점을 맞추어 적용하려고 한다.

II. 의학교육으로부터의 통찰

신학교육이 보다 실천지향적, 현장지향적 성격을 지니기 위해서 고려해 볼만한 가치가 있는 분야가 의학이다. 목회와 의료는 매우 유사한 특성을 지닌다. 목회와 의료 모두 인간에 관심을 갖고 인간을 변화시키는 일을 담당하며, 실천을 중요시한다. 이런 의미에서 목회자 양성 과정으로서 신학교육은 의료인 양성 과정으로서 의학교육으로부터 많은 통찰을 얻을 수 있다. 의학은 기본적으로 기초의학과 임상의학으로 분류되어진다. 기초의학은 임상의학의 기초가 될 뿐만 아니라 인체에 관한 연구를 하는 분야로서 동식물학과 같은 생명과학과 생명체에 미치는 물질의 영향에 관한 과학과 넓게 연계되어 독자적 영역을 이루고 있다. 임상의학은 앓는 사람을 직접 대상으로 하는 진단학이고 치료학이며 예방학이다. 기초의학은 다시 해부학, 병리학, 생리학, 예방의학으로 나누어 지고, 임상의학은 내과학, 소아과학, 피부과학, 신경학(이상 내과계), 외과학, 정형외과학, 신경외과학, 흉부외과학, 심장혈관외과학, 성형외과학, 소아외과학, 이비인후과학, 안과학, 그리고 정신과학으로 나누어진다.[34] 의학에 있어서 기초의학의 발

34) 이부영, 『의학개론: 의학의 개념과 역사』(서울: 서울대학교출판부, 1994), 243-348.

달은 매우 중요한 비중을 차지하는데 기초의학의 발달이 임상의학의 발달의 원동력이 된다고 할 수 있다. 그러나 임상의학은 철저히 치료의 전문성과 효과성에 초점을 두는 방식으로 분류되고 있어서, 임상의학의 각 분야의 발전은 바로 그 임상 실제의 효과를 증진시키는 영향을 미치게 된다.

의학의 분류방식과 의학교육의 커리큘럼을 목회학(신학)과 목회자 양성과정인 신학교육의 커리큘럼에 적용해보면 목회학(목회를 위한 학문으로서 신학)은 기초목회학(기초신학)과 임상목회학(임상신학)으로 분류될 수 있다. 기초목회학은 목회현상과 신앙에 대한 학문적인 설명에 관심을 갖고 있다면, 임상목회학은 목회현장에서의 실천에 관심을 갖고 있다. 기초목회학에는 성서신학, 조직신학, 역사신학, 그리고 인간과 사회와 문화를 이해하는 사회과학이 포함될 수 있겠고, 임상목회학은 목회 실제의 변화를 추구하는 분야로서 목회실천 현장의 주제와 대상별 탐구가 포함될 수 있을 것이다. 만약 이렇게 신학(목회자 양성을 강조한다는 의미에서는 목회학)을 기초목회학과 임상목회학으로 나누어 생각한다면, 종전까지의 신학교육은 상당부분 기초목회학에 많은 비중을 두었다고 할 수 있고, 그러면서도 목회를 지향하는 기초학문이라기보다는 학문 자체를 추구하는 경향성이 있었음을 부인할 수 없다. 이제는 임상신학 또는 임상목회에 강조점을 두면서도 기초신학(목회학)의 중요성을 전혀 손상시키지 않는 대안적 신학교육의 커리큘럼의 모색이 필요하다.

Ⅲ. 실천적 신학교육방법으로서 인턴십

실천을 강조하는 신학교육의 한 방법으로서 인턴십을 들 수 있다. 물론 교수방법 가운데 실천을 강조하는 교수법으로는 사례조사연구(case study)나 시뮬레이션(simulation), 학습센터(learning center), 그리고 워샵(workshop) 등 다양한 방법이 있지만, 현장에서의 구체적인 경험과 이를 반성적인 사고를 통해 교육적인 경험으로 전환시켜 그 분야의 기술과 전문성, 자질을 준비시키는 인턴십은 목회자를 양성하는 신학교육의 실천적 교육방법으로서 중요한 공헌을 할 수 있을 것이다.

1. 인턴십이란

인턴십이란 기술 기능에 관한 자격취득을 목적으로 일정한 교육을 마친 뒤 정규자격을 취득하기 전에 받는 실지훈련 또는 그와 같은 직무로 정의될 수 있다. 이를 신학교육과 관련지어 다시 정의한다면, 인턴십이란 목회자로서 필요로 하는 기술 및 기능을 숙달함으로써 목회자의 자질과 자격을 갖추기 위해 거치게 되는 실제훈련이라고 할 수 있다.[35]

직접적으로 인턴십이라는 용어를 사용하지 않아도 실상 인턴십과 관련된 많은 용어들이 있는데, 현장활동(field work), 현장경험(field experience), 산학협동교육(co-op education), 현장교육(field education), 그리고 현장실습(practicum) 등이다.[36] 이러한 인턴십은 일반적으로 학업과정의 마지막 학년이나 학기에 있는 경우가 많은데, 이는 학생들이 배운 충분한 내용들을 현장에 적용해볼 수 있도록 하기 위한 것이다.

인턴십의 목적은 크게 다섯 가지를 들 수 있는데, 가장 중요한 목적은 이론을 실천에 적용할 수 있는 기회를 갖는 것이다. 학생들은 자신들이 배운

---

35) 박영철, 「한국교회 인턴십 제도와 개선방향」『목회와 신학』1994년 2월호, 95.

36) H. Frederick Sweitzer & Mary A. King, *The Successful Internship: Transformation and Empowerment in Experiential Learning* (Belmont, CA: Brooks/Cole, 2004), 3.

전문적인 이론을 현장에 적용해 볼 수 있는 기회를 갖고, 그러한 현장경험은 다시 이론을 조명하여 새로운 모델의 이론을 탐구할 수 있도록 돕는다. 둘째는 현장 실습의 과정을 통해 자신의 전문 분야의 기술을 개발하는 것이며, 셋째는 자신이 공부한 분야와 앞으로 갖게 될 직업 세계를 이해할 수 있는 기회를 제공한다. 넷째, 인턴십의 목적은 자신의 개인적인 성숙과 개발로서 자기 자신을 보다 더 잘 이해할 수 있는 기회가 되며, 마지막으로 인턴십은 학생들로 하여금 교육의 목적을 명료하게 하고, 앞으로의 진로를 보다 선명히 계획할 수 있도록 돕는다.[37]

2. 인턴십 교육모델

인턴십의 교육이론적 기초로서 가장 중요한 이론은 존 듀이(John Dewey)의 '경험중심 교육이론'일 것이다. 그는 교육을 '경험의 개조'(Reconstruction of experience)로 정의하고 있는데, "한 온스의 경험이 경험이 없는 일톤의 이론보다 낫다"고 말한다.[38] 듀이는 모든 경험이 교육적인 것은 아니지만 모든 교육은 경험으로부터 온다고 주장한다. 그는 교육에서 반성적 사고(reflective thinking)를 강조하는데, 이는 경험 안에서의 사고를 의미하며, 이를 통해 지성이 계발된다고 보았고, 이것이 바로 문제해결(problem solving)의 능력이 된다는 것이다. 이러한 경험 교육에 있어서 학습자는 단지 수동적인 존재가 아니고 적극적인 참여자가 된다. 전통적인 교육에서는 교사가 주체이고 학생은 지식이나 정보를 받아들이기만 하는 수용자일 뿐이지만, 인턴십에서는 학생이 교육의 중심에 있고 적극적인 참여를 통해 경험하고, 그 경험을 해석하는 과정을 주도하는 주

179

---

37) *Ibid.*, 4.

38) John Dewey, *Democracy and Education* (New York: Macmillan, 1944), 144

체가 된다.[39]

인턴십에 있어서 학습자가 자신의 경험을 반성적 사고를 통해 반추하는 과정을 팜 키저(Pam Kiser)는 '통합적인 진행 모델'(the Integrative Processing Model)로 소개하고 있는데, 크게 여섯 단계로 이루어진다. 첫째 단계는 '구체적인 경험으로부터 객관적인 자료를 수집하기' 단계이다. 이 단계에서는 학습자가 한 경험 중 하나를 선택한다. 그 경험을 기록하거나 녹음하거나 비디오 촬영한 자료를 사용할 수 있다. 둘째는 '반성적 사고하기' 단계이다. 이 단계에서는 그 경험에 대한 학습자 자신의 반응을 기록하고 평가한다. 학습자는 다양한 질문들을 제기할 수 있다. 셋째는 '적합한 이론이나 지식과 연결하기' 단계이다. 이 단계에서 학습자는 그 경험을 이해하고 그 경험으로부터 의미를 찾기 위해 그 분야의 이론이나 지식을 떠올리거나 탐색한다. 넷째 단계는 '불일치를 조사하기'이다. 학습자는 자신의 경험했던 것과 이론이나 지식 사이에 불일치하는 것들을 찾는다. 이론과 실제 사이의 괴리나 경험과 경험 사이의 불일치, 실제 경험을 해석하는 데 있어서 이론들 사이의 불일치, 그리고 자신이 생각한 가치와 그 기관이 표방한 가치 사이의 불일치 등을 조사한다. 다섯째 단계는 '구체적으로 학습하기'이다. 이 단계에서 학습자는 자신이 기록하고 생각했던 것들을 돌아보면서, 이 경험의 과정을 통해 자신이 무엇을 배웠는지를 구체적으로 기록해 본다. 여섯째는 '새로운 계획을 개발하기' 단계이다. 학습자는 이제 자신의 현장 경험을 통해 더 배워야 할 필요가 있는 영역이나, 더 경험해야 할 필요가 있는 영역을 찾고, 이를 실천할 수 있는 계획을 수립한다. 이에 근거한 새로운 경험은 다시 첫 번째 단계부터 시작되는 순환구조를 갖는

39) Sweitzer & Mary, *The Successful Internship*, 7.

다.[40] 이러한 여섯 단계의 인턴십 과정은 현장에서의 구체적인 경험으로부터 시작해서 이를 반추하고 이론과 연계한 후 다시 새로운 경험을 시도하는 실제적인 과정으로서 신학교육에도 적용할 수 있는 인턴십 모델이다.

키저의 모델보다 더 간단하면서도 인턴십에 있어서 많이 사용되는 학습모델이 있는데 바로 데이빗 콥(David Kolb)의 '경험학습 순환과정'(Experiential Learning Cycle)이다. 콥의 경험학습의 순환과정은 네 단계로 구성되는데 첫째는 '구체적인 경험'(Concrete Experience: CE), 둘째는 '반성적인 관찰'(Reflective Observation: RO), 셋째는 '추상적인 개념화'(Abstract Conceptualization: AC), 그리고 마지막으로는 '적극적인 실험'(Active Experimentation: AE)이다. 이를 그림으로 나타내면 다음과 같다.

[그림 11-1] 인턴십 학습의 과정

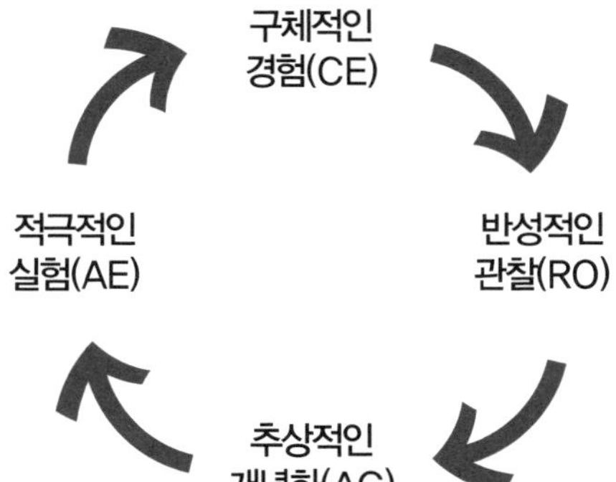

첫째 단계인 구체적인 경험(CE)에서는 학생들이 인턴십의 현장에서 구

....

40) *Ibid.*, 13-15.

체적인 경험을 하는 단계이다. 둘째 단계인 반성적 관찰(RO)에서는 다양한 관점에서 그 경험을 반추하는 단계이다. 셋째 단계인 추상적인 개념화(AO)에서는 그 경험과 반성을 근거해서 원리를 추출하거나 일반화를 추구한다. 그리고 마지막 단계인 적극적인 실험(AE)에서는 그 이론이나 원리를 새로운 상황에서 적용하고 실험하는 단계이다. 그 새로운 경험은 다시 첫째 단계인 구체적인 경험의 단계가 되어 이 과정이 순환적으로 이루어진다.[41] 제인 밴(Jane R. Vann)은 그녀의 책 *Gathering Before God: Worship Centered Church Renewal*에서 콥의 경험학습 순환 과정을 회중의 경험적 학습(experiential learning)에 적용하고 있다.[42] 제인 밴은 이러한 순환을 예배-기도-교수-선교의 순환과 연계시키고 있는데, 목회의 전 영역에서 이러한 경험학습의 순환이 이루어질 수 있다고 주장한다.[43]

3. 대학교육에서의 인턴십 활용의 예

최근에는 인턴십의 중요성을 인식하고 한국의 많은 대학들이 인턴십 프로그램을 대학교육의 일환으로 실시하고 있다. 여기에서는 그 중 대표적으로는 성공회대학교 인턴십과정과 경북대학교의 인턴십 과정인 '샌드위치 교육 프로그램'을 살펴보고자 한다.

1) 성공회대학교의 인턴십 과정

성공회대학교의 인턴십 과정은 '글로컬 인턴십'으로 불리우는데, 글로벌

---

41) *Ibid.*, 45-46.

42) Jane R. Vann, *Gathering Before God: Worship Centered Church Renewal* (Louisville: Westminster John Knox Press, 2004), 39.

43) *Ibid.*, 58.

인턴십과 로컬 인턴십으로 구분되어 있다. 글로벌 인턴십은 외국에서의 인턴십을 의미하고, 로컬 인턴십은 국내에서의 인턴십을 지칭한다. 글로컬 인턴십은 대학과 사회를 연계하고 이론과 실천을 연결하는 것을 목적으로 하고 있는데, '산학연대'의 가장 효과적인 방안으로 제시하고 있다. 급변하는 사회가 필요로 하는 인력을 양성할 수 있으며, 사회교육의 중요한 기관인 기업체가 교육에 참여할 수 있도록 하는 방안으로 여기고 있다. 성공회대학교는 다음과 같이 인턴십 프로그램을 소개하고 있다.

"인턴십 프로그램을 통해 얻는 것은 학생들이 취직의 길을 찾을 수 있다는 것, 기업이 싼 노동력을 써볼 수 있다는 것 정도에 머무르지 않습니다. 학생들은 자신을 새로이 발견하고, 자신감을 얻으며, 삶에서 중요한 것이 무엇인가에 대한 통찰을 얻음으로써, 숱한 방황의 시간을 절약할 수 있습니다. 그것만이 아닙니다. 사회에도 훌륭한 교육자들이 많이 있다는 것, 기업이 사회교육의 중요한 기관이라는 것을 발견하는 귀중한 경험이 됨으로써, 기업의 비전 설정을 위한 계기가 됩니다."[44]

성공회대학교의 인턴십 과정은 크게 3개의 교과목으로 구성되어 있는 것도 특징 중의 하나이다. 인턴십과 관련된 세종류의 교과목은 '자기개발과 진로모색,' '인턴십 프로그램,' 그리고 '대학과 사회'이다. '자기개발과 진로모색'은 인턴십을 시작하기 전에 갖게 되는 과목이며, '대학과 사회'는 인턴십 과정의 경험을 나누며 학생 스스로 문제를 해결할 수 있도록 돕는 과목이다. 각 과목의 추진 목표는 다음과 같다.

183

----

44) http://intern.skhu.ac.kr/

〈표 11-1〉 인턴십 과목의 추진 목표

교과목	추진목표
자기개발과 진로모색	인턴십 첫 학기 과목, 자신의 가능성을 교수와 학과 구성원들이 함께 찾아나가는 시간이다. 이 시간을 가짐으로써 자기 진로와 자기 개발에 대해 생각할 수 있는 기회를 제공할 수 있다.
인턴십 프로그램	자기에 대한 성찰과 자기 개발 프로젝트가 있고 자신에 대한 확고한 자신감이나 하고 싶은 바가 비교적 분명한 학생들은 자신이 일하고 싶은 일자리를 찾게 된다. 한 학생이 서너 곳의 업체와 하고 싶은 업무에 대한 것을 담당교수와 상담한 후 함께 일자리를 찾는다.
대학과 사회	인턴십 과정을 시작하게 되면 대학과 사회라는 과목이 개설된다. 이 과목은 일주일에 한번 씩 모여서 인턴과정을 겪으면서 어려웠던 일, 기억에 남는 일 등 서로의 경험을 함께 이야기 한다. 담당교수의 역할은 답을 주는 것이 아닌 잘 들어주고 문제해결은 학생 스스로가 할 수 있도록 도움을 주는데 있다.

　　성공회대학교는 이러한 인턴십 과정을 지원하기 위해 글로컬(Global + Local) 센터를 운영하고 있는데, 총장 직속의 기구로서 국내외 인턴십 프로그램과 재학생 및 졸업생의 사회진출을 통합적으로 지원하는 기구이다.

　　성공회대학교의 인턴십 과정은 크게 6단계의 과정으로 이루어지는데, 그 중 한 예로서 사회복지학과에서 실시하는 '사회복지 인턴교육 프로그램 과정'의 각 단계를 소개하면 다음과 같다. 성공회대학교는 사회복지학과 학생들의 인턴십을 위하여 '늘푸른복지관'을 설립하여 운영하고 있다.

〈표 11-2〉 인턴십 과정의 6단계

인턴십 단계	내용
1. 인턴 선발	– 늘푸른복지관 인턴은 성공회대학교 사회복지학과 4학년 학생을 대상으로 선발한다. – 인턴의 관심과 욕구에 따라 사업 팀을 구성한다.
2. 기본 교육	– 인턴은 겨울방학 동안 사회복지 현장 실무자 특강, 사회복지 조사분석 교육, 말과 글 특강, 컴퓨터 교육, 기관탐방, 문헌연구, 사회복지관련 학술세미나 참석 등을 통해 사회복지 실무적응 능력을 향상한다.
3. 기관 선정	– 사회복지 인턴교육 프로그램을 협력 수행할 기관을 선정한다. – 늘푸른복지관과 협력기관은 인턴실습과 관련 협약서를 작성한다.
4. 학습 계약	– 인턴과 현장 수퍼바이저는 학습계약서를 작성하고, 실습 프로그램을 진행한다. – 인턴과 현장 수퍼바이저는 학습계약서를 작성, 늘푸른복지관에 제출한다.
5. 실무 훈련	– 인턴은 해당 기관에 주 3일 출근하여 실무교육과 함께 기관 사업에 인적자원으로 참여한다. – 인턴은 지도교수와 주 1회 세미나를 실시한다.

| 6. 평가 | – 인턴은 지도교수의 지도 아래 자신이 참여한 사업에 대한 평가를 하고 사업보고서를 작성한다. |
| | – 늘푸른복지관은 인턴이 참여한 사업에 대한 평가를 위해 사회복지 프로그램 평가와 사업보고서 작성 관련 교육을 실시한다. |

2. 경북대학교의 인턴십 과정

경북대학교의 인턴십 과정은 '샌드위치 교육과정'이라는 이름으로 진행하고 있는데, 대학과 사회를 연결하는 교육을 강조하는 개념이라고 할 수 있다. 즉, 샌드위치 교육과정은 "학생에게 산업현장의 생생한 체험의 기회를 제공하고, 기업에서는 적은 임금으로 수요에 적합한 고급인력을 활용할 수 있도록 하며, 대학은 산업현장에서 요구되는 인력수요에 보다 유연하게 대처할 수 있는 21세기형 새로운 산학협동교육 시스템"을 지향하고 있다. 인턴십 과정으로서 샌드위치 과정은 학생들이 재학 중 사회나 실습기관에서 일정기간 현장체험을 가짐으로써 1) 사회적응력을 기르며, 2) 졸업 후 자기진로를 모색하며, 3) 사회나 기업에서 요구하는 전문지식을 미리 습득하여 취업을 준비하도록 돕는 것을 목적으로 삼고 있다.[45]

샌드위치 교육과정은 교육기간에 따라 계절제(7주), 학기제(24주), 수시제(4주) 등 3가지 유형으로 구분되어 있으며, 교육을 마친 후에는 각각 5학점, 18학점, 3학점이 인정된다. 인턴십 과정에 참여할 수 있는 자격은 한 학기 이상 이수한 학생으로 되어 있고, 실습 기간 중 교육수당을 받게 되며, 교육기간동안 학교 및 기관으로부터 체계적인 지도를 받게 된다. 인턴십 과정은 크게 7가지 단계로 진행되는데, 각 단계의 특징을 요약하면 다음과 같다.

185

----

45) http://sandwich.knu.ac.kr/

제11장

<표 11-3> 샌드위치 교육과정의 인턴십 7단계

인턴십 단계	내용
1. 파견요청(실습기관)	인터넷, 팩스, 우편 이용 가능
2. 학생모집(학교)	한 학기 이상 이수한 재학생
3. 면담(실습기관, 학생)	담당업무 및 실시일정 협의
4. 협약서 작성	협약서 2부 작성, 실습기관과 대학 각 1부 보관
5. 교육실시(실습기관, 학생)	실습기관별 프로그램에 따라 진행
6. 현장방문지도(학교)	실습기관의 관계 인사와의 면담 및 학생지도
7. 종료 및 평가	학점인정, 실습기관 및 학생들의 건의사항 수용, 다음 학기 샌드위치 교육과정에 피드백

이상과 같은 국내 대학의 인턴십 교육 프로그램의 대표적인 사례는 '산학협동'을 추구하며, 학생들의 졸업 후 진로와 연계되어 있다는 점에서 대학과 사회를 연계하는 연결고리의 역할을 하고 있다. 신학교육에서의 인턴십은 이러한 일반 대학의 인턴십과는 상황이 다르지만 교회와 학교의 협동인 '교학협동'을 추구하고, 신학생의 졸업 후 목회사역과 연계되어 있다는 점에서 그 근본적인 성격에는 차이가 없다고 할 수 있다.

3. 신학교육에서 인턴십 활용의 예: Union-PSCE의 인턴십

Union-PSCE는 인턴십을 체계적으로 실시하는 미국장로교회(PCUSA) 소속의 신학교육기관 중의 하나인데, 인턴십을 실시하는 훈련 프로그램을 '현장지도된 사역'(SM: Supervised Ministry)이라고 표현하고 있다. SM의 세가지 중요 목적으로서, 첫째는 이론적인 요소와 경험적인 요소를 통합함으로 기독교신앙과 목회적 지도력에 대한 하나의 통전적이고 종합적인 이해에 이르게 하는 것이고, 둘째는 목회적 자기 이해를 개발하고 교회와 세상에서의 사역에로의 부르심을 명확히 하는 것, 그리고 셋째는 학생들로하여금 영성과 지성을 통합하는 것을 도움으로써 목회적 리더십, 신학적 학습, 그리고 목회의 실제에서의 능력을 지속적으로 성장

시키는 것이다.[46]

Union-PSCE는 교회 안에서의 목회경험과 교회 밖에서의 목회경험으로 분류하여 각각 2학점씩을 요구하고 있는데, 교회 밖의 사역으로는 CPE(Clinical Pastoral Education)를 비롯하여 양로원, 형무소, 노숙자나 AIDS 환자들을 위한 프로그램, 사회봉사 기관에서의 사역을 포함한다. 현장지도 사역에 있어서 2학점을 취득하기 위해서는 여름방학 기간동안에 10주, 400시간의 실습과정을 갖거나, 9월부터 5월까지 30주, 주당 12시간의 실습과정을 가져야 한다. 다른 수업을 받지 않고 전임으로 인턴을 하는 경우 1년에 4학점을 획득할 수 있으며, 비전임으로 인턴을 하는 경우는 2년(여름실습 포함)에 4학점을 이수할 수 있도록 되어 있다.

Union-PSCE는 인턴십에 있어서 현장지도자(Supervisor)를 두는 것을 필수적으로 하고 있는데, 현장지도자의 기준을 다음과 같이 설정하고 있다. 1. 현장지도자 교육에 기꺼이 참여할 수 있는 자, 2. 현장 지도의 과제를 충실히 수행할 수 있는 자, 3. 인도자와 멘토의 역할을 할 수 있는 자, 4. 학교와 원할한 협력이 가능한 자, 5. 행정, 기획, 시간사용, 자기훈련, 신학적 사고, 영성 형성, 그리고 커뮤니케이션 영역에 기술이 있는 자, 6. 탁월한 목회적 경험이 있는 자, 7. 목회(교회 안, 또는 교회 밖)의 3년 이상의 경력이 있는 자, 8. 현장과 밀접히 관련되어 있는 자, 9. 현장지도를 위해 학생과 정기적으로 만날 수 있는 자, 10. 성인학습의 기본적 원리를 이해하고 있는 자, 11. 피드백을 기꺼이 받을 수 있고 줄 수 있는 자, 12. 격려하고 지원하고 돌볼 수 있는 자, 13. 성차별적 용어를 사용하지 않는 자,

---

46) Union-PSCE, *Supervised Ministry Handbook* (Richmond, VA: Union-PSCE, 2005). 이하의 내용은 이 자료집을 참고하였음.

14. 윤리적인 기준에 따라 행동할 수 있는 자 등이다.

Union-PSCE는 특별히 인근의 제임스 노회(Presbytery of the James)와 함께 소규모 교회 인턴십 프로그램(Small Church Internship Program)을 운용하고 있는데, 소규모 교회의 목회를 경험하기를 원하는 신청자들이 이 노회에 속해있는 교회에서 여름에 집중적인 인턴십을 가질 수 있도록 돕고 있다. 이 기간 동안에는 목회 프로그램 현장지도자들 그리고 다른 프로그램에 참여한 목회자들과도 소규모 교회의 목회에 대해 토의할 수 있는 기회를 제공하고 있다. 모든 현장목회의 인턴십에는 평신도위원회(Lay Committee)를 구성할 것을 의무화하고 있는데, 목회자 후보생들로 하여금 평신도들의 피드백을 통해 보다 목회적 리더십을 성숙시킬 수 있도록 돕고 있다.

인턴십을 하기에 좋은 회중, 즉 인턴을 교육하는 회중(a teaching congregation)의 특징을 다음과 같이 열거하고 있다. 1. 능력있는 목회와 탁월한 목회를 위해 계속 노력하는 회중, 2. 신학생들을 위한 교육을 교회의 선교적 사명의 한 부분으로 인식하고 헌신하는 회중, 3. 인턴이 마음껏 일할 수 있는 장이 되는 회중, 4. 인턴이 지원받는 분위기 안에서 자신의 목적을 추구할 수 있는 회중, 5. 인턴과 매주 만나서 지도하고 멘토링을 할 수 있는 현장지도 기술을 지닌 목회자를 지닌 회중, 6. 인턴을 지원하고 후원하며 솔직한 피드백을 줄 수 있는 적극적인 평신도위원회를 제공하는 회중, 7. 직원 구조에 있어서 빈자리를 메꾸는 것이 아니라 가르침을 제공하는 회중, 8. 목회와 그 실천에 대한 인턴의 가정을 도전하고 테스트하는 다양한 전문적 경험을 제공할 수 있는 회중, 9. Union-PSCE와 기꺼이 협력하려는 회중, 10. 인턴에 대한 솔직한 평가를 Union-PSCE에 기꺼이 제공하려고하는 회중 등이다.

인턴십에 있어서 실습을 하게 되는 교회에 대해서도 협력을 요청하고 있는데, 회중에게 기대하는 사항은 다음과 같다. 첫째, 인턴을 모임과 교실, 강단, 그리고 가정 속으로 기꺼이 맞이할 것, 둘째, 인턴을 당신 및 당신의 가정과 함께 식사할 수 있도록 초대할 것, 셋째, 인턴으로 하여금 목회적 기술들을 당신과 나눌 수 있도록 기대할 것, 넷째, 인턴으로 하여금 시행착오를 할 수 있는 여지를 허용할 것, 다섯째, 인턴이 하는 수업과 예배에 참여할 것, 여섯째, 인턴이 당신에게 피드백을 요청할 때 솔직하게 반응할 것, 일곱째, 인턴을 위해 기도할 것, 여덟째, 인턴을 성인 학습자로 존중할 것, 아홉째, 인턴으로 하여금 전문적으로 행동하고 적절한 기준을 지키도록 기대할 것, 열째, 인턴의 가정에 친절로 대할 것, 열한번째, 인턴의 휴일을 존중할 것, 그리고 마지막으로는 인턴의 학습목적을 이해할 것 등이다.[47)]

Union-PSCE의 인턴십 프로그램은 한국의 교회 상황이 미국과는 매우 다름에도 불구하고 중요한 시사를 주고 있다. 신학교육에 있어서 인턴십을 매우 중요한 비중으로 다루고 있는 것 뿐만 아니라 세부적으로 이를 계획하여 인턴십을 통해 신학생들의 목회적 자질과 역량을 실제적으로 제고시키려는 강한 교육적 의지가 들어 있음을 발견하게 된다. 한국의 신학교육기관들은 현장지도자, 평신도위원회, 그리고 학교가 상호협력하여 학생의 인턴십을 도우려는 이러한 미국 신학교육기관의 '공동체적인 노력'을 배우

---

47) 또한 회중으로 하여금 해서는 안될 것을 주의사항으로 적시하고 있는데, 첫째, 누군가 다른 사람이 인턴에게 친절을 베풀 것이라고 가정하지 말 것, 둘째, 인턴과 가십 거리를 나누지 말 것, 셋째, 인턴에게 자기 심부름을 부탁하지 말 것, 넷째, 인턴을 당신 편에 서도록 시도하지 말 것, 마지막으로 인턴을 비상시가 아니라면 밤늦게 또는 아침 일찍 부르지 말 것 등이다.

고 이를 한국적 상황에 적용할 필요가 있다.

Ⅳ. 신학교육으로서 목회현장 인턴십 방안

목회자 양성과정으로서 신학교육은 현장에 근거하여야 하고 현장을 변화시키는 교육이 되어야 한다. 한국의 경우, 신학교육에서 나타나는 현장과의 분리현상을 극복할 수 있는 가장 좋은 방법 중의 하나가 교육전도사 제도를 현장교육의 차원에서 신학교육의 인턴십 과정으로 수용하는 방안이다. 종래에는 신학교육 바깥에서 개인적으로 교회에 봉사하는 '사적 차원'으로 여겨진 교육전도사 활동 영역을 신학교육의 '공적인 영역'으로 받아들이는 방안이다. 즉, 교회학교 사역을 통해 목회자로서의 실습과 훈련을 체계적으로 경험하도록 교육적으로 재구성하는 것이다. 이를 위해서는 현장교육의 차원에서 교육전도사 및 교회봉사자의 역할을 평가하고 피드백을 주며, 목회에 있어서 자기 발전을 꾀할 수 있도록 도와줄 수 있는 구조를 갖추어야 한다.

대부분의 신학대학원(M.Div.) 과정의 재학생들이 교회 현장에서 교육전도사로 사역하는 제도는 다른 나라에서는 발견하기 어려운 한국교회의 독특한 특징 가운데 하나이다. 누군가가 의도해서 이 제도를 창안한 것도 아니고, 교회 헌법에 의해서 규정되어 있는 공식적인 제도도 아니다. 그러나 현실적으로는 가장 영향력있는 교육제도로서 한국교회에 보편화되어 있는 제도이기도 하다. 대부분의 교회학교의 부서들은 신학교 재학생인 교육전도사들이 맡고 있으며, 담임목사가 성인목회를 담당한다면 교육전도사가 아동목회와 청소년목회를 담당하는 일종의 분업이 이루어지고 있다. 이 교육전도사 제도는 신학교육과 현장을 연결하는 중요한 고리가 될 수 있으며, 이를 인턴십의 과정으로 활용하여 교육적 경험이 되게 한다면 학생들에게는 이론과 실천을 통합하고 구체적으로 목회사역을 준비할 수 있는 현장교육(field education)의 중요한 영역이 될 수 있다.

1. 신학 현장교육으로서 인턴십

실천지향적인 신학교육이 되기 위해서 강조해야 할 커리큘럼의 영역이 '현장교육'(Field Education)이다. 목회 현장에서 실제적인 변화를 일으키는 사역을 감당하기 위해서는 신학교육 시에 현장교육을 강도 높게 실시하여야 한다. 현장교육은 신학과 목회 현장을 연결시키는 가교(架橋)의 역할을 한다고 볼 수 있다. 파일과 시일즈(William T. Pyle & Mary Alice Seals)는 현장교육(Field Education)의 특징을 다음과 같이 열거하고 있다.[48] 첫째, 현장교육은 신학적이다. 이는 현장에서의 실천이 항상 신학적인 반성을 동반하고 있어야 함을 지적하는 것이다. 둘째, 현장교육은 학습자에게 초점을 둔다. 현장교육은 교육자가 무엇을, 어떻게 가르치느냐가 중요한 것이 아니라 학습자에게 어떤 경험이 이루어지고 이를 통해 학습자가 어떻게 변화되느냐에 초점이 있다. 셋째, 현장교육은 인격적이고 경험적이다. 현장경험은 모든 학생에게 동일할 수 없으며, 그 개인이 지닌 인성과 영성, 가치관과 비전에 따라 전혀 다르게 나타날 수 있다. 넷째, 현장교육은 상황적 학습(contextual learning)이다. 현장교육은 학습을 위한 상황을 제공하며, 상황 안에서 학습이 일어나는 것을 추구한다. 일반적으로 1) 사역에 대한 경험, 2) 사역에 대한 보고, 3) 제기된 이슈에 대한 반성적 사고, 4) 반성으로부터 얻은 통찰을 구체화하기, 5) 사역에 대한 새

---

48) William T. Pyle & Mary Alice Seals, ed. *Experiencing Ministry Supervision: A Field-Based Approach* (Nashville: Broadman & Holman Publishers, 1995), 8-13.

제
11
장

로운 접근을 계획하기 등의 순환으로 이루어진다. 다섯째, 현장교육은 관계적이다. 상호 인간관계는 현장교육에 있어서 중요한 자원이다. 특히 현장의 목회자와 감독자와의 인격적인 관계를 통해서 현장교육은 심화된다. 여섯째, 현장교육은 사역이다. 현장교육은 단지 사역자가 되기 위한 준비 과정이 아니라 그 자체가 바로 사역임을 인식해야 한다. 일곱째, 현장교육의 감독자는 모델이다. 성공적인 현장교육은 감독자가 모델로서의 역할을 수행할 때이다. 학생들이 감독자의 능력, 헌신, 그리고 통합된 기술을 현장에서 모방함으로써 현장교육이 이루어지는 것이다. 여덟째, 현장교육은 학생들의 자율성을 육성한다. 현장교육에서는 감독자의 지식에 의해서 학습이 이루어지기보다는 학생들의 자율에 의해서 이루어질 수 있도록 해야 한다. 때로 실수하고 실패할 수 있지만 그 과정을 통해 학생들이 사역을 배우게 된다. 아홉째, 현장교육은 신뢰와 소망 가운데 추구된다. 현장교육에 있어서 신뢰와 소망의 분위기 가운데 학습이 이루어지는 것이 중요하다. 학생들을 격려하고 그들이 마침내 훌륭한 사역자가 될 수 있다는 신뢰와 소망을 갖고 접근하는 것이 필요하다. 마지막으로, 현장교육은 통합적이다. 학생들은 현장에서의 다양한 경험을 통합하여야 하며, 앞서 배운 모든 신학적인 내용들과도 통합할 필요가 있다. 새로운 학습은 그 전의 학습과 적절히 통합될 때에 가장 잘 일어나게 되는 것이다.

월터 잭슨(Walter C. Jackson)은 신학교에서 이루어지는 현장교육(field education)은 크게 세 가지 목적을 지닌다고 보았다. 첫째 목적은 각 신학생들의 영적 성숙을 격려하기 위한 것이고, 둘째는 학생들로 하여금 여러 가지 교육과 경험들을 통합하여 기독교 신앙의 통전적이고 종합적인 이해를 돕기 위한 것이며, 셋째는 학생들로 하여금 지성과 영성을 통합하여 목회적인 기술, 신학적인 학습, 사역의 실제에서의 능력을 지속적으로 함양하기 위한 것이다.[49] 이러한 목적을 달성하기 위한 전략으로서 '개인적인 영성을 성숙시키기,' '관계적인 기술을 개발하기,' '신학적으로 사고하기,' '관계를 통해서 학습하기,' 그리고 '사역을 통해 학습하기' 등을 들고 있다.[50] 신학교육에서의 현장교육은 특히 현장의 관계 안에서 개발되는 것임을 강조하고, 현장에서의 경험을 통한 교육임을 분명히 하였다. 현장에 관한 이론을 공부하는 것이 아니고, 현장 속에서 사역하고 이를 반성적으로 사고함을 통해서 자신이 배운 신학과 새로운 통합을 해 나가는 과정이라고 할 수 있다.

이러한 현장교육의 중요한 한 형태가 인턴십 교육이다. 인턴십 교육은 앞에서 논의한대로 '경험중심의 교육'을 강조하는 교육이론의 산물이기도 하지만, 기독교적인 전통에서 볼 때 구약시대 때부터 사용되어 온 실천적 교육방법이다. 박영철 교수는 '한국교회 인턴십 제도와 개선방향'이라는 글에서 인턴십 교육의 대표적인 사례로서 예수님의 제자훈련을 들고 있다. 그에 의하면 최초의 기독교 사역자들을 훈련시킨 예수님의 제자훈련도 철저히 도제직을 위주로 한 인턴십 방식이었다는 것이다. 자신의 모든 삶과 사역을 투명하게 보여준 뒤, 제자들로 하여금 자신들이 보고 듣고 배우고 확신한 바를 또다시 실제 상황 속에서 실천해보게 하고 그들이 행하는 정도를 점검, 평가함으로써 또다시 새로운 교육목표를 제시해주는 훈련방식을 예수께서 친히 3년 반 동안이나 계속하셨다고 볼 수 있다. 예수님의 지상명령으로 일컬어지는 마태복음 28:18-20에서도 '가르쳐 지키게 하라'

---

49) *Ibid.*, 13.

50) *Ibid.*, 14-17.

고 당부하신 것도 이러한 인턴십을 통한 사역자 개발방식에 대한 확신 때문이라고 설명하고 있다.[51] 이렇듯 인턴십 교육은 성경적인 신학교육의 방식이며, 실제적으로 선지자들과 사도들을 양성하는 과정임을 확인하게 된다. 오늘날 신학교육에서 '잃어버린 교육방법'으로서 인턴십 교육을 회복하여 실천적 능력을 지닌 목회자를 양성하는 것이 신학교육기관의 과제라고 할 수 있다.[52]

신학교육에서의 인턴십은 무엇보다 신학과 현장, 이론과 실천을 연계시키는 고리의 역할을 한다. 인턴십 경험의 한 복판에는 신학적 반성(theological reflection)이 자리잡고 있는데, 모든 현장적 이슈들은 신학적인 빛 아래서 탐구되어야 한다. 학생, 현장지도자, 평신도, 그리고 학교가 상호 협력함으로 신학생으로 하여금 자신의 목회적 경험을 체계적으로 분석하고 정리하며, 이를 수정할 수 있도록 함으로 보다 성숙한 목회자로 양성될 수 있도록 돕는 것이다.[53] 이러한 인턴십은 상황적 학습(contextual learning)으로서 다음과 같은 요소들로 이루어진다. 첫째는 목회가 경험되어 진다. 둘째, 하나의 목회적 활동이 보고되어 진다. 셋째, 목회활동에 의해 제기된 이슈가 무엇인지가 확인되고 반추되어진다. 넷째, 반성적 사고를 통해 통찰이 이루어진다. 다섯째, 이러한 통찰에 근

---

51) 박영철, '한국교회 인턴십 제도와 개선방향', 96.

52) 인턴십 교육이 한국의 신학교육에서 제대로 정착되지 못한 원인에 대해서 박영철 교수는 한국교회 목회자 인턴십 과정의 세 가지 문제점을 지적하고 있다. 첫째는 인턴십의 개념 부재 및 인식부족으로서 한국교회에 인턴과정에 해당하는 제도가 존재하지만, 이를 인턴과정으로 인식하지 않고 있다는 것이고, 둘째는 인턴십에 대한 감독 부재 현상을 지적하였다. 셋째는 신학교육과 목회현장의 연결고리 부재를 들고 있는데, 그는 인턴십 과정 자체가 신학교육과정에 포함됨으로써 목회현장과 신학교육의 연결고리를 마련해야 한다고 주장한다.(위의 글, 98-99)

53) George Hunter, *Supervision and Education Formation for Ministry* (Cambridge: Episcopal Divinity School, 1982), 5.

거하여 목회에 대한 새로운 접근이 고안되어진다. 이러한 인턴십은 경험적 학습으로서 페다고지의 패러다임보다는 안드라고지라는 성인교육의 패러다임이 보다 적합한데, 이상의 다섯 가지 요소가 1. 학생의 구체적 경험 ⋯ 2. 학생의 자기 관찰 ⋯ 3. 반성적 사고 ⋯ 4. 추상적 개념이나 일반화의 형성 ⋯ 5. 새로운 개념에 대한 테스트, 그리고 다시 새로운 학생의 구체적 경험 순으로 순환구조를 이루고 있다.[54]

2. 교육전도사를 통한 목회실습으로서 인턴십

1) 인턴십의 인적 요소

신학교육에 있어서 인턴십의 가장 중요한 요소는 인적 요소이다. 목회자후보생인 신학생이 어떤 사람을 만나고 그들이 어떤 피드백을 주느냐에 따라 인턴십의 효과는 전혀 다르게 나타날 수 있다. 인턴십의 인적 요소는 크게 다섯 부류로 나눌 수 있다. 학생, 지도교수, 현장지도자, 평신도위원회, 그리고 동료들이다.

첫째, 학생은 인턴십의 주인공으로서 인턴십의 주체라고 할 수 있다. 인턴십은 전통적인 강의식 교육과는 달리 교사주도적이거나 지식주입적이 아니라 학생 스스로가 현장에 적극적으로 참여하여 경험하고 이를 반추하는 것이기에 '자기 주도적 학습'이 이루어지도록 해야 한다. 학생 자신이 인턴십을 갖는 목적을 분명히 인식하고, 형식적이고 제도적인 수준에서 인턴십이 행해지는 것이 아니라 실제적으로 학생의 향후 목회에 도움이 될 수 있는 현장교육이 되도록 해야 한다. 이 점에서 학생은 자신의 능력에 대해 솔직하게 받아들일 수 있어야 하고, 다른 사람의 피드백이나 충고를 열린

----

54) Peter Sutherland, ed., *Adult Learning: A Reader* (London: Kogan Page, 1997), 85.

마음으로 받아들여, 이를 수정하고 개선해 나갈 수 있어야 한다.

둘째, 신학교육기관에 속해 있는 지도교수는 학생에 대한 교육 책임자로서의 역할을 감당한다. 지도교수는 학생이 인턴십에 기꺼이 임할 수 있도록 격려하며, 학교의 인턴십 관할 행정부서와 협력하여 원활하게 인턴십을 할 수 있는 여건을 제공한다. 또한 현장지도자와 학생, 그리고 동료들과 학생의 만남을 통하여 이들의 피드백이 학생의 실제적인 성숙으로 이어질 수 있도록 돕는 역할을 감당한다. 무엇보다 중요한 것은 학생과의 인격적인 관계 속에서 학생의 신학교육 기간과 그 이후의 목회 과정을 지켜보며, 그 학생의 목회적 여정을 격려하며 때로 충고할 수 있어야 할 것이다. 신학대학교의 실천신학(실천신학, 선교학, 기독교교육학 포함) 분야의 교수들이 담당하는 것이 바람직하고, 한 지도교수가 담당하는 학생이 15명을 초과하지 않도록 소그룹(small group)을 유지해야 할 것이다.

셋째, 현장지도자는 인턴십 과정에 있어서 가장 중요한 교육적 역할을 담당한다. 목회현장의 담임목사 또는 현장의 목회지도자로서 학생의 목회적 경험을 관찰, 분석, 평가하여 이를 근거로 학생이 목회적 성숙을 이룰 수 있도록 지도한다. 현장지도자는 5년 이상의 목회적 경험을 지닌 자로서 기꺼이 인턴십을 지도하려는 마음을 지닌 자여야 한다. 또한 학생의 현장 경험을 가까이에서 지켜보며 학생이 지닌 장, 단점을 정확히 파악할 수 있는 위치에 있어야 한다. 현장지도자는 학생에 대한 평가자로서만이 아니라 멘토로서의 역할을 수행할 수 있어야 하는데, 커페소와 더레쉬(Ronald L. Capasso & John C. Daresh)는 이상적인 멘토의 특징을 다음과 같이 열거하고 있다. 1. 해당 분야의 지식, 기술, 그리고 전문성에 대해 지도할 수 있다. 2. 신실하고 열정이 있다. 3. 학생과 명확한 의사소통을 할 수 있다.

4. 학생의 현장 경험에 대해 제대로 피드백을 줄 수 있다. 5. 학생이나 다른 동료들의 의견을 경청한다. 6. 학생을 돌보고자 하는 마음을 갖는다.[55] 현장지도자는 지도교수와 원활한 협력 관계 속에서 학생의 인턴십이 그 목적을 달성할 수 있도록 돕는다. Union-PSCE의 *Supervised Ministry Handbook*에 따르면 현장지도자의 역할로는 교사로서의 역할, 행정가로서의 역할, 모델로서의 역할, 능력부여자로서의 역할, 그리고 현장 신학자로서의 역할 등이 있다.

넷째, 평신도위원회는 목회의 중요한 대상이며 파트너인 평신도의 입장에서 학생의 목회적 경험에 대한 피드백을 주는 역할을 담당한다. 평신도위원회는 오직 평신도로만 구성되는데 4-7인 정도가 바람직할 것이다. 평신도위원들은 학생이 교역자의 역할을 담당하지만 동시에 배우는 과정에 있는 신학생인 것을 이해하고, 보다 훌륭한 목회자가 되는 것을 지원하려는 마음을 지녀야 한다. 평신도위원들은 현장지도자와는 독립적으로 '평신도의 입장'에서 학생에게 피드백을 제공하여 학생으로 하여금 스스로 자신의 자질과 목회기술을 개선할 수 있도록 도와야 한다. 평신도위원들은 학생이 아직 목회를 배우는 과정에 있음을 알고, 판단하기보다는 격려하며, 학생을 따뜻이 대하며, 인턴십 과정에서의 평가와 피드백에 대해서는 비밀을 유지하여야 한다.

마지막으로 인턴십에 있어서 동료들의 역할도 중요하다. 여기에서 동료라 함은 한 지도교수 아래에 있는 그룹원들을 의미하는데, 소그룹 안에서

197

---

55) Ronald L. Capasso & John C. Daresh, *The School Administrator Internship Handbook: Leading, Mentoring, and Participating in the Internship Program* (Thousand Oaks, CA: Corwin, 2001), 104. 신학교육 인턴십에서 현장지도자의 자질은 앞의 Union-PSCE의 14가지 기준을 참고할 것.

학생들은 서로의 인턴십을 격려하는 역할을 하며, 피드백을 심화시키는 역할을 한다. 학생의 동료들은 서로의 인턴십 경험을 나누며, 지도교수의 지도 아래 그 경험의 의미를 보다 깊이 성찰하는 기회를 갖는다. 무엇보다 동료들은 기도그룹을 형성하여, 학생들 개개인의 인턴십 과정 뿐 아니라 향후 학생들의 진로와 현장목회를 위해 기도하며 지원한다. 지도교수는 이 학생들의 그룹과 함께 전문분야의 워크샵을 진행할 수도 있고, 특정 분야의 전문가나 현장 목회자를 초청하여 심화된 수업을 진행할 수도 있다.

2) 인턴십의 커리큘럼

인턴십의 커리큘럼은 크게 '교회 안 인턴십'과 '교회 밖 인턴십'을 포함한다. 목회현장은 비단 지역교회 내에서만 이루어지는 것이 아니라, 지역교회 밖의 다양한 기독교기관, 선교단체, 사회복지기관, 봉사단체, 기독교교육기관, 시민단체, NGO 등에서 이루어진다. 특히 병원에서의 CPE(Clinical Pastoral Education) 과정은 미국에서 매우 중요시되는 교회 밖 인턴십 과정의 한 분야이다. 인턴십은 이 두 영역 모두에서 한 학기 또는 10주 이상의 집중적인 인턴십 경험을 요구한다. 여기에서는 교회 안 인턴십에 초점을 맞추어 커리큘럼을 구성해보려고 한다.

a. 인턴십 교육의 범위(scope)

인턴십 교육에 있어서 학생이 실습해야할 영역과 경험의 범위를 설정하는 것이 중요하다. 물론 이는 목회의 전 영역이 되어야 하는데, 교회의 다양한 사역을 초대교회의 전통에 따라 크게 다섯 가지로 분류할 수 있다. 이 다섯 가지 영역이 인턴십 교육의 범위가 될 수 있을 것이다. 첫째는 케리그마(Kerygma)로서 말씀선포와 전도이다. 둘째는 레이투르기아(Leiturgia)로서 예배와 예전이다. 셋째는 디다케(Didache)로서 가르침과 훈련이다. 넷째는 코이노니아(Koinonia)로서 교제와 친교이다. 그리고 마지막 다섯째는 디아코니아(Diakonia)로서 봉사와 섬김이다.

이러한 범위와 함께 인턴십에 참여하는 학생은 자신과 목회사역에 관련된 다섯 가지 주제 영역을 탐구해야 한다. 첫째는 자기 이해 영역이다. 인턴십을 통해 자기 자신을 더 깊이 이해하고 자신의 영성 및 은사와 능력, 장점과 단점을 알아가야 한다. 둘째는 목회기술 개발의 영역이다. 자신이 부족한 기술이 무엇이며 어떻게 향상시킬 수 있는지를 파악해야 한다. 셋째는 인간관계와 리더십 영역이다. 대인관계에 있어서 어떤 문제점이 있는지, 목회적 리더십을 위해서는 어떤 변화가 필요한지를 인식한다. 넷째는 목회 이해의 영역이다. 목회 사역에 대한 피상적 이해가 아니라 내면적 이해를 추구하며, 목회에 대한 다양한 접근방식을 이해한다. 다섯째는 진로에 대한 탐구 영역이다. 자신이 향후 어떤 목회를 추구할지 사역의 진로를 탐구할 수 있는 기회를 갖는다.

b. 인턴십 교육의 과정(process)

인턴십 교육은 경험교육이면서 동시에 성인교육이다. 교실의 수업으로부터 시작되는 것이 아니라 현장의 경험으로부터 인턴십 교육은 시작되며, 성인으로서 학생 스스로 그 경험을 반추하며, 이를 재구성하는 과정이다. 그리고 이러한 반성과 경험의 재구성을 위해서 현장지도자와 지도교수, 평신도위원회와 동료들이 보조적 역할을 감당한다. 인턴십 교육이 이루어지는 과정을 앞에서 언급한 데이빗 콥(David Kolb)의 경험학습 순환과정(Experiential Learning Cycle)을 참고하여 설정하면 다음과 같다.

1단계: 목회현장에서의 학생의 구체적인 경험

2단계: 경험에 대한 학생 자신의 관찰 및 기록

3단계: 경험에 대한 반성적 사고

4단계: 이론으로부터의 성찰 및 새로운 이론 탐구

5단계: 새로운 경험의 구상과 계획수립

[그림 11-2] 인턴십 교육의 과정

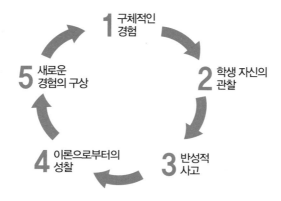

이러한 인턴십 교육의 과정 중 3단계와 4단계는 외부의 도움이 필요한데, 현장지도자와 지도교수, 평신도위원회, 그리고 동료들이 학습자로 하여금 현장 경험을 반성하고 이를 이론적으로 성찰할 수 있도록 도와야 한다. 여기에서는 특히 신학적 반성(theological reflection)이 중요한데, 크게 다섯 단계(stage)로 이루어진다.[56] 첫째는 정보화 단계로서 신학적으로 반성해야할 구체적인 경험에 대한 진술이나 명료화를 위한 질문들이 제기된다. 둘째는 평가 단계로서 학생이 경험을 통해 갖게 되는 느낌을 나누고 경험의 과정에서 야기되는 중요 이슈들을 부각시킨다. 셋째는 신학화 단계로서 그 경험을 통해 하나님, 자신, 사회, 교회에 대해 새로운 통찰을

56) Union-PSCE, *Supervised Ministry Handbook*, 28.

갖게 되는 단계이다. 넷째는 문제해결 단계로서 상황을 보는 대안적 시각을 모색하며, 현장의 문제에 대한 실제적인 해결책을 찾아 최선의 선택을 한다. 그리고 마지막은 헌신의 단계로서 사역과 자신에 대한 깨달음을 갖고, 사역의 우선순위를 새롭게 하며, 앞으로 목회적 성숙을 위해 개발해야 할 과제를 명확히 한다.

인턴십 교육의 각 범위와 과정을 도표로 나타내면 아래와 같은데, 이는 인턴십 교육의 전체적인 체크 리스트로 볼 수 있다. 인턴십 교육의 범위는 1. 말씀선포와 전도, 2. 예배와 예전, 3. 가르침과 훈련, 4. 교제와 친교, 5. 봉사와 섬김으로 구분할 수 있다. 이를 인턴십 과정의 5단계인 1. 구체적인 경험, 2. 학생자신의 관찰, 3. 반성적 사고, 4. 이론으로부터의 성찰, 5. 새로운 경험의 구상으로 분류하면 25개의 인턴십 교육주제가 도출된다.

〈표 11-4〉 인턴십 교육의 범위와 과정

구 분	말씀선포와 전도	예배와 예전	가르침과 훈련	교제와 친교	봉사와 섬김
구체적인 경험					
학생 자신의 관찰					
반성적 사고					
이론으로부터의 성찰					
새로운 경험의 구상					

3) 인턴십을 위한 그룹 다이나믹스

인턴십 교육은 공동체적으로 이루어진다. 인턴십 교육과 관련된 다섯 부류의 인적 요소들은 상호 연계성을 지니며 하나의 교육 공동체를 이룬다. 인턴십 교육 공동체의 상호작용을 그림으로 나타내면 다음과 같다.

[그림 11-3] 인턴십 교육 공동체의 상호작용

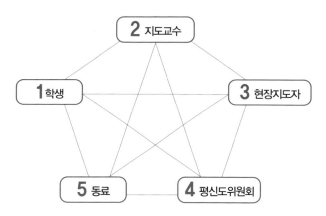

이 가운데 특히 중요한 상호작용이 있는데, 가장 먼저 현장에서 일어나는 상호작용(Field Interaction)으로서 학생, 현장지도자, 그리고 평신도위원회의 관계를 들 수 있다. 이 관계는 현장이라는 상황 속에서 학생의 목회적 경험에 대한 피드백을 주는 과정이다. 둘째는 현장지도 컨퍼런스(Supervision Conference)에서 일어나는 상호작용이다. 이는 학생, 지도교수, 현장지도자 간의 상호작용인데, 현장지도자는 현장에서의 학생 경험에 대한 피드백을 나누고, 지도교수는 그 경험에 대한 이론적 성찰을 제공하며, 학생은 자신의 경험에 대한 느낌과 깨달음을 나눔으로서 학생의 목회적 자질과 지도력을 진일보시키는 과정이다. 셋째는 그룹 워샵(Group Workshop)에서 일어나는 상호작용으로서, 학생, 지도교수, 그리고 동료들의 만남 속에서 이루어진다. 이것은 학교의 장에서 이루어지는 관계로서, 지도교수의 진행 속에 학생들 상호간의 경험을 나누고 서로를 격려하는 상호작용이다.

4) 인턴십 교육의 운영 방안

교육전도사 과정을 신학교육의 인턴십 과정으로 활용하기 위해서는 신학대학원 1학년 과정 중에 교육전도사교육과정을 개설할 필요가 있다. 그리하여 모든 신학대학원생들이 교회학교에서의 교육목회를 위한 체계적인 교육과 훈련을 받을 수 있는 기회가 제공되어야 한다. 이러한 교육전도사 교육과정은 후에 인턴십 과정으로 교육전도사의 사역을 경험하고 이를 재구성할 때 중요한 이론적, 실제적 근거가 될 수 있을 것이다.

인턴십 과정은 교육전도사 교육과정을 마친 자에게 자격이 주어지며, 신대원 2학년 2학기부터 3학년 2학기까지 중 한 학기를 인턴학기로 신청할 수 있게 한다. 인턴십은 '교회 안'과 '교회 밖'으로 분류하여 실시하며, 학생은 각 영역 별로 한 학기씩, 도합 두 학기의 인턴십 과정을 이수해야 한다. 현재의 신학대학원 커리큘럼 체제 안에서는 인턴십 과정을 목회실습 과목으로 인정하는 것이 바람직하다. 인턴십 과정을 이수하기를 원하는 학생은 인턴십 과정 개시 3개월전에 경건교육처(또는 현장교육원)에 신청하여야 하며, 경건교육처는 지도교수와 목회현장의 현장지도자(Supervisor)를 배정하여야 한다. 지도교수는 광의의 실천분야(실천신학, 선교신학, 기독교교육 분야)의 교수가 담당하는 것을 원칙으로 하며, 타분야의 교수나 목회자가 참여할 수도 있다. 지도교수는 15인 이내의 학생을 담당토록 하며, 인턴십 종료 후에도 추수지도를 할 수 있도록 권장한다. 현장지도자는 인턴실습 교회의 안수받은 목사 중에 선임하되, 담임목사가 아닌 경우에도 목회를 5년 이상 경험한 분으로 한다.

학생과 현장지도자는 소정의 양식에 인턴십 교육의 참여에 따른 지침에 서명을 해야하고, 학생은 인턴십 과정 종료 후에 인턴실습보고서를, 현장지도자는 인턴지도보고서를 작성하여 제출하여야 한다. 인턴실습 교회는 평신도위원회를 구성하여 학생의 피드백을 도와야 하며, 지도교수와 현장지도자, 학생은 3회 이상의 Supervision Conference를 가져야 한다. 또한 학생은 인턴십 과정 동안 개최되는 5회의 워샵에 참여해야 한다.

신학교육의 실천성 제고는 단지 실습을 강조하는 것만으로 이루어지는 것은 아니다. 학문적인 탐구와 이론적인 성찰이 전제되지 않는 실습은 피상적일 수 밖에 없다. 그러나 모든 신학적 탐구는 교회의 실천과 하나님 나라의 구현을 위한 것이기에, 신학교육이 '목적이 이끄는 교육'이 되기 위해서는 실천지향적이며 현장지향적인 성격을 지녀야 한다. 한국의 신학교육은 이러한 실천 및 현장지향적 신학교육이 되기 위한 좋은 토양을 지니고 있는데, 그 중의 하나가 교육전도사 제도이다. 그동안 신학생들의 교육전도사 사역은 단지 경험을 제공하는 기능을 수행해 왔지만, 이를 경험의 재구성을 통한 인턴십 교육 과정으로 정착시킬 수 있다면 '한국적 신학 현장 교육'의 좋은 모델이 될 수 있을 것이다.

신학교육에 있어서 보다 정교한 인턴십 교육과정을 개발하기 위해서는 앞에서 제시한 방안을 실제적으로 적용하여 그 결과를 평가하는 '실험연구'가 필요하다. 그리고 신학대학원 재학생들과 교수들, 그리고 목회자들을 대상으로 하는 '설문조사연구'가 요청된다. 이러한 연구를 토대로 세부적인 인턴십 교육의 요목들이 도출되고, 이를 평가하는 평가 리스트의 개발, 그리고 개인의 영성과 성품, 그리고 자질과 기술들을 개발하기 위한 다양한 추수지도를 위한 방안들이 마련되어야 할 것이다. 또한 주로 '자라나는 세대'들을 대상으로 하는 교육전도사 사역의 경험이 성인들을 대상으로 하는 목회에 어떻게 적용될 수 있는지, 그 연계성을 심도있게 분석하고 개발할 필요가 있다. 이러한 후속 연구들이 진행됨으로 한국의 신학교육이 인턴십 과정을 통해 보다 실천성이 제고된 신학교육을 실행할 수 있고, 이로 인해 한국교회가 활성화될 수 있기를 기대한다.

토의를 위한 질문

1. 의학에 기초의학과 임상의학이 있듯이 신학을 기초신학과 임상신학으로 구분하는 것에 대해서 어떻게 생각하는가? 서로의 의견을 나누어 보자.

2. 신학교육 안에 목회를 위한 현장경험으로서 인턴십을 어떻게 포함하는 것이 바람직하다고 생각하는지 자신의 생각을 말해보자.

3. 목회를 위한 인턴십으로서 교육전도사 제도를 효과적으로 활용하는 방안은 무엇이라고 생각하는가? 서로의 생각을 나누어 보자.

4부:

신학의 정체성과
개혁을 위한
실천적 과제

제12장. 신학생들의 신학 정체성에 관한 의식:

1985-2016년 비교분석 – 장로회신학대학교를 중심으로 –[1]

Ⅰ. 신학교육과 신학 정체성

신학교육의 중요한 목적 중의 하나는 학생들로 하여금 신학의 정체성을 확립하도록 하는 것이다. 특히 교단 신학교의 경우는 그 교단의 신학 정체성을 확립하는 신학교육을 실천해야 한다.[2] 장로회신학대학교(이하 장신

---

1) 이 글은 필자의 논문 '장신신학 정체성에 관한 의식조사연구: 1885-2016년 비교연구'(장신대 세계선교연구원, 『선교와 신학』, 제41호, 2017, 295-338)을 수정, 보완한 것임.

2) 교단 신학교인 seminary의 라틴어 어원은 seminarium인데 이는 '식물이 제대로 자라날 수 있는 토양'을 의미한다. 즉, 교단 신학교는 목사후보생들을 그 교단이 추구하는 목회자로 세울 수 있도록 신학 정체성에 근거한 교육을 하여야 한다.(Carnegie S. Calian, *The Ideal Seminary: Pursuing Excellence in Theological Education* (Louisville: Westminster John Knox Press, 2002), 1-5.

대)의 신학교육은 장신 신학에 근거한 것이 되어야 하고, 장신대를 졸업하는 모든 학생들은 장신 신학의 정체성에 근거한 사역을 감당할 수 있어야 한다. 이는 장신신학이라는 하나의 '획일적인' 신학을 갖도록 하자는 의미가 아니라 각자가 장신 신학 정체성의 범주 안에서 자신의 신학에 대한 확신을 갖고 사역에 임하도록 하자는 의미이다. 본 교단과 장로회신학대학교는 한국교회의 중심에 선 신학, 좌와 우를 포용하고 이를 통합하여 교회 연합과 일치를 이루는 건강한 신학을 지니고 있다.[3] 이미 1985년에 장신신학성명서가 발표되었고, 2002년 장신신학교육성명서를 통해 구체화되었으며, 2015 장신신학성명서를 통해서 오늘날의 상황에 응전하는 신학으로 발전하였다.[4] 문제는 이러한 신학이 신학교육의 수업과 연계되지 못하여 주어진 교육과정 이수 이후에도 학생들의 신학적 변화로 나타나지 못한다는 점이다.[5] 이를 극복하기 위해서는 학생들이 주어진 교육과정을 통해 신학적 탐색의 기회를 가질 수 있어야 하고, 마지막 학년에는 장신신학의 정체성에 근거한 자신의 신학을 확립하고 이를 고백하고 이에 뿌리내린 사역을 감당할 수 있어야 한다. 장신신학 정체성의 확립은 이들이 교육과정 속에서 달성해야 할 중요한 교육목적인 것이다.[6] 이를 위해 전공분야별로

3) 신옥수, "중심에 서는 신학, 오늘과 내일: 장신신학의 정체성 형성에 관한 소고," 『장신논단』 40호, 2011. 4., 37-69.

4) 장로회신학대학교, '2016학년도 신학대학원 신입생오리엔테이션,' 2016, 1-26.

5) 신학과 신학교육의 관계에 대해서는 다양한 논의가 이루어지고 있는데 다음의 저서들을 참고하기 바란다. David H. Kelsey, *Between Athens & Berlin: The Theological Education Debate* (Eugene, OR: Wipf and Stock Publishers, 2011), Edward Farley, *Theologia: The Fragmentation and Unity of Theological Education* (Philadelphis: Fortress Press, 1994), Linda Cannell, *Theological Education Matters: Leadership Eduation for the Church* (Newburgh, IN: Edcot Press, 2006), Perry Shaw, *Transforming Theological Education* (Cumbria, CA: Langham Global Library, 2014).

6) 박상진, 『장로회신학대학교 110년 교육과정 백서』 (서울: 장로회신학대학교 출판부, 2011), 104-117.

신학적 정체성에 대한 토론이 금기시되어서는 안 되며 다양한 관점을 지니고 있더라도 건전한 토론을 통해 장신신학의 공통분모를 도출할 수 있는 분위기가 형성되어야 하며, 교수 사회부터 이러한 신학적 정체성에 대한 활발한 논의를 통해 장신신학을 보다 정교하게 다듬고 이를 학생들과 공유하여야 한다.[7]

장신대의 신학정체성을 이해하기 위해서는 두 가지 접근이 가능한데 하나는 당위적인 접근(normative approach)이요 다른 하나는 기술적인 접근(descriptive approach)이다. 전자는 장신 신학과 관련한 신학자들의 신학이론을 탐구하거나 장신신학과 관련하여 발표된 신학성명서나 신앙고백문, 교육이념이나 목적을 살피는 것이다.[8] 후자는 현재 장신공동체 구성원들이 어떤 신학적 입장을 지니고 있는지를 파악하는 것이다. 장신 신학이 '이러 이러 해야 한다'는 선언이 아니라 실제적으로 구성원들이 갖고 있는 신학이 장신신학이라고 볼 수 있기 때문에 이를 드러내는 것이 중요하다고 보는 입장이다. 장신 신학의 정체성을 확립하기 위해서는 이 두 가지 노력이 다 필요한데, 장신 신학이 어떠해야 한다는 당위성을 드러내어야 하지만 실제적으로 학생들이 어떤 신학적 입장을 지니고 있는지를 기술함으로써 그 차이를 인식하고 신학적 변화와 성숙을 이끄는 신학교육을 실천해야 하는 것이다. 안타깝게도 지금까지 전자와 관련된 노력들은 상대적으로

---

7) 최근 본교 교수, 타교단 신학교 교수, 목회자, 학생이 함께 참여하는 토론식 수업인 '장신신학강좌: 한국교회와 장신신학의 정체성'은 신학적 토론 활성화의 가능성을 보여주고 있다(박상진 편, 『한국교회와 장신신학의 정체성』(서울: 장로회신학대학교출판부, 2016).

8) 이런 관점에서의 신학적 탐구 노력은 최근 더욱 활발해지고 있다. 이종성 박사의 신학에 기초하여 장신신학을 통전적 신학(Holistic Theology)으로 일컫고 이를 정리하였고(이종성 외, 『통전적 신학』(서울: 장로회신학대학교출판부, 2004), 김명용 박사는 이를 다시 '온신학'으로 발전시켜서 이를 체계화하였다(김명용, 『온신학의 세계』(서울: 장로회신학대학교출판부, 2016).

많이 기울여진 반면에 후자에 대한 파악이 부족했던 것이 사실이다. 이 연구는 특히 후자에 초점이 맞추어져 있다. 과연 장신대 신대원생들은 어떤 신학적 정체성을 지니고 있는가? 신입생으로 신대원에 들어온 후 학년이 높아갈수록 신학의 변화가 일어나고 있는가? 변화가 일어난다면 보다 진보적으로 변화할까, 보다 보수적으로 변화할까? 신학교육이 신학정체성의 변화과정이 되어야 한다면 이러한 질문을 제기하며 신대원생들의 신학 정체성을 진단하고 파악하는 것은 매우 중요하다.

본 연구자가 장신대 신대원 1학년 때인 1985년에 이런 관심을 갖고 당시 신대원생들을 대상으로 '장신신학 정체성에 관한 의식 조사연구'를 실시하였다. 그 결과가 당시 신대원에서 발간하는 학생논문집인 로고스 지(1986년)에 게재되어 있다.[9] 그로부터 30여년이 지난 2016년도의 장신대 신대원생들은 어떤 신학적 정체성을 지니고 있는가? 과연 30년 전과 현재의 신대원생은 신학적 정체성에 있어서 어떤 차이를 보이고 있는가? 더 보수화 되었는가? 더 진보화 되었는가? 이러한 문제의식을 지니고 1985년 조사연구 당시의 질문지 그대로 2016년도 신대원생들에게 배포하여 '장신신학 정체성에 관한 의식 조사연구'를 실시하였다. 그리고 1985년도의 결과와 비교하여 분석하였다.

II. 신학 정체성 연구의 개요

1. 연구의 모형

본 연구의 가장 큰 관심은 학생들이 생각하는 장신신학의 정체성이고 특히 그것이 보수적인 경향인가, 진보적인 경향인가 하는 문제이다. 물론 보

---

9) 박상진, "장신 신학 정체성에 관한 의식 조사연구," 『로고스』 제22집, 1986, 32-70.

수와 진보는 그 개념부터 애매하지만 상대적이고 비교는 가능하다고 본 것이다. 웹스터사전을 보면 '보수주의'(conservatism)는 '내용이나 방법론에 있어서 변화를 반대하는 경향'이라고 하였고, 다른 사전들도 '보수주의'는 '진보주의' 또는 '자유주의'와 대비하여 설명하고 있다.[10] 사전적인 의미로 볼 때 '보수'와 '진보'는 신학에 있어서 상호 대응적이며 대조적인 사고방식 또는 이론전개의 방법을 뜻하며 따라서 '진보수의'와 '보수주의'가 다 같이 신학적 사고의 경향일 뿐 어떤 정확하게 규정된 사상 내용이 아니기 때문에 포괄적인 개념이라 할 수 있다. 그러면 과연 보수와 진보를 그렇게 구분 짓는 척도는 무엇인가? 그것은 이형기 교수가 그의 논문 '장로회신학대학의 신학적인 좌표'[11]에서 밝혔듯이 성경의 권위 문제와 교회의 사회참여 문제에 대한 견해차이가 가장 예민하게 보수와 진보를 구별짓고 있다.

본 연구에서는 이 두 가지 변인 외에 신앙고백을 첨가하였는데 그것은 성경관과 사회관에 따라 신앙고백이 달라지기도 하지만 반대로 신앙고백에 따라 새로운 사조를 받아들이기도 하고 거부하기도 하기 때문이다. 따라서 본 조사연구에서는 성경관, 사회참여에 대한 태도, 신앙고백에 관한 질문을 통해 보수-진보 경향을 파악하기로 하였고 그 각각을 점수화하여 소위 보수-진보 점수를 산출하여 비교할 수 있도록 하였다. 인적사항을 독립변인으로 하여 성경관, 사회참여에 대한 태도, 신앙고백, 장신학풍에 대한 견해를 종속변인으로 삼았다. 즉 인적배경이 각각의 관점 형성에 영향을 미쳤을 것이고 성경관, 사회관, 신앙고백은 상호작용을 하여 장신학풍에 대한 견해차를 형성할 것이라는 가정이다.

213

....

10) https://www.merriam-webster.com/dictionary/conservatism

11) 이형기, "장로회신학대학의 신학적인 좌표" 『장신논단』, 1985, 15-78.

2. 질문지 구성 및 배포와 자료처리

A. 질문지 구성

'장신신학 정체성에 관한 의식조사'라는 제목으로 제작된 질문지는 앞의 연구모형에서 제시 되었듯이 인적사항, 성경, 사회참여, 신앙고백, 장신학풍 등 5개 부분으로 구성되어 있다. 첫째, 인적사항에 관한 질문은 16개 항목으로서 신학 정체성에 영향을 미칠 것으로 생각되는 변인을 질문하였다. 구체적인 항목으로는 연령, 성별, 성장지, 가족종교, 결혼여부, 대학시 전공, 학년, 교회경력, 성장교파, 신학선택 동기, 성경통독횟수, 졸업 후 계획, 과거 종교활동, 활동 동아리, 종교체험, 관심분야 등이다. 둘째, 성경에 관한 질문은 5개 항목으로서 영감, 하나님의 말씀, 오류, 계시, 성서비평학에 관한 것으로 처음 세 가지는 유사한 진술이지만 정확한 입장을 파악하기 위해 중복적인 질문을 하였다. 각 문항의 선택지는 1번이 가장 보수적인 입장을, 4.5번에 근접할수록 진보적인 입장이 되도록 구성하여서 결과 분석 시에 반응을 합산하여 보수–진보 경향을 나타내는 점수를 산출할 수 있도록 하였다. 셋째, 사회참여에 관한 질문은 9개의 항목으로서 W.C.C.에 대한 입장, 타종교와의 관계, 이데올로기, 에큐메니칼 운동, 선교, 해방신학, 민중신학, 여성안수, 교회와 정치의 관계 등에 관한 문항들이다. 이 부분의 선택지도 '성경'의 경우와 마찬가지로 보수로부터 진보에 이르는 순서로 배열하였다. 넷째, 신앙고백에 관한 질문은 8개의 항목으로서 중요한 신앙내용에 대해 질문하였다. 즉, 창조, 사탄의 존재, 동정녀탄생, 지상 재림, 예수의 신성, 하나님 나라, 내세, 오순절 성령운동 등에 대한 문항들이다. 이 경우도 보수적 신앙 고백으로부터 진보적 신앙고백의 순서로 선택지를 배열하였다. 그리고 마지막으로 장신의 학풍에 관한 질문은 5개 항목으로서 학교 교훈인 경건과 학문의 관계, 신학과 목회의 관계, 장신의 신학 입장에 대한 견해, 학교의 신학방향, 자신의 신학적 입장에 대해 질문하였다.

B. 질문지 배포 및 자료처리

인쇄된 질문지는 1차로 2016년 3월 8일에 장신신학강좌 수강생을 대상으로 설문조사를 실시하였고, 2차로 2016년 5월 10일에 신대원 2학년 및 3학년 필수수업 한 반씩을 표집하여 질문지가 배포되었는데, 전체 응답자 수는 1학년 56명, 2학년 103명, 3학년 85명으로 도합 244명의 질문지가 회수되었다. 이는 신대원 전체 학생 수의 약 27%에 해당하는 것이다.

자료처리 회수된 질문지의 모든 항목에 대해 빈도수를 계산하였고 그에 따른 비율(%)를 산출하였다. 그리고 나. 성경, 다. 사회참여, 라. 신앙고백 부분에 대해서는 각각의 보수-진보점수를 계산하였고 그것의 합(나+다+라)을 개인의 보수진보점수로 하였다. 또 필요한 경우에 한해서 원 점수에 의한 상관계수(r)를 산출하여 사용하였다.

3. 신대원생들의 배경적 특성

244명의 응답자중 남녀비율은 남자가 174명으로 71.3%, 여자가 70명으로 28.7%를 차지하였다. 1985년 연구에서는 남자 88.6%, 여자 11.4%인 것과 비교해 보면 여자의 비율이 17% 증가하였다. 연령별 분포는 25세미만이 1.2%, 25-30세는 38.9%, 30-35세는 35.2%, 35-40세는 13.5%, 40세 이상은 11.1%으로서 대부분이 25-35세인 것으로 나타났다. 1985년보다 40세 이상이 1.5%에서 11.1%로 대략 10% 더 늘어난 것을 볼 수 있다. 성장지별 분포는 서울 42.3%, 대도시, 21.3%, 중소도시 26.8%, 읍면이하 9.6% 로, 서울과 대도시가 대부분을 차지하였고,

1985년과 비교하여 살펴보면 서울의 비율은 거의 동일하나, 대도시 비율은 줄어들고, 중소도시, 읍면이하는 증가하였다.

가족의 신앙은 전 가족이 기독교를 믿는 경우가 79.3%로 대부분을 차지했고, 부모만 3.7%, 일부만 12.4%, 본인만 신앙을 가진 경우는 4.5%로 나타났다. 1985년 조사에서도 유사하게 전 가족이 기독교인 경우가 78.1%, 본인만 신앙을 가진 경우는 3.3%로 2016년에는 본인만 신앙을 가진 경우가 약간 증가되었음을 알 수 있다. 결혼여부에 관해서는 전체적으로 기혼 32.1%, 미혼 67.9%으로, 1985년 조사 때의 기혼 45.4%, 미혼 54.6%와 비교해 볼 때 미혼이 증가한 것으로 보인다. 그리고 1985년과 동일하게 학년별로 1학년 기혼 23.2%, 2학년 29.1%, 3학년 41.7%로 학년이 높아질수록 기혼의 비중이 증가하였다.

대학재학 시 전공별 분포는 〈표 12-1〉과 같이 신학이 48.5% 가장 많았고, 인문사회학, 기타, 자연과학, 어문학, 예체능계 순이다. 학년별 분포를 볼 때에도 신학이 1학년 64.8%, 2학년 48.5%, 3학년 36.3%로 가장 높았고, 학년이 올라갈수록 신학의 비중은 조금 줄어들었다. 이번 결과는 1985년 조사와 같이 신학의 비중이 가장 높았다. 또한 대학재학 시 신학을 전공한 학생의 비율이 1985년 31.5%에서 2016년에는 48.5%로 두드러지게 증가한 것도 볼 수 있다. 반면, 어문학, 인문사회과학, 자연과학의 비중은 감소하였다. 특히 어문학과, 자연과학이 현저하게 감소한 것을 볼 수 있다.

〈표 12-1〉 대학 전공별 분포

( )안은 %

구 분	1학년		2학년		3학년		전 체	
	1985년	2016년	1985년	2016년	1985년	2016년	1985년	2016년
(1)신학	34 (27.9)	35 (64.8)	23 (27.7)	50 (48.5)	31 (41.9)	29 (36.3)	88 (31.5)	114 (**48.1**)
(2)어문학	20 (16.4)	1 (1.9)	12 (14.5)	5 (4.9)	10 (13.5)	13 (16.3)	42 (15.1)	19 (8.0)
(3)인문사회과학	38 (31.1)	6 (11.1)	29 (34.9)	23 (22.3)	14 (18.9)	20 (25.0)	81 (29.0)	49 (20.7)
(4)자연과학	22 (18.0)	4 (7.4)	17 (20.5)	11 (10.7)	19 (25.7)	6 (7.5)	58 (20.8)	21 (8.9)
(5)예체능계	7 (5.7)	1 (1.9)	1 (1.2)	7 (6.8)	0 (0.0)	3 (3.8)	8 (2.9)	11 (4.6)
(6)기타	1 (0.8)	7 (13.0)	1 (1.2)	7 (6.8)	0 (0.0)	9 (11.3)	2 (0.7)	23 (9.7)
전 체	122	54	83	103	74	80	279	237

교회 경력의 경우에는 73.3%가 모태로부터 신앙생활을 한 것으로 나타났다. 이 결과는 신대원생은 어렸을 때부터 신앙생활을 한 사람이 대부분이라고 설명할 수 있으며, 1985년 모태로부터 신앙생활을 한 52% 보다 눈에 띄게 비중이 증가한 것이다. 이는 과거보다 믿는 가정의 자녀가 신대원에 입학하는 비율이 높아졌음을 보여준다. 성장 교단의 교파별 분포는 장로교 통합의 경우가 68.5%, 합동이 14.5%, 기장 1.3%, 고신 3.0%, 타교단 12.8%를 차지하는 것으로 나타났다. 1985년과 비교하여 보면, 장로교 통합이 78.5%에서 68.5%로 10% 줄었고, 합동은 8.8%에서 14.5%로 가장 많이 비중이 증가하였고, 고신과 타교단도 각각 1.6%, 4.7% 증가하였다.

신학선택의 동기에 있어서는 소명감이 1985년 67.3%, 2016년 67.5%로 가장 높게 나타났다. 다음으로 권고, 인생의 의미탐구, 기타, 신학의 매력 순으로 비중이 높았는데, 권고와 소명감의 비중은 1985년과 거의 유사한 것을 볼 수 있다. 특히 이번 결과에서는 신학선택의 동기로 직업적 매력을 선택한 학생은 단 한명도 없었다.

217

( )안은 %

구분	1학년		2학년		3학년		전체	
	1985년	2016년	1985년	2016년	1985년	2016년	1985년	2016년
1)권고	6 (4.4)	5 (9.4)	12 (14.1)	9 (8.7)	14 (17.5)	10 (11.9)	32 (10.7)	24 (10.0)
2)소명감	90 (66.7)	37 (69.8)	61 (71.8)	71 (68.9)	51 (63.8)	54 (64.3)	202 (67.3)	162 (67.5)
3)신학매력	14 (10.4)	3 (5.7)	4 (4.7)	6 (5.8)	3 (3.8)	6 (7.1)	21 (7.0)	15 (6.3)
4)인생의미탐구	20 (14.8)	4 (7.5)	7 (8.2)	13 (12.6)	7 (8.8)	6 (7.1)	34 (11.3)	23 (9.6)
5)직업매력	2 (1.5)	0 (0.0)	0 (0.0)	0 (0.0)	0 (0.0)	0 (0.0)	2 (0.7)	0 (0.0)
6)기타	3 (2.2)	4 (7.5)	1 (1.2)	4 (3.9)	4 (5.0)	8 (9.5)	8 (2.7)	16 (6.7)
전 체	135	53	85	103	80	84	300	240

성경통독 회수는 5번 이상이 40.6%, 2-3번이 33.6%, 4-5번 이상이 19.7%, 1번 이하 6.1% 순으로 나타났다. 그리고 3학년 학생이 45.9%로 1-3학년 중 5번 이상 통독한 회수가 가장 높았으나 1번이하도 1-2학년보다 조금 더 높은 수치를 보였다. 또한 1985년 조사는 2-3번 통독한 회수의 비중이 높은 반면, 이번 조사 결과는 5번 이상 통독한 회수가 가장 높았다.

〈표 12-3〉 성경통독 회수별 분포

( )안은 %

구분	1학년		2학년		3학년		전체	
	1985년	2016년	1985년	2016년	1985년	2016년	1985년	2016년
1)1번이하	19 (17.3)	3 (5.4)	12 (16.4)	6 (5.8)	6 (8.1)	6 (7.1)	37 (14.4)	24 (10.0)
2)2-3번	45 (40.9)	19 (33.9)	34 (46.6)	38 (36.9)	30 (40.5)	25 (29.4)	109 (42.4)	82 (33.6)
3)4-5번	23 (20.9)	11 (19.6)	10 (13.7)	22 (21.4)	15 (20.3)	15 (17.6)	48 (18.7)	48 (19.7)
4)5번이상	23 (20.9)	23 (41.1)	17 (23.3)	37 (35.9)	19 (25.7)	39 (45.9)	59 (23.0)	99 (40.6)
전 체	110	56	73	103	74	85	257	244

졸업 후 계획에 대해서는 일반목회 41.7%, 특수목회 21.7%, 신학 6.8%, 선교단체 6.8%, 기타 23%로 나타났는데 이는 1985년에는 일반목회가 53.3%인 것에 비하면 10% 이상 감소한 수치이고 반면에 특수목회가 2.1% 증가하였고, 기타가 16% 증가하였는데, 이는 졸업 후에 일반

목회가 진출하는 전형적인 모습이 깨어지고 새로운 목회에 대한 시도가 활발하게 이루어지고 있음을 알 수 있다.

과거 종교 활동 영역별 분포는 70.3%가 교회 안에서만 활동하고, 23.3%는 복음주의 선교 단체에서 활동하며, 1.3% 운동권, 기타가 5.1%로 나타났다. 1985년에는 교회 안에서만 활동한 경우가 72.1%, 선교단체가 20.8%로 나타났는데 이는 큰 차이가 없는 것으로 보인다. 다만 운동권 출신이 4.5%였던 것과 비교하면 크게 감소하였음을 알 수 있다.

방언 체험에 관해서는 한 적이 있거나 지금도 하는 경우가 81.9%, 전혀 해본 적 없는 경우가 18.1% 로 나타났는데 이는 1985년에는 각각 53.6%, 46.4%인 것과 비교해보면 과거와는 달리 방언체험의 빈도가 대폭 증가되었음을 볼 수 있다. 과거 방언을 금기시하는 데서부터 방언을 인정하고 받아들이는 신학적 분위기가 반영된 것으로 보여진다.

신학관련 분야 중 관심 있는 분야를 보면 실천신학이 31.5%로 가장 높았고, 성서신학, 조직신학, 기독교교육, 역사신학, 기독교와 문화, 교회와 사회 순이었다. 1985년과 비교하여 볼 때, 실천신학의 비중이 10%나 높아졌고, 성서신학은 29.4%로서 여전히 높으며, 조직신학과 역사신학, 기독교교육은 10% 내외로서 큰 변화가 없는 것으로 나타나고 있다.

이러한 응답자의 대부분을 차지하는 인적배경의 특징을 요약하면 25-35세 남자들로서 도시 중심적이며 믿는 집안에서 태어나 어렸을 때부터 본 교단 교회 내에서 신앙생활을 한 사람들로서 대학에서 신학이나 인문사회과학을 공부했고 소명감이 있으며 1985년 조사와 다르게 성경을 2-5번 이상 통독하였으며, 실천신학의 관심의 비중이 높아졌고, 일반목회 뿐 아니라 특수목회 및 기타 영역에도 관심이 높아진 경향을 볼 수 있다.

III. 신학생들의 신학 정체성

1. 신대원생들의 성경관

신대원생들의 성서관을 파악하기 위해 성서영감, 하나님의 말씀, 오류, 계시, 성서비평학의 항목으로 나누어 질문하였는데 중복되는 부분도 있으나 엄밀하게 파악하기 위하여 조금 다른 각도에서 반응을 유도하였다. 그리고 선택지는 보수적인 것에서부터 진보적인 것의 순으로 나열하여 응답한 번호수를 합산하면 보수진보성향점수로 사용할 수 있도록 하였다. 즉, 숫자가 많으면 많을수록 진보적인 것을 의미한다.

성서의 영감에 관한 질문에서는 〈표 12-4〉와 같이 유기적 영감설을 믿는 경우가 55.7%로 가장 많았고, 그 다음이 성서 전체에는 영감되었지만 오류도 포함되어 있다는 반응으로 34.5%로 나타났다. 이는 1985년 연구와 거의 동일한 수치이다. 반면, 기계적 축자영감설을 믿는 경우가 1985년에는 세 번째로 높은 수치, 성서에는 영감된 말씀도 포함되어 있다는 반응이 네 번째 순으로 나타났는데, 이번 연구에서는 성서에는 영감된 말씀도 포함되어 있다고 생각하는 학생이 6.0%, 기계적 축자영감설을 믿는 경우는 3.4%로 3-4순위가 변경되었다. 그리고 이 문항에 대한 보수 진보점수는 2.44로서 유기적 영감과 오류가 포함된 성서 전체의 영감으로 이해하는 것이 대부분이었으며 1985년 연구보다 조금 올라간 것으로 보인다.

〈표 12-4〉 성서의 영감

( )안은 %

구분	1학년		2학년		3학년		전체	
	1985년	2016년	1985년	2016년	1985년	2016년	1985년	2016년
1)	6 (5.1)	3 (5.5)	4 (4.7)	4 (4.0)	5 (6.9)	1 (1.3)	15 (5.5)	8 (3.4)
2)	64 (54.2)	35 (63.6)	48 (56.5)	58 (57.4)	41 (56.9)	38 (48.1)	153 (55.6)	131 (55.7)
3)	45 (38.1)	16 (29.1)	28 (32.9)	31 (30.7)	22 (30.6)	34 (43.0)	95 (34.5)	81 (34.5)
4)	3 (2.5)	1 (1.8)	3 (3.5)	8 (7.9)	3 (4.2)	5 (6.3)	9 (3.3)	14 (6.0)
5)	0 (0.0)	0 (0.0)	2 (2.4)	0 (0.0)	1 (1.4)	1 (1.3)	3 (1.1)	1 (0.4)
전 체	118	55	85	101	72	79	275	235
보수-진보 점수	2.38	2.27	2.42	2.43	2.36	2.58	2.39	2.44

〈참고〉 1) 기계적 축자 영감설을 믿는다. 2) 유기적 영감설을 믿는다. 3) 성서 전체에는 영감되었지만 오류도 포함되어 있다. 4) 성서에는 영감된 말씀도 포함되어 있다. 5) 문학작품의 하나로 생각한다.

성서는 하나님의 말씀인가 라는 질문에 대해서는 전체적인 메시지가 하나님의 말씀이라고 응답한 경우는 184명으로서 75.7%에 해당하였고, 자자구구 하나님의 말씀이라고 반응한 경우는 14.8%, 예수가 하나님의 말씀이고 성서는 그에 대한 인간의 설명이라는 반응은 8.2%, 인간의 역사적 기록에 불과하다는 것은 1.2%로 나타났다. 이는 1985년 연구와 유사하나 좀 더 진보적인 성향으로 응답한 경우가 미미하게 증가한 것으로 보이며, 보수-진보 점수도 0.02% 증가하였다.

〈표 12-5〉 성서와 하나님의 말씀

( )안은 %

구분	1학년		2학년		3학년		전체	
	1985년	2016년	1985년	2016년	1985년	2016년	1985년	2016년
1)	18 (14.8)	13 (23.6)	15 (17.9)	16 (15.5)	9 (12.3)	7 (8.2)	42 (15.1)	36 (14.8)
2)	95 (77.9)	39 (70.9)	62 (73.8)	77 (74.8)	58 (79.5)	68 (80.0)	215 (77.1)	184 (75.7)
3)	8 (6.6)	3 (5.5)	7 (8.3)	10 (9.7)	5 (6.8)	7 (8.2)	20 (7.2)	20 (8.2)
4)	1 (0.8)	0 (0.0)	0 (0.0)	0 (0.0)	1 (1.4)	3 (3.5)	2 (0.7)	3 (1.2)
전 체	122	55	84	103	73	85	279	243
보수-진보 점수	1.93	1.82	1.90	1.94	1.97	2.07	1.94	1.96

〈참고〉 1) 자자구구 하나님의 말씀이다. 2) 전체적인 메시지가 하나님의 말씀이다. 3) 예수가 하나님의 말씀이고 성서는 그에 대한 인간의 설명이다. 4) 인간의 역사적 기록에 불과하다.

성서 오류가능성에 대한 질문에서는 역사적 오류가 포함되어 있으나 성서는 신앙과 행위에 있어서 절대적 기준이라고 70.7% 응답하였고, 다음으로 성서는 절대 무오하다고 반응한 경우가 15.3%, 성서는 오류투성이지만 그 오류를 통해서도 하나님은 말씀하신다고 반응한 경우가 12.4%로 나타났다. 1985년과 비교하여 볼 때, 2번의 응답은 7% 가량 감소되고, 3번으로 응답은 약 8% 증가하였으며, 보수-진보 점수도 1.87에서 2.00으로 증가하여 진보적인 성향으로 변화되었음을 예측할 수 있다. 특히 1985년에는 성서는 낡은 문학 작품에 불과하다는 응답이 한 명도 없었으나, 이번 조사에서는 1.7% 나타난 것을 볼 수 있다.

〈표 12-6〉 성서의 오류

( )안은 %

구분	1학년		2학년		3학년		전체	
	1985년	2016년	1985년	2016년	1985년	2016년	1985년	2016년
1)	22 (18.6)	10 (18.2)	17 (20.2)	20 (19.6)	11 (14.7)	7 (8.2)	50 (18.1)	37 (15.3)
2)	91 (77.1)	36 (65.5)	63 (75.0)	70 (68.6)	60 (80.0)	65 (76.5)	214 (77.3)	171 (70.7)
3)	5 (4.2)	9 (16.4)	5 (4.8)	11 (10.8)	4 (5.3)	10 (11.8)	13 (4.7)	30 (12.4)
4)	0 (0.0)	0 (0.0)	0 (0.0)	1 (1.0)	0 (0.0)	3 (3.5)	0 (0.0)	4 (1.7)
전체	118	55	84	102	75	85	277	242
보수-진보 점수	1.86	1.98	1.85	1.93	1.91	2.11	1.87	2.00

〈참고〉 1) 성서는 절대 무오하다. 2) 역사적 오류가 포함되어 있으나 성서는 신앙과 행위에 있어서 절대적 기준이다.
3) 성서는 오류투성이지만 그 오류를 통해서도 하나님은 말씀하신다. 4) 성서는 낡은 문학 작품에 불과하다.

성서와 계시의 관계에 대해서는 〈표 12-7〉에서 나타난 것처럼 대부분이 성서는 하나님의 계시된 진리들을 포함하고 있으며 그 중심적 계시는 예수 그리스도이시다라고 71.7% 응답하였는데 1985년에는 보수 문항에 응답한 경우보다 진보 문항에 응답한 학생이 상당히 증가한 것으로 나타났다. 즉, 1985년에는 1-3번에 응답한 경우가 주를 이루었으나, 2016년에는 3-4번이 두드러지게 증가하였다. 보수-진보 점수도 0.3 증가하여

3.00으로 나타났다.

〈표 12-7〉 성서와 계시

( )안은 %

구분	1학년		2학년		3학년		전체	
	1985년	2016년	1985년	2016년	1985년	2016년	1985년	2016년
1)	13 (11.0)	1 (1.8)	16 (19.3)	4 (3.9)	8 (11.4)	2 (2.4)	37 (13.7)	7 (2.9)
2)	10 (8..5)	6 (10.7)	14 (16.9)	13 (12.6)	7 (10.0)	5 (5.9)	31 (11.4)	24 (9.8)
3)	87 (73.7)	41 (73.2)	48 (57.8)	73 (70.9)	45 (46.3)	61 (71.8)	180 (66.4)	**175 (71.7)**
4)	8 (6.8)	8 (14.3)	5 (6.0)	13 (12.6)	10 (14.3)	16 (18.8)	23 (8.5)	37 (15.2)
5)	0 (0.0)	0 (0.0)	0 (0.0)	0 (0.0)	0 (0.0)	1 (1.2)	0 (0.0)	1 (0.4)
전 체	118	56	83	103	70	85	271	244
보수-진보 점수	2.76	3.00	2.51	2.92	2.81	3.11	2.70	3.00

〈참고〉 1) 성서만이 하나님의 계시이다. 2) 예수그리스도가 계시이고 성서는 그에 대한 설명이다. 3) 성서는 하나님의 계시된 진리들을 포함하고 있으며 그 중심적 계시는 예수그리스도시다. 4) 인간 이성과 자연, 역사 이 모두가 하나님을 알 수 있는 계시다. 5) 이성만이 하나님을 알 수 있는 계시다.

〈표 12-8〉 성서 비평학

( )안은 %

구분	1학년		2학년		3학년		전체	
	1985년	2016년	1985년	2016년	1985년	2016년	1985년	2016년
1)	5 (4.5)	2 (3.6)	1 (1.3)	1 (1.0)	3 (4.2)	1 (1.2)	9 (3.5)	4 (1.7)
2)	4 (3..6)	3 (5.5)	7 (9.2)	5 (4.9)	3 (4.2)	3 (3.6)	14 (5.4)	11 (4.5)
3)	76 (69.1)	37 (67.3)	50 (65.8)	79 (76.7)	44 (61.1)	60 (71.4)	170 (65.9)	**176 (72.7)**
4)	20 (18.2)	9 (16.4)	13 (17.1)	9 (8.7)	10 (13.9)	13 (15.5)	43 (16.7)	31 (12.8)
5)	5 (4.5)	4 (7.3)	5 (6.6)	9 (8.7)	12 (16.7)	7 (8.3)	22 (8.5)	20 (8.3)
전 체	110	55	76	103	72	84	258	242
보수-진보 점수	3.15	3.18	3.18	3.19	3.35	3.26	3.21	3.21

〈참고〉 1) 모든 비평학적인 방법은 인간 이성의 교만이다. 2) 비평학 중 본문 비평정도만 허용될 수 있다. 3) 모든 비평학의 결론을 참고하되 성서의 중심메시지의 범위 내에서만 사용되어야 한다. 4) 모든 비평학이 허용될 수 있다. 5) 비평학을 더욱 발전시켜야 하고 그것으로 성서를 보아야 한다.

성서비평학에 대한 반응은 '성경'과 관련한 질문에서 유일하게 1985년
과 동일한 보수–진보 점수가 나왔다. 모든 비평학의 결론을 참고하되 성
서의 중심메세지의 범위 내에서만 사용되어야 한다는 반응이 72.7%로 가
장 높게 나타났으며 보수적인 문항(1–2번)에 답변한 학생과 진보적인 성

향(4-5번)에 답변한 학생은 이전 조사보다 감소하였으므로 성서 비평학에 대한 생각은 중도적인 경향을 보인다.

[그림 12-1] 성경에 대한 보수-진보점수 비교

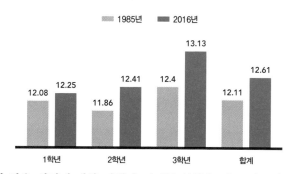

이상과 같은 성경에 대한 견해가 어떠한 성향을 띠고 있는지를 더 정확히 파악하기 위해 보수-진보 점수를 계산한 결과 가장 보수적일 때 나타나는 점수 5점과 가장 진보적일 때 나타나는 점수 23점 사이에서 전체 평균은 12.61이었고, 각 학년별로 파악해보면 1학년 12.25, 2학년 12.41, 3학년 13.13이었다. 결과를 통해 볼 때, 학년이 올라갈수록 진보적이며, 1985년보다 보수-진보점수가 0.5 정도 증가된 것을 볼 수 있다.

2. 신대원생들의 사회참여 인식

본 연구에서는 사회참여와 관련하여 W.C.C. 와의 관계, 타종교, 이데올로기, 에큐메니칼운동, 선교, 해방신학, 민중신학, 여성안수, 교회와 정치의 관계에 걸쳐 9가지 문항을 제시하여 그 반응을 분석하였다. 먼저, W.C.C에 대한 반응에서는 선택적으로 참여한다는 반응이 71.5%로 가장 높았고, 부정적인 반응이 11%로 1985년과 동일하게 나타났다. 적극적인 참여는 과거보다 감소하고, 선택적 참여가 증가한 결과 보수-진보 점수도 1985년 보다 0.01 감소하였다.

〈표 12-9〉 W.C.C에 대한 견해

( )안은 %

구분	1학년		2학년		3학년		전체	
	1985년	2016년	1985년	2016년	1985년	2016년	1985년	2016년
1) 배격	2 (1.7)	1 (1.8)	4 (4.4)	1 (1.0)	1 (1.4)	0 (0.0)	7 (2.5)	2 (0.8)
2) 경계	10 (8.4)	6 (10.9)	12 (13.2)	11 (10.8)	2 (2.7)	8 (9.4)	24 (8.5)	25 (10.3)
3) 선택적참여	87 (73.1)	40 (72.7)	61 (67.0)	77 (75.5)	48 (65.8)	56 (65.9)	196 (69.3)	173 (71.5)
4) 적극참여	20 (16.8)	8 (14.5)	14 (15.4)	13 (12.7)	22 (30.1)	21 (24.7)	56 (19.8)	42 (17.4)
전 체	119	55	91	102	73	85	283	242
보수-진보 점수	3.05	3.00	2.93	3.00	3.27	3.15	3.06	3.05

타종교와의 관계에 대해서는 〈표 12-10〉과 같이 91.6%나 타종교를 존중해야 하나 구원은 없다고 반응하였고, 타종교에 구원이 있다는 반응이 5.5%, 사탄에 속한 것이므로 대적해야 한다는 반응이 2.9%에 해당하였다. 1985년 응답과 비교하여 볼 때, 사탄에 속한 것이므로 대적해야 한다는 반응은 8.6% 감소하였으나, 타종교는 존중해야 하나 구원이 없다는 반응은 15.4% 증가하였다. 특히 이번 조사에서 1학년 학생들은 98.2%가 타종교는 존중해야 하나 구원이 없다고 응답하여 보수-진보점수에서 유일하게 1점대로 나타났다.

〈표 12-10〉 타종교에 대한 이해

( )안은 %

구분	1학년		2학년		3학년		전체	
	1985년	2016년	1985년	2016년	1985년	2016년	1985년	2016년
1)	16 (13.1)	1 (1.8)	11 (12.0)	3 (3.1)	6 (8.3)	3 (3.6)	33 (11.5)	7 (2.9)
2)	94 (77.0)	55 (98.2)	72 (78.3)	90 (91.8)	52 (72.2)	73 (86.9)	218 (76.2)	218 (91.6)
3)	8 (6.6)	0 (0.0)	6 (6.5)	5 (5.1)	9 (12.5)	5 (6.0)	23 (8.0)	10 (4.2)
4)	4 (3.3)	0 (0.0)	3 (3.3)	0 (0.0)	5 (6.9)	3 (3.6)	12 (4.2)	3 (1.3)
전 체	122	56	92	98	72	84	286	238
보수-진보 점수	2.00	1.98	2.01	2.02	2.18	2.10	2.05	2.04

〈참고〉 1) 타종교는 사탄에게 속한 것이므로 대적해야 한다. 2) 타종교는 존중해야 하지만 구원이 없다. 3) 타종교에도 구원이 있지만 우회하는 것이다. 4) 타종교에도 기독교와 똑같은 구원이 있다.

신학과 이데올로기와의 관계에 대해서는 60.5%가 신학은 이데올로기를 초월한다고 하였으며, 신학도 일종의 이데올로기라고 응답한 학생도 6.7%로 나타났다. 그리고 1-3학년 중에서는 3학년이 가장 보수-진보 점수가 높았으며, 전체 보수-진보 점수에서는 1985년보다 0.23 정도 증가하여 2016년 학생들이 더 진보적인 성향으로 보인다.

〈표 12-11〉 신학과 이데올로기 관계

( )안은 %

구분	1학년		2학년		3학년		전체	
	1985년	2016년	1985년	2016년	1985년	2016년	1985년	2016년
1)	92 (75.4)	36 (64.3)	71 (74.0)	66 (66.7)	57 (76.0)	42 (50.6)	220 (75.1)	**144 (60.5)**
2)	8 (6.6)	10 (17.9)	9 (9.4)	15 (15.2)	10 (13.3)	16 (19.3)	27 (9.2)	41 (17.2)
3)	16 (13.1)	8 (14.3)	13 (13.5)	12 (12.1)	3 (4.0)	17 (20.5)	32 (10.9)	37 (15.5)
4)	6 (4.9)	2 (3.6)	3 (3.1)	6 (6.1)	5 (6.7)	8 (9.6)	14 (4.8)	16 (6.7)
전 체	122	56	96	99	75	83	293	238
보수-진보 점수	1.48	1.57	1.46	1.58	1.41	1.89	1.45	1.68

〈참고〉 1) 신학은 이데올로기를 초월한다. 2) 신학은 이데올로기를 이용한다. 3) 신학은 이데올로기의 형태를 띤다. 4) 신학도 일종의 이데올로기이다.

에큐메니칼운동에 대한 입장은 66.8%가 신조가 다르더라도 기독교 본질을 공통인수로 교회연합을 모색해야 한다고 하였고, 다음으로 25.6%가 교회연합은 바람직하나 실제적으로 불가능하므로 분리된 채 발전해야 한다고 응답하였다. 교회연합이 실제적으로 불가능하여 분리된 채 발전해야 한다고 응답한 경우는 1985년 보다 7.4% 증가한 것이다. 그리고 교리에 구애받지 않고 조건 없는 연합을 이루어야 한다고 견해를 나타낸 경우는 4.6%에 불과하였다.

〈표 12-12〉 에큐메니칼운동에 대한 견해

( )안은 %

구 분	1학년		2학년		3학년		전 체	
	1985년	2016년	1985년	2016년	1985년	2016년	1985년	2016년
1)	4 (3.2)	5 (8.9)	0 (0.0)	0 (0.0)	2 (2.8)	2 (2.4)	6 (2.1)	7 (2.9)
2)	28 (22.2)	14 (25.0)	16 (17.0)	30 (30.9)	9 (12.5)	17 (20.0)	53 (18.2)	61 (25.6)
3)	85 (67.5)	35 (62.5)	73 (77.7)	64 (66.0)	54 (75.0)	60 (70.6)	212 (72.6)	159 (66.8)
4)	9 (7.1)	2 (3.6)	5 (5.3)	3 (3.1)	7 (9.7)	6 (7.1)	21 (7.2)	11 (4.6)
전 체	126	56	94	97	72	85	292	238
보수-진보 점수	2.79	2.61	2.88	2.72	2.92	2.82	2.85	2.73

〈참고〉 1) 교리의 순수성을 지키기 위해 교회 분리는 불가피하다. 2) 교회연합은 바람직하나 실제적으로 불가능하므로 분리된 채 발전해야 한다. 3) 신조가 다르더라도 기독교 본질을 공통인수로 교회연합을 모색해야 한다. 4) 교리에 구애받지 않고 조건 없는 연합을 이루어야 한다.

선교에 대한 견해로는 1985년 보다 고전적인 전도개념으로 이해하는 경향이 58.5%에서 65.7% 증가하였고, 복음을 소개하며 그들을 인간답게 살도록 도와주는 것이라고 응답한 경우가 23.3%, 11.0%가 인간다운 삶 그 자체를 선교의 목적으로 보았다. 보수-진보 점수는 고전적인 전도개념으로 이해하는 경향이 증가하였기 때문에 1985년과 비교하여 볼 때, 다소 감소한 것을 볼 수 있다.

227

〈표 12-13〉 선교에 대한 이해

( )안은 %

구 분	1학년		2학년		3학년		전 체	
	1985년	2016년	1985년	2016년	1985년	2016년	1985년	2016년
1)	66 (52.2)	35 (63.6)	61 (66.3)	70 (70.7)	39 (57.4)	50 (61.0)	166 (58.5)	155 (65.7)
2)	49 (39.5)	17 (30.9)	23 (25.0)	21 (21.2)	17 (25.0)	17 (20.7)	89 (31.3)	55 (23.3)
3)	9 (7.3)	3 (5.5)	8 (8.7)	8 (8.1)	12 (17.6)	15 (18.3)	29 (10.2)	26 (11.0)
전 체	124	55	92	99	68	82	284	236
보수-진보 점수	1.54	1.42	1.17	1.37	1.60	1.57	1.52	1.45

〈참고〉 1) 복음을 소개하여 예수를 구주로 영접하게 하는 것이다. 2) 복음을 소개하며 그들을 인간답게 살도록 도와주는 것이다. 3) 인간답게 살도록 하는 것 자체가 선교이기 때문에 이것을 위하여 역사와 사회 참여를 우선으로 해야 한다.

해방신학과 민중신학에 대한 반응을 〈표 12-14〉, 〈표 12-15〉로 살

퍼보면, 대체적으로 긍정적으로 나타났다. 해방신학은 상황 속에서 신학적 가치를 가진다고 응답한 경우가 대부분이었는데, 1985년 64.2%에서 2016년 72.9%로 증가하였으며, 민중신학 또한 받아들일 수도 있다가 1985년 70.8%에서 2016년 78.2%로 증가하였다. 그러나 해방신학의 보수-진보 점수는 높아진 반면, 민중신학의 보수-진보 점수는 2.00에서 1.92로 감소하였는데, 이는 민중신학에 대한 반응 중, 적극적으로 받아들인다에 해당하는 경우가 6.8% 감소하였기 때문인 것으로 보여진다.

〈표 12-14〉 해방신학에 대한 반응

( )안은 %

구분	1학년		2학년		3학년		전체	
	1985년	2016년	1985년	2016년	1985년	2016년	1985년	2016년
1)	3 (2.5)	5 (9.3)	0 (0.0)	0 (0.0)	2 (2.7)	2 (2.4)	16 (5.6)	8 (3.4)
2)	32 (26.4)	12 (22.2)	16 (17.0)	30 (30.9)	16 (21.6)	17 (20.0)	74 (25.7)	48 (20.3)
3)	81 (66.9)	37 (68.5)	73 (77.7)	64 (66.0)	52 (70.3)	60 (70.6)	185 (64.2)	**172 (72.9)**
4)	5 (4.1)	0 (0.0)	5 (5.3)	3 (3.1)	4 (5.4)	6 (7.1)	13 (4.5)	8 (3.4)
전 체	121	54	94	97	74	85	288	236
보수-진보 점수	2.73	2.59	2.88	2.72	2.78	2.82	2.68	2.76

〈참고〉 1) 신학이 아니다. 2) 그 내용은 인정할 수 없지만 그 양심의 소리에는 귀를 기울여야 한다. 3) 상황 속에서 신학적 가치를 가진다. 4) 현대에 있어서 가장 적절한 신학의 종류이다.

〈표 12-15〉 민중신학에 대한 반응

( )안은 %

구분	1학년		2학년		3학년		전체	
	1985년	2016년	1985년	2016년	1985년	2016년	1985년	2016년
1)	12 (11.0)	7 (13.2)	20 (23.5)	20 (20.4)	7 (9.6)	8 (9.6)	39 (14.6)	35 (15.0)
2)	83 (76.1)	44 (83.0)	54 (63.5)	72 (73.5)	52 (71.2)	67 (80.7)	189 (70.8)	**183 (78.2)**
3)	14 (12.8)	2 (3.8)	11 (12.9)	6 (6.1)	14 (19.2)	8 (9.6)	39 (14.6)	16 (6.8)
전 체	109	53	85	98	73	83	267	234
보수-진보 점수	2.02	1.91	1.89	1.86	2.10	2.00	2.00	1.92

〈참고〉 1) 받아들일 수 없다. 2) 받아들일 수도 있다. 3) 적극적으로 받아들인다.

여성안수에 대한 입장은 가장 두드러지게 1985년과 차이를 보였다. 찬

성이 95.0%였고, 반대와 시기상조라고 응답한 경우가 각각 2.5%로 나타
났다. 1985년에는 과반 수 이상이 여성안수에 대해 찬성하지 않았으므로
보수−진보 점수도 확연히 차이가 있음을 볼 수 있다.

〈표 12−16〉 여성안수에 대한 견해

( )안은 %

구분	1학년		2학년		3학년		전체	
	1985년	2016년	1985년	2016년	1985년	2016년	1985년	2016년
1) 반대	24 (22.2)	2 (3.6)	27 (31.6)	2 (2.0)	12 (16.9)	2 (2.4)	63 (23.9)	6 (2.5)
2) 시기상조	38 (35.2)	1 (1.8)	20 (23.5)	3 (3.0)	21 (29.6)	2 (2.4)	79 (29.9)	6 (2.5)
3) 찬성	46 (42.6)	53 (94.6)	38 (44.7)	96 (95.0)	38 (53.5)	80 (95.2)	122 (46.2)	229 (95.0)
전 체	108	56	85	101	71	84	264	241
보수−진보 점수	2.20	2.91	2.13	2.93	2.37	2.93	2.22	2.93

마지막으로 교회와 정치의 관계에 대해서는 〈표 12−17〉과 같이, 경우
에 따라서는 할 수 있다가 52.7%를 차지하였으나 적극적인 참여를 원한
경우는 1985년 26.6%에서 7.9%로 감소하였고, 참여에 대한 부정적인
입장(1−2번)이 39.4%로 증가하였다. 따라서 보수−진보 점수도 3.13에
서 2.48로 감소한 것을 볼 수 있다.

〈표 12−17〉 교회와 정치의 관계

( )안은 %

구분	1학년		2학년		3학년		전체	
	1985년	2016년	1985년	2016년	1985년	2016년	1985년	2016년
1)	5 (4.5)	4 (7.3)	3 (3.5)	8 (7.9)	2 (3.0)	13 (15.7)	10 (3.8)	25 (10.5)
2)	5 (4.5)	14 (25.5)	10 (11.6)	28 (27.7)	1 (1.5)	27 (32.5)	16 (6.1)	69 (28.9)
3)	68 (61.8)	32 (58.2)	55 (64.0)	59 (58.4)	44 (65.7)	35 (42.2)	167 (63.5)	126 (52.7)
4)	32 (29.1)	5 (9.1)	18 (20.9)	6 (5.9)	20 (29.9)	8 (9.6)	70 (26.6)	19 (7.9)
전 체	110	55	86	101	67	83	263	239
보수−진보 점수	3.15	2.62	3.02	2.54	3.22	2.30	3.13	2.48

〈참고〉 1) 참여해서는 안 된다. 2) 안하는 편이 좋다. 3) 경우에 따라서는 할 수 있다. 4) 적극적으로 참여해야 한다.

사회참여에 대한 반응을 보수−진보 점수로 나타내면 9점부터 33점

사이에서 전체평균이 21.04로 산출되었고, 1학년이 20.61, 2학년이 20.74, 3학년이 21.69로 성경 부분의 조사와 동일하게 학년이 올라갈수록 진보적인 성향을 보였다. 사회참여에 대한 견해는 성경에 대한 보수-진보 점수처럼 총합은 1985년 보다 높으나 조금 다른 양상을 가지고 있다. 성경에 대한 입장은 2016년의 학생들이 점수가 모두 높았는데, 사회참여에 대한 견해에서는 1학년, 3학년은 1985년 보다 더 보수적이고, 2학년은 진보적인 성향으로 나타났다.

3. 신대원생들의 신앙고백

신앙고백에 대해서는 8개 항목을 조사하였는데, 창조, 사탄, 동정녀탄생, 지상 재림, 예수의 신성, 하나님나라, 내세, 오순절성령운동에 관한 것들이다. 창조 신앙에 대한 견해에서는 창세기의 사실 그대로 믿는 경우가 56.8%로 가장 높았으나, 창조와 진화는 다른 관점의 문제이며 함께 수용될 수 있다는 입장도 41.9%에 달하였다. 1985년과 비교하여 볼 때, 창세기를 그대로 믿는 경우는 6.8% 감소하였고, 창조와 진화와 함께 수용될 수 있다는 응답은 7% 증가한 것으로 나타났으며, 진화되었다고 응답한 경우는 0.3% 감소한 것을 알 수 있다. 사탄의 존재에 관한 응답도 살펴보면 〈표 12-19〉와 같이, 1985년과 거의 비슷한 경향을 보였다. 대부분은 78.7%, 사탄은 실체로 존재한다고 반응하였으며, 다음으로 집단적 악의 세력이라고 답한 경우가 12.1%로 나타났으며, 9.2%는 사탄이 개인을 유혹하는 힘이라고 응답하였다. 한편, 보수-진보 점수는 차이가 미미하나 창조 신앙에서는 1985년보다 증가하였고, 사탄의 존재에 대해서는 보수적인 성향으로 점수가 감소한 것을 볼 수 있다.

〈표 12-18〉 창조 신앙

( )안은 %

구분	1학년		2학년		3학년		전체	
	1985년	2016년	1985년	2016년	1985년	2016년	1985년	2016년
1)	78 (65.0)	35 (62.5)	53 (66.3)	57 (56.4)	42 (58.3)	45 (53.6)	173 (63.6)	137 (56.8)
2)	41 (34.2)	20 (35.7)	27 (33.7)	44 (43.6)	27 (37.5)	37 (44.0)	95 (34.9)	101 (41.9)
3)	1 (0.8)	1 (1.8)	0 (0.0)	0 (0.0)	3 (4.2)	2 (2.4)	4 (1.5)	3 (1.2)
전 체	120	56	180	101	72	84	272	241
보수-진보 점수	1.36	1.39	1.34	1.44	1.46	1.49	1.38	1.44

〈참고〉 1) 창세기의 사실 그대로 믿는다. 2) 창조와 진화는 다른 관점의 문제이며 함께 수용될 수 있다. 3) 진화되었다.

〈표 12-19〉 사탄의 존재

( )안은 %

구분	1학년		2학년		3학년		전체	
	1985년	2016년	1985년	2016년	1985년	2016년	1985년	2016년
1)	89 (73.0)	49 (89.1)	65 (75.6)	80 (79.2)	57 (78.1)	59 (71.1)	211 (75.1)	188 (78.7)
2)	17 (13.9)	6 (10.9)	7 (8.1)	7 (6.9)	5 (6.8)	9 (10.8)	29 (10.3)	22 (9.2)
3)	16 (13.1)	0 (0.0)	14 (16.3)	14 (13.9)	11 (15.1)	15 (18.1)	41 (14.6)	29 (12.1)
전 체	122	55	86	101	73	83	281	239
보수-진보 점수	1.40	1.11	1.41	1.35	1.37	1.47	1.40	1.33

〈참고〉 1) 실체로 존재한다. 2) 개인을 유혹하는 힘이다. 3) 집단적 악의 세력이다.

　　동정녀로부터의 탄생에 관한 질문에서는 확실하다라고 응답한 경우가 79.7%로 가장 높았다. 다음으로는 그렇다가 17%로, 그렇다고 믿는 경우가 96.7%에 해당하였다. 특히 이번 조사에서는 한명의 학생만 동정녀 탄생을 부정하는 것으로 나타났다. 재림신앙에 관해서도 〈표 12-21〉과 같이, 96.3%가 긍정적으로 응답하였다. 동정녀 탄생과 재림신앙의 보수-진보 점수는 대략 1.2의 수치를 보이는데, 이는 1985년보다 더 감소한 것이다.

〈표 12-20〉 동정녀 탄생

( )안은 %

구 분	1학년		2학년		3학년		전 체	
	1985년	2016년	1985년	2016년	1985년	2016년	1985년	2016년
1) 확실히 그렇다	82 (68.3)	48 (85.7)	61 (71.8)	84 (83.2)	46 (67.6)	60 (71.4)	198 (69.2)	192 (79.7)
2) 그렇다	30 (25.0)	7 (12.5)	18 (21.2)	13 (12.9)	17 (25.0)	21 (25.0)	65 (20.1)	41 (17.0)
3) 잘 모르겠다	5 (4.2)	1 (1.8)	2 (2.4)	4 (4.0)	4 (5.9)	2 (2.4)	11 (4.0)	7 (2.9)
4) 그렇지 않다	2 (1.7)	0 (0.0)	3 (3.5)	0 (0.0)	0 (0.0)	0 (0.0)	5 (1.8)	0 (0.0)
5) 전혀 아니다	1 (0.8)	0 (0.0)	1 (1.2)	0 (0.0)	1 (1.5)	1 (1.2)	3 (1.1)	1 (0.4)
전 체	120	56	85	101	68	84	273	241
보수-진보 점수	1.42	1.16	1.41	1.21	1.43	1.35	1.42	1.24

〈표 12-21〉 재림신앙

( )안은 %

구 분	1학년		2학년		3학년		전 체	
	1985년	2016년	1985년	2016년	1985년	2016년	1985년	2016년
1) 확실히 그렇다	82 (68.3)	45 (81.8)	71 (83.5)	81 (80.2)	52 (72.2)	63 (75.0)	205 (74.0)	189 (78.8)
2) 그렇다	30 (25.0)	(16.4)	8 (9.4)	16 (15.8)	17 (23.6)	17 (20.2)	56 (20.2)	42 (17.5)
3) 잘 모르겠다	5 (4.2)	(1.8)	5 (5.9)	4 (4.0)	2 (2.8)	1 (1.2)	11 (4.0)	6 (2.5)
4) 그렇지 않다	2 (1.7)	0 (0.0)	0 (0.0)	0 (0.0)	1 (1.4)	1 (1.2)	4 (1.4)	1 (0.4)
5) 전혀 아니다	1 (0.8)	0 (0.0)	1 (1.2)	0 (0.0)	0 (0.0)	2 (2.4)	1 (0.4)	2 (0.8)
전 체	120	55	85	101	72	84	277	240
보수-진보 점수	1.42	1.20	1.26	1.24	1.33	1.36	1.34	1.27

신앙고백 중 예수에 대한 질문은 1985년 조사에서 예수는 단순히 죄 없으신 인간이며, 역사적 인물일 뿐이라고 응답한 경우가 없었으며, 2016년 조사에서는 이 항목을 제외하고 조사하였다. 예수는 참 인간이며, 하나님이라고 고백한 경우가 98.8%를 차지하였고, 신격화 되었다고 응답한 경우는 1.3%에 불과했다.

<표 12-22> 예수의 신성

( )안은 %

구분	1학년		2학년		3학년		전체	
	1985년	2016년	1985년	2016년	1985년	2016년	1985년	2016년
1)	115 (96.6)	55 (100.0)	83 (98.8)	100 (99.9)	71 (98.6)	82 (97.6)	269 (97.8)	237 (98.8)
2)	4 (3.4)	0 (0.0)	1 (1.2)	1 (1.0)	1 (1.4)	2 (2.4)	6 (2.2)	3 (1.3)
3)	0 (0.0)	–	0 (0.0)	–	0 (0.0)	–	0 (0.0)	–
4)	0 (0.0)		0 (0.0)		0 (0.0)		0 (0.0)	
전 체	119	55	84	101	72	84	275	240
보수-진보 점수	1.03	1.00	1.01	1.01	1.01	1.02	1.02	1.01

<참고> 1) 예수는 참 인간이시며 동시에 참 하나님이시다. 2) 예수는 그의 도덕적 완전성과 어떤 초월적인 힘을 지니셨기 때문에 신격화되었다. 3) 예수는 단순히 죄없으신 인간이다. 4) 예수는 한 역사적 인물일 뿐이다.

하나님 나라가 이 땅에서 이루어지는 것이라는 주장에 대한 반응은 강한 긍정을 보인 답변이 54.6%로 가장 높았다. 강한 부정 및 부정적인 응답은 한 자리 숫자에 불과하였고, 보수-진보 점수를 살펴보면 1985년의 보수-진보 점수보다 0.86 증가하였으며, 4점대의 점수를 보였다.

<표 12-23> 하나님 나라의 지상건설

( )안은 %

구분	1학년		2학년		3학년		전체	
	1985년	2016년	1985년	2016년	1985년	2016년	1985년	2016년
1) 확실히 그렇다	10 (8.5)	1 (1.8)	8 (10.3)	1 (1.0)	3 (4.3)	0 (0.0)	21 (8.1)	2 (0.8)
2) 그렇다	21 (17.9)	1 (1.8)	10 (12.8)	1 (1.0)	9 (13.0)	2 (2.4)	40 (15.2)	4 (1.7)
3) 잘 모르겠다	18 (15.4)	6 (10.9)	7 (9.0)	12 (11.9)	13 (18.8)	5 (6.0)	38 (14.4)	23 (9.6)
4) 그렇지 않다	42 (35.9)	15 (27.3)	33 (42.3)	37 (39.6)	24 (34.8)	28 (33.3)	99 (37.5)	80 (33.3)
5) 전혀 아니다	26 (22.2)	32 (58.2)	20 (25.6)	50 (49.5)	20 (29.0)	49 (58.3)	66 (25.0)	131 (54.6)
전 체	117	55	78	101	69	84	264	240
보수-진보 점수	3.45	4.38	3.60	4.33	3.71	4.48	3.56	4.39

마지막으로 내세의 실제와 오순절 성령운동에 관해서는 <표 12-24>, <표 12-25>와 같이, 긍정적인 반응이 대체적으로 나타났다. 내세의 실재는 90%가 확실히 있거나 있다고 응답하였으며, 오순절 성령운동에 대해서는 적극찬성하거나 찬성인 경우가 60.8%를 차지하였다. 특히 성령운동에

관해 잘 모르겠다고 응답한 경우가 32.9%로 상당히 높은 수치를 보였다. 보수–진보 점수는 내세의 실제, 오순절 성령운동 모두 이전 조사보다 증가한 것으로 나타났다.

〈표 12–24〉 내세의 실재성

( )안은 %

구분	1학년		2학년		3학년		전 체	
	1985년	2016년	1985년	2016년	1985년	2016년	1985년	2016년
1) 확실히 있다	97 (80.8)	48 (87.3)	67 (79.8)	67 (66.3)	62 (82.7)	62 (74.7)	226 (81.0)	177 (74.1)
2) 있다	16 (13.3)	5 (9.1)	14 (16.7)	22 (21.8)	11 (14.7)	11 (13.3)	41 (14.7)	38 (15.9)
3) 잘 모르겠다	5 (4.2)	1 (1.8)	2 (2.4)	9 (8.9)	2 (2.7)	5 (6.0)	9 (3.2)	15 (6.3)
4) 없다	2 (1.7)	0 (0.0)	0 (0.0)	1 (1.0)	0 (0.0)	3 (3.6)	2 (0.7)	4 (1.7)
5) 전혀 없다	0 (0.0)	1 (1.8)	1 (1.2)	2 (2.0)	0 (0.0)	2 (2.4)	1 (0.4)	5 (2.1)
전 체	120	55	84	101	75	83	279	239
보수–진보 점수	1.27	1.20	1.26	1.50	1.20	1.46	1.25	1.42

〈표 12–25〉 성령운동에 대한 반응

( )안은 %

구분	1학년		2학년		3학년		전 체	
	1985년	2016년	1985년	2016년	1985년	2016년	1985년	2016년
1) 적극적 찬성	31 (26.5)	9 (16.4)	11 (13.9)	15 (14.9)	11 (15.3)	62 (74.7)	53 (19.8)	32 (13.3)
2) 찬성	61 (52.1)	25 (45.5)	46 (58.2)	46 (45.5)	47 (65.3)	11 (13.3)	154 (57.5)	114 (47.5)
3) 잘 모르겠다	15 (12.8)	19 (34.5)	9 (11.4)	35 (34.7)	4 (5.6)	5 (6.0)	28 (10.4)	79 (32.9)
4) 반대	10 (8.5)	2 (3.6)	9 (11.4)	4 (4.0)	9 (12.5)	3 (3.6)	28 (10.4)	13 (5.4)
5) 적극 반대	0 (0.0)	0 (0.0)	4 (5.1)	1 (1.0)	1 (1.4)	2 (2.4)	5 (1.9)	2 (0.8)
전 체	117	55	79	101	72	83	268	240
보수–진보 점수	2.03	2.25	2.35	2.31	2.19	1.46	2.17	2.33

신앙고백에 대한 성향을 보수–진보 점수로 환산하면 8점에서 33점까지 나타낼 수 있으며, 1학년 13.69, 2학년 14.39, 3학년 15.03으로 성경, 사회참여, 신앙고백 모두 학년이 올라갈수록 보수적인 성향이 쇠퇴하는 현상을 보여준다.

[그림 12-2] 신앙고백에 대한 보수-진보 점수

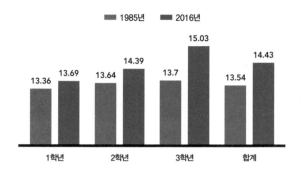

성경, 사회참여, 신앙고백 각각 보수-진보점수가 0.5, 0.08, 0.89로 증가하였는데, 가장 미미하게 변화된 것은 사회참여이며, 가장 점수 차이가 많이 나는 경우는 신앙고백임을 알 수 있다.

4. 신대원생들의 신학적인 입장

이 영역에서는 장신의 교훈인 경건과 학문, 신학과 목회의 관계, 학교의 신학입장, 신학방향에 대한 만족도를 조사하였고, 자신의 신학적 입장에 대한 결과를 분석하였다. 경건과 학문의 관계에 대해서는 〈표 12-26〉과 같이 1985년 보다 높은 비율로 62.6%가 경건과 신학은 불가분의 것이라고 보았으며, 다음으로 경건은 신학의 출발이요 목적이기도 하다고 16.2%가 응답하고, 경건 없는 신학은 성립될 수 없다는 의견이 15.3%로 나타났다.

235

<표 12-26> 경건과 학문의 관계

( )안은 %

구분	1학년		2학년		3학년		전체	
	1985년	2016년	1985년	2016년	1985년	2016년	1985년	2016년
1)	12 (10.6)	11 (20.8)	10 (13.2)	10 (10.1)	2 (2.7)	2 (2.4)	30 (11.6)	38 (16.2)
2)	35 (31.0)	6 (11.3)	23 (30.3)	18 (18.2)	16 (21.6)	17 (20.0)	71 (27.4)	36 (15.3)
3)	65 (57.5)	33 (62.3)	37 (48.7)	66 (66.7)	52 (70.3)	60 (70.6)	148 (57.1)	147 (62.6)
4)	2 (1.8)	3 (5.7)	2 (2.6)	4 (4.0)	4 (5.4)	6 (7.1)	6 (2.3)	10 (4.3)
5)	0 (0.0)	0 (0.0)	4 (5.3)	1 (1.0)	4 (5.4)	6 (7.1)	5 (1.9)	4 (1.7)
전 체	113	53	76	99	2.78	2.82	259	235

<참고> 1) 경건은 신학의 출발이요 목적이기도 하다.(경건지상) 2) 경건 없는 신학은 성립될 수 없다.(경건우선) 3) 경건과 신학은 불가분의 것이다.(경건-신학) 4) 신학 없는 경건은 신비적이다.(신학우선) 5) 신학과 경건은 별개의 것이다.

신학과 목회의 관계에서는 47.0% 목회는 신학을 바탕으로 이루어져야 한다고 반응하였으며, 신학은 목회의 경험을 통해 수정되어야 한다는 응답은 0.4%에 불과했다. 1985년과 비교하여 볼 때, 신학은 목회를 위한 것이며, 신학은 목회의 경험을 통해 수정되어야 한다는 경우는 감소하였으며, 목회는 신학의 실천이어야 한다고 응답한 경우는 증가하였다.

<표 12-27> 신학과 목회의 관계

( )안은 %

구분	1학년		2학년		3학년		전체	
	1985년	2016년	1985년	2016년	1985년	2016년	1985년	2016년
1)	31 (26.3)	11 (20.8)	30 (39.0)	17 (17.5)	26 (34.7)	8 (9.6)	87 (32.2)	36 (15.5)
2)	25 (21.2)	6 (11.3)	16 (20.8)	8 (8.2)	12 (16.0)	10 (12.0)	53 (19.6)	22 (9.5)
3)	4 (3.4)	33 (62.3)	2 (2.6)	0 (0.0)	8 (10.7)	1 (1.2)	14 (5.2)	1 (0.4)
4)	51 (43.2)	3 (5.7)	24 (31.2)	48 (49.5)	24 (32.0)	43 (51.8)	99 (36.7)	109 (47.0)
5)	7 (5.9)	0 (0.0)	5 (6.5)	24 (24.7)	5 (6.7)	21 (25.3)	17 (6.3)	64 (27.6)
전 체	118	53	77	97	75	83	270	232

<참고> 1) 신학은 목회를 위한 것이어야 한다. 2)신학은 목회의 경험을 통해 수정되어야 한다. 3) 목회와 신학은 별개의 것이다. 4) 목회는 신학을 바탕으로 이루어져야 한다. 5) 목회는 신학의 실천이어야 한다.

장신 신학입장에 대한 견해로는 보수와 진보의 공통분모를 찾고 양자의 장점을 창조적으로 통합하고 있다가 61.3%에 해당하였으며, 개방된 보수

주의의 장점을 갖고 있다고 응답한 경우도 32.2%를 차지하였다. 너무 진보적이며, 너무 보수적이라고 생각한 경우는 각각 2.2%, 4.3%로 1985년 7.2%, 12.0% 보다 감소하였으며, 대부분 중도적인 입장으로 이해한 것으로 보인다.

〈표 12-28〉 장신 신학입장에 대한 견해

( )안은 %

구분	1학년		2학년		3학년		전체	
	1985년	2016년	1985년	2016년	1985년	2016년	1985년	2016년
1)	11 (9.8)	2 (3.8)	6 (8.5)	1 (1.0)	1 (1.5)	2 (2.5)	18 (7.2)	5 (2.2)
2)	63 (56.3)	35 (66.0)	43 (60.6)	59 (60.8)	43 (63.2)	47 (58.8)	149 (59.4)	141 (61.3)
3)	28 (25.0)	16 (30.2)	11 (15.5)	33 (34.0)	15 (22.1)	25 (31.3)	54 (21.5)	74 (32.2)
4)	10 (8.9)	0 (0.0)	11 (15.5)	4 (4.1)	9 (13.2)	6 (7.5)	30 (12.0)	10 (4.3)
전 체	112	53	71	97	68	80	251	230

〈참고〉 1) 너무 진보적이다. 2) 보수와 진보의 공통분모를 찾고 양자의 장점을 창조적으로 통합 3) 개방된 보수주의의 장점을 갖고 있다. 4) 너무 보수적이고 폐쇄적이다.

학교의 신학방향에 대한 만족도는 1985년 조사에서 43.5%가 긍정적인 반응(아주만족, 만족)이였는데 이번조사에서는 69.2%로 증가하였으며, 부정적인 반응(불만, 매우불만)도 1985년 25.3%에서 5.5%로 감소한 것을 볼 수 있다.

〈표 12-29〉 학교의 신학 방향에 대한 만족도

( )안은 %

구분	1학년		2학년		3학년		전체	
	1985년	2016년	1985년	2016년	1985년	2016년	1985년	2016년
1) 아주 만족	2 (1.8)	10 (19.2)	4 (5.4)	7 (7.1)	4 (5.8)	6 (7.2)	10 (4.0)	23 (9.8)
2) 만족	44 (40.0)	35 (67.3)	24 (32.4)	65 (65.7)	32 (46.4)	39 (47.0)	100 (39.5)	139 (59.4)
3) 그저 그렇다	35 (31.8)	6 (11.5)	26 (35.1)	22 (22.2)	18 (26.1)	31 (37.3)	79 (31.2)	59 (25.2)
4) 불만	22 (20.0)	0 (0.0)	14 (18.9)	3 (3.0)	10 (14.5)	6 (7.2)	46 (18.2)	9 (3.8)
5) 매우 불만	7 (6.4)	1 (1.9)	6 (8.1)	2 (2.0)	5 (7.2)	1 (1.2)	18 (7.1)	4 (1.7)
전 체	110	52	74	99	69	83	253	234

자신의 신학적 입장에 대해서는 〈표 12-30〉에서 볼 수 있듯이 53.9%가 복음주의이며, 신정통주의 24.8%, 기타 14.8% 순으로 나타났다. 근본주의와 자유주의는 한 자리 비율로 파악되었다.

〈표 12-30〉 자신의 신학적 입장인식

( )안은 %

구분	1학년		2학년		3학년		전체	
	1985년	2016년	1985년	2016년	1985년	2016년	1985년	2016년
1) 근본주의	3 (2.5)	3 (5.8)	1 (1.4)	0 (0.0)	2 (2.9)	2 (2.4)	6 (2.3)	5 (2.2)
2) 복음주의	61 (50.4)	32 (61.5)	45 (63.4)	51 (53.1)	45 (64.3)	41 (50.0)	151 (57.6)	124 (53.9)
3) 신정통주의	25 (20.7)	13 (25.0)	15 (21.1)	27 (28.1)	7 (10.0)	17 (20.7)	47 (17.9)	57 (24.8)
4) 자유주의	10 (8.3)	1 (1.9)	7 (9.9)	2 (2.1)	7 (10.0)	7 (8.5)	24 (9.2)	10 (4.3)
5) 기타	12 (9.9)	3 (5.8)	3 (4.2)	16 (16.7)	9 (12.9)	15 (18.3)	24 (9.2)	34 (14.8)
전 체	121	52	71	96	70	82	262	230

Ⅳ. 신학생들의 신학적 성향

1. 신대원생들의 보수-진보 성향

설문지의 성경, 사회참여, 신앙고백 부분은 보수-진보의 성향을 측정할 수 있도록 고안되었다. 즉, 각각의 반응번호를 더한 숫자가 많을수록 진보적인 성향을, 적을수록 보수적인 성향을 나타낸다고 할 수 있다. 가장 보수적일 경우 22점, 가장 진보적일 경우 89점을 나타낼 수 있으며, 응답자의 성향은 이 사이 위치하고 있는데 거의 정상분포곡선을 이루고 있었다.

장신 신대원생의 평균 보수-진보 점수는 〈표 12-31〉과 같이, 2016년 1, 2, 3학년의 보수-진보 점수는 통계적으로도 유의한 차이(p<.0.05) 있는 것으로 나타났으며, 1학년 46.55, 2학년 47.54, 3학년 49.85로서 1학년이 가장 보수적이고, 3학년이 가장 진보적인 것으로 판단되었다. 그리고 〈표 12-32〉, [그림 12-3]에서 볼 수 있듯이 1985년과 2016년 보수-

진보 점수도 비교해볼 수 있는데, 전체적인 평균은 증가되었으며, 1학년
보다 2-3학년의 점수가 두드러지게 증가된 것을 볼 수 있다.

〈표 12-31〉 2016년 보수-진보 점수

구분	2016년 보수-진보 점수			
	평균	표준편차	자유도	유의확률
1학년	46.55	4.65	4.465*	.013
2학년	47.54	5.75		
3학년	49.85	6.66		
합계	48.08	5.96		

*p<.0.05

〈표 12-32〉 2016년 보수-진보 점수

구분	보수-진보 점수	
	1985년	2016년
1학년	46.40	46.55
2학년	45.52	47.54
3학년	47.95	49.85
평균	46.64	48.08

[그림 12-3] 학년별 보수-진보 점수

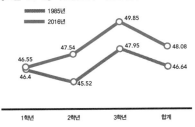

1) 신학선택 동기에 따른 보수-진보 성향

신학을 선택하게 된 동기가 매력적이고, 인생의 의미 탐구라고 응답한
경우가 평균이 가장 높았으며, 이를 선택한 학생들이 진보적인 성향을 보
인다고 설명할 수 있다. 가장 보수적인 성향은 신학선택 동기로 권고를 선
택한 경우이며, 다음으로 소명감이 차지했다. 1985년 연구에서는 소명감
의 경우 평균 보수-진보 점수가 42.70으로 가장 보수적인 성향이었고, 인
생의 의미탐구 45.52, 신학의 매력으로 답한 경우가 50.33으로 나타났
다.

〈표 12-33〉 신학선택 동기에 따른 보수-진보 점수

신학선택동기	평균	표준편차	자유도	유의확률
권고	46.90	4.12		
소명감	47.59	5.30		
신학의 매력	51.67	7.25	2.645*	.035
인생의의미탐구	50.62	7.07		
기타	49.29	9.58		

*p<.05

2) 과거 종교 활동 영역에 따른 보수-진보 성향

과거의 종교 활동 영역에 대해서는 운동권이라고 응답한 경우의 평균이 65.33이어서 매우 진보적인 성향을 갖고 있음이 밝혀졌다. 대조적으로 교회 안에서만 활동한 학생의 평균은 47.63이었고, 복음주의선교단체의 경우는 이보다 조금 높은 49.23 으로 나타났다.

〈표 12-34〉 과거의 종교 활동 영역

과거의 종교 활동 영역	평균	표준편차	자유도	유의확률
교회 안에서만	47.63	5.98		
복음주의선교단체	49.23	4.67	10.30***	.000
운동권	65.33	4.73		
기타	47.27	5.39		

***p<.001

〈표 12-35〉와 같이, 1985년 연구에서는 성별, 결혼여부, 방언체험, 전공, 졸업계획, 교회경력, 통독, 신학선택 동기 부분에서 의미 있는 차이가 밝혀졌다. 그런데 신학선택 동기는 앞서 설명하였으므로, 아래는 신학선택 동기 부분만 제외하고, 보수-진보 점수를 비교하여 정리해 보았다.

<표 12-35> 보수-진보 연도별 점수 비교 (성별, 결혼여부, 방언체험, 전공, 졸업계획, 교회경력, 통독)

성별	보수-진보 점수		결혼여부	보수-진보 점수		방언체험	보수-진보 점수	
	1985년	2016년		1985년	2016년		1985년	2016년
남자	43.86	48.49	기혼	42.35	48.65	한 적 있다	42.82	47.90
여자	41.67	47.42	미혼	45.31	48.01	해본 적 없다	45.34	49.79

전공	보수-진보 점수		졸업계획	보수-진보 점수		교회경력	보수-진보 점수	
	1985년	2016년		1985년	2016년		1985년	2016년
신학	46.23	48.13	일반목회	42.15	47.46	모태	41.56	48.59
어문학	45.8	45.79	특수목회	47.42	48.79	대학	40.00	46.00
인문사회과학	43.29	48.29	신학	46.92	49.92	그 이후	38.00	45.00
자연과학	42.08	48.26	선교단체	46.91	47.00			
예체능	41.8	50.60						

통독	보수-진보 점수	
	1985년	2016년
2-3번	45.86	47.96
4-5번	42.2	48.61
5번이상	39.77	48.18

2. 각 영역 간 상관관계 분석

성경관, 사회관 및 신앙고백 사이에는 어떤 상호 관계가 있는가의 문제도 연구의 중요관심사 중의 하나이다. 각 분포간의 상관관계를 수량적으로 나타내는 상관계수(coefficient of correlation)를 구하여 보았다. 적극적인 상관이 있을 경우는 +로 나타나고, 소극적인 상관 즉 반비례 현상일 경우에는 −로 나타나며 완전한 상관은 두 분포가 일치하는 경우로 1.00으로 나타나게 된다. 일반적으로 .70이상일 경우를 높은 상관이 있다고 말하며, .40이상일 경우에는 상관이 있는 정도로, .20이하일 경우는 상관이 없다고 할 수 있다. 본 연구에서는 대표적인 상관도의 계산방법인 피어슨의 상관계수(r)를 구하였다.

이번 연구에서는 <표 12-36>과 같이, 성경관, 사회참여, 신앙고백 사이에서 유의한 상관관계를 보였으며, 성경관과 사회 참여 간의 상관계수는

.59, 신앙고백과 성경관의 상관계수는 .59, 사회참여와 신앙고백 간의 상관계수는 .44로 상관이 있음이 밝혀졌다. [그림 12-4]와 같이, 1985년보다는 낮은 수치이지만 여전히 상관이 있다고 설명할 수 있다.

〈표 12-36〉각 영영간의 상관계수

	1	2	3
1 성경관	1		
2 사회참여	.585***	1	
3 신앙고백	.591***	.437***	1

*p〈.001

[그림 12-4] 연도별 영역 간 상관계수 비교

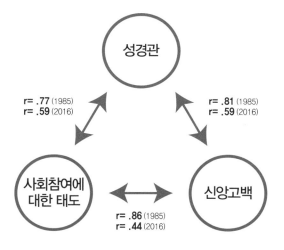

V. 신학 정체성을 위한 신학교육의 과제

장신 신학의 정체성은 무엇인가? 본 연구는 장신대 신대원생들의 장신 신학에 대한 의식을 조사하되, 1985년도의 의식조사와 비교하여 신학적 정체성의 변화도 파악하고자 하였다. 장신대 신대원에 재학하는 학생들은 대체적으로 좌나 우, 진보나 보수의 어느 한 쪽에 치우치지 않고 신학적 중심을 잡고 있음을 알 수 있으며, 다양한 신학적 입장과 대화하되 복음적, 에큐메니칼 입장에서 이들을 통합하려는 경향이 있음도 알 수 있다. 성경에 대해서는 유기적 영감설을 주로 받아들이며, 성경의 전체적인 메시지가 하나님의 말씀이며, 역사적 오류가 포함되어 있지만 신앙과 행위의 절대적인 표준으로 믿고 있다. 성서는 하나님의 계시된 진리를 포함하며 그 중심은 예수 그리스도이심을 믿으며, 모든 성서비평학을 참고하되 그것을 성서의 중심 메시지가 손상되지 않는 범위에서 사용하여야 한다는 입장을 지니고 있다. WCC에 대해서는 선택적으로 참여해야 하고, 타 종교는 존중해야 하지만 구원이 없다고 믿고 있다. 신학은 이데올로기를 초월하며, 교단마다 신조가 다르더라도 기독교의 본질을 공통분모로 교회가 연합하는 바람직하다는 입장이다. 해방신학과 민중신학도 상황 속에서의 가치를 인정하고 있으며, 교회의 정치 참여도 경우에 따라서는 해야 한다고 믿고 있으며, 거의 모두가 여성안수를 지지하고 있다. 신앙고백에 있어서 대부분이 정통적인 입장에 서 있지만, 창조와 진화를 함께 수용하려는 입장이 증가하고 있으며, 하나님 나라가 이 땅에 이루어지는 것을 강조하는 경향이 강해지고 있음을 알 수 있다. 장신대의 신학적 학풍에 대한 만족도는 30년 전보다 의미있게 상승하였으며, 자신의 신학을 복음주의, 신정통주의로 인식하고 있다. 장신의 신학이 보수와 진보의 공통분모를 찾고, 이 양자의 장점을 창조적으로 통합한다는 점에서 높이 평가하고 있다.

장신대의 신학교육은 이러한 학생들의 신학적 의식과 대화하면서 이들이 스스로 자신의 신학을 장신대가 추구하는 장신신학의 정체성으로 더 가까이 나아가도록 돕는 과정이 되어야 한다. 이를 위해서는 장신신학의 '당위적'인 모습이 무엇인지에 대한 신학 연구가 심도있게 이루어져야 함과 동시에, 학생들이 지니고 있는 '현상적'인 신학적 입장을 세밀하게 파악하여 그 간격을 좁히는 교육을 실천하여야 한다. 이것은 성서, 사회참여, 신앙고백, 장신신학에 대한 입장 등 제 분야별로 구체적으로 분석되어야 하고, 성서신학, 조직신학, 역사신학 및 실천신학의 제 분야에서 구체적인 수업과 연결되어 적용, 실천되어야 할 것이다. 그리고 학년이 올라갈수록 진보적인 성향을 띠는 것과 30년 전과 비교할 때 보다 진보적인 입장이 되는 것이 경건의 약화를 의미하는 것이 되지 않도록 학문의 연마와 함께 경건훈련의 노력을 강화하여야 할 것이다. 그리하여 장신대 신대원을 졸업하는 학생들은 장신신학의 정체성을 지니고 그 신학에 근거한 목회와 사역을 감당할 수 있어야 할 것이다. 장신대 신학교육이 이런 방향으로 재정립되기를 기대한다.

244

토의를 위한 질문

1. 장로회신학대학교 신학대학원 학생들의 장신 신학 정체성에 대한 인식 조사에서 가장 특징적인 현상은 무엇이라고 생각하는가? 왜 그렇게 생각하는지를 나누어 보자.

2. 전체적으로 신학대학원 학년이 올라갈수록 진보 점수가 높게 나타나는 이유는 무엇이라고 생각하는가?

3. 성경관, 신앙고백, 사회참여 태도 간에 높은 상관관계가 있다는 것이 신학교육에 주는 시사점은 무엇이라고 생각하는가?

제13장. 신학대학교가 직면한 한계상황 진단과 대안의 방향

Ⅰ. 신학대학교의 위기상황

이 글은 오늘날 신학대학교가 직면한 한계상황과 이를 극복하는 방안을 장로회신학대학교를 중심으로 살펴보려고 한다. 1901년 마포삼열 선교사에 의해 처음 신학교육이 시작된 이래 장로회신학대학교는 지난 세월동안 3만여명 이상의 많은 목회자, 선교사, 교수, 기독교지도자들을 배출해 왔다. 한국교회 130여년의 역사가 그러하듯이 장신대의 역사도 '성장의 역사'였다. 입학생수 및 졸업생수의 증가, 교직원수의 증가, 시설의 확충, 재정규모의 확대 등 거의 모든 영역에 있어서 성장과 확장이 이루어져 왔다. 한국교회도 1884년 알렌 선교사가 한국에 와서 선교사역을 시작한 이래 2000년대가 되기까지 지속적으로 성장해 왔다. 일제시대에도, 한국전쟁 시기에도, 60년대 보릿고개 시절에도, 70-80년대 군사정권 시절에도 한국교회는 교인수, 교회수, 목회자수, 재정적인 규모에 있어서 비약적인 성장을 해왔다. 그러나 작금에 이르러 이러한 성장은 멈추어지고 교인 수 감소와 재정 규모의 축소라는 변화를 경험하고 있다.

장신대를 비롯한 신학대학교들이 직면한 위기는 다중적이다. 교인 수나 교회재정의 감소 요인만이 아니라 학령인구의 감소, 한국교회 신뢰도의 하락 및 반기독교적인 정서, 교회학교 학생수의 격감, 다음세대의 탈종교화 현상, 선교단체의 위축, 그리고 목회 현장과 괴리된 신학교육의 패러다임, 교단의 신학교육 정책 부재, 여신학생의 증가와 빈곤한 여성목회 현실, 예장 통합 교단의 경우 7개 신학교의 병존 등 다양한 요인에 의해서 신학대학교는 영향을 받고 있다. 더 심각한 문제는 이러한 상황을 위기로 인식하고 이를 적극적으로 대처하는 노력이 부족하다는 점이다.

신학대학교가 위기에 처해 있다는 인식이 전혀 없는 것은 아니지만 위기에 대한 체감온도는 교단마다, 학교마다, 총장이나 교수마다 다르다. 장신대는 장로교단(통합)의 대표적인 신학교로서 그동안 안정적인 성장을 해왔을 뿐만 아니라 지금까지는 학생충원이나 재정충당에 있어서 심각한 어려움을 겪지 않았다. 신학대학교가 위축되고 심지어 폐교하는 일이 발생하더라도 장신대는 제일 마지막에 해당할 것이라는 '안정감'을 지니는 경향도 있었다. 위기를 말하면서도 절박하게 위기를 느끼지도, 이에 대해 다각적이고 충분히 종합적인 대책을 세우지는 못하였다. 장기발전 계획이 있으나 이는 여전히 성장주의 패러다임에 입각한 성장과 확충을 전제로 한 계획인 것처럼 보인다.

그동안 장신대의 장기발전 수립에 있어서 가장 취약한 것이 현재 상황에 대한, 그리고 다가올 미래에 대한 철저한 진단과 분석이다. 정확한 진단과 분석이 없는 계획은 마치 '진찰 없는 치료'와 같다. 장신대가 과연 위기에 직면했는가? 위기라면 어떤 성격의 위기인가? 그 위기가 어느 정도인가? 그 위기를 유발하는 요인은 무엇인가? 그 위기가 사실이라면 향후 어떤 일들이 일어나게 될 것인가? 이런 위기 진단에 근거하여 중장기 계획을 수립하고, 위기에 대한 대책을 마련하여야 할 것이다.

II. 신학교육의 현실 진단

장신대를 둘러싸고 있는 상황이 위기적인 현실인데 장신공동체는 건강하게 신학교육을 담당하고 있는가? 장신대 내부에서 신학교육의 위기를 유발하는 요소는 없는가? 여기에서는 장신신학공동체 내부에 존재하는 위기

요인을 중심으로 진단하려고 한다.[12]

1. 장신신학 정체성 혼미

장신대에서 신학을 공부하고 졸업하게 되면 장신 신학의 정체성을 지녀야하고 그 정체성에 입각하여 목회를 담당하여야 하는데 3년 또는 7년을 공부하고 졸업하더라도 분명한 장신신학 정체성을 지니지 못하는 경향이 있다. 이는 장신 신학이 정체성을 지니지 못한 것을 의미하는 것이 아니다. 예장 통합 교단의 신앙고백서와 장신신학성명, 장신신학교육성명 등 장신 신학을 잘 드러내주는 문서가 존재한다. 그러나 현재의 커리큘럼은 한 학생이 장신대에 입학하여 졸업할 때에는 장신신학의 정체성을 지니고 목회 현장으로 나아갈 수 있도록 구성되어 있지 못하다. 다양한 과목이 개설되어 있고, 각 분야마다 다양한 관점을 지닌 교수들의 수업을 다양하게 수강하지만 이를 통합하여 자신의 신학으로 정립하는 것을 제대로 돕고 있지 못한 실정이다. 학과 내에서도 장신신학 정체성에 대한 통일된 입장이 존재하지 않으며, 이러한 통합을 모색하는 노력 또한 부족하다. 그리고 신학의 제 분야가 파편화되고 열거식으로 존재하며, 상호교류가 부족한 채 독립적으로 존재하기 때문에 학과 간의 통합은 더욱 어려운 실정이다. 장신대를 졸업하면 최소한 장신신학의 공통분모를 지니고 장신신학의 정체성의 근거한 사역을 할 수 있도록 교육할 필요가 있다.

2. 인격적 관계의 결여

신학교육은 학문적인 성숙만이 아니라 신앙적, 인격적 성숙을 도모해야 한다. 이를 위해서 가장 중요한 것은 교수와 학생 간, 학생과 학생 간의 인

---

12) 장신대의 외부적 위기 요인은 이 책의 '제1장 신학교육의 다중적 위기' 중 '2. 신학교육의 외부적 위기'를 참고하라.

격적인 관계가 형성되는 것이다. 현재의 신학교육은 '대량생산체제'로서 여전히 대형 강의 중심으로 진행되기 때문에 한 학생 한 학생의 실제적인 변화를 도모하기가 어려운 실정이다. 담임교수제와 신학생활, 대학생활 등 여러 가지 노력을 기울이고 있지만 아직도 장신대의 교육이 관계구조를 형성하였다고 보기는 어려울 것이다. 관계구조의 형성은 신앙 양육의 차원에서도 꼭 필요하다. 장신대의 교훈처럼 '경건과 학문'의 장이 되기 위해서는 인격적인 관계 속에서 학생 내면의 변화를 촉진할 수 있어야 한다. 현재의 학생 수와 교수 수의 비율로 이를 개선하기에는 한계가 있지만, 교원을 확충하거나 학생정원을 감축하는 방법이 아닐지라도 이를 해결하는 다양한 노력을 기울일 필요가 있다.

3. 목회 현장과의 괴리

신학교가 한국교회 중심에서 목회 현장의 변화를 선도해야 하는데, 현재의 장신대는 그런 역할을 감당하고 있다고 보기 어렵다. 소위 학문과 현장, 이론과 실제의 괴리가 심각하다는 것이다. 신학교에서 배우는 내용이 목회 현장에서 변화의 능력이 되지 못하고 현장의 필요를 해결하기 위해서는 신학교가 아닌 단체나 기관의 교육이나 연수에 의존하는 것이 오늘 한국교회의 현실이다. 물론 신학교가 현장의 모든 문제를 해결하기 위한 방법을 가르치는 곳은 아니다. 그러나 적어도 목회 현장의 문제를 신학적으로 성찰하여 대안의 방향을 제시할 수 있는 역할을 신학교가 수행하여야 할 것이다. 이는 신학교육의 모든 수업에서 보다 현장성을 제고할 필요가 있음을 의미하지만, 그보다도 신학교 안에 목회 현장에 대한 조사와 분석, 그리고 대안을 제시할 수 있는 연구기관이 존재함으로 학문과 현장, 이론과 실제의 교량 역할을 할 수 있어야 한다. 현장과의 분리는 신학교가 단지 졸업장을 취득하는 기관으로 전락하게 만들고 이는 졸업한 후 목회 현장에 있으면서 지속적으로 신학교와 교류해야할 필요성을 느끼지 못하게 만들게 된다. 신학교는 '한국교회를 위한 신학교'이다. 장신대가 현장의 이슈를 민감하게 파악하며 그 이슈에 대해서 신학적으로 성찰하고 한국교회에 적합한 대안을 연구, 제시하여 목회의 변화를 주도할 수 있다면 교회와의 협력이 강화되는 것은 물론 한국교회 위기 극복을 위한 중요한 역할을 담당할 수 있을 것이다.

4. 조직의 효율성 한계

현재 장신대의 조직이 상황의 변화에 대처하며 신학교육의 질 제고를 위해 효율적인가? 장신대가 다른 종합대학에 비해서 규모가 큰 학교는 아니지만 약 85명의 교원이 있고 교직원까지 합하면 150여명의 교직원이 근무하고 있다. 더욱이 비정년트랙 교원들이 대거 참여하고 있는 구조 속에서 효율적으로 조직을 운영하며 장신 구성원들의 모든 역량을 최대한 모을 수 있는 소위 집단지성을 활용할 수 있어야 한다. 그러나 현재의 조직은 전통적인 구조이며 30-40명의 교원을 대상으로 한 과거 형태를 유지하고 있다. 특히 입학과 관련한 홍보, 학생모집, 선발 업무가 가장 중요한 업무로 부상됨에도 불구하고 이를 적극적으로 지원하거나 추진할 수 있는 조직이 되어 있지 않다. 교무와 관련된 업무도 대학, 신대원, 대학원이 병렬로 존립하고 있어 장신대 전체의 교육과정 개선을 위한 효과적인 구조가 되지 못하고 있다. 평생교육이 대학의 새로운 활로가 됨에도 불구하고 그 조직도 현상 유지에 급급할 수밖에 없는 구조이다. 이러한 조직을 역동적인 조직, 장신대의 역량을 최대한 살릴 수 있는 구조로 변화시킬 필요가 있다.

5. 여성을 고려한 교육 부족

장신대, 특히 신대원의 경우 여학생의 비율이 30%에 육박하고 있다. 이 여학생들을 고려한 교육과정의 편성이 요청된다. 여성 목회자의 현실을 파악해볼 때 현재의 여성 인력수급에는 심각한 문제가 있다. 여성 안수 이후에 여성들이 본 교단의 교회에서 활발하게 사역할 수 있는 여건이 형성되어 있지 못하며, 여성 사역자들이 다양한 현장에서 여성 리더십을 발휘하지 못하고 있다. 이는 한국교회 구조적인 문제이기도 하지만 신학대학교가 여성들을 위한 별도의 교육정책을 갖고 있지 못하며, 신학대학교의 커리큘럼이 여성들을 충분히 고려하지 못하고 있기 때문이기도 하다. 실제적으로 여성이 목회하고 사역하기를 원하고 있다면, 보다 적극적으로 그런 목회와 사역을 개척할 수 있는 여성 사역자를 양성하여야 할 것이다. 이는 여전도회연합회나 여교역자협의회에 맡길 문제가 아니라 장신대가 주도적으로 여성 신학생들을 위해 변화를 시도해야 하는 과제이다. 지금까지의 신학교육은 전통적인 남성 중심의 패턴을 그대로 고수하고 있는 셈이다. 이런 점에서 여성을 진지하게 고려한 교육과정의 변화가 요청된다.

Ⅲ. 신학대학교의 위기 극복 방안

'다른 신학교가 다 위기라고 하더라도 장신대는 예외이다. 설혹 위기가 오더라도 그것은 여타 신학교가 다 문을 닫은 이후일 것이다.' 장신대가 신학교육의 최후의 보루라는 점은 인정하지만 이런 식의 낙관론은 온당치 않다. 장신대도 이미 위기 속에 들어와 있으며, 더 큰 위기가 빠른 속도로 다가오고 있다. 이 위기에 적극적이고 창조적으로 대처하지 않는다면 심각한 결과가 초래될 수도 있다. 앞에서 살펴본 위기 현실을 직시하면서 이 위기를 극복할 수 있는 장신대의 중장기 발전계획의 방향을 설정하면 다음과 같다.

1. 학교 규모의 적정화

신학대학교의 미래예측에 있어서 가장 분명한 사실은 지원자 수의 감소 현상이다. 이것은 대학, 신학대학원, 대학원 모두에 해당하는 현상이다. 장신대의 경우만 보더라도 이미 대학의 경쟁률이 심각하게 낮아졌으며, 신학대학원의 지원자 수도 지속적으로 감소하고 있으며, 대학원도 일부 전공은 미달 사태를 경험하고 있다. 장신대를 비롯한 신학대학교는 정확한 미래예측을 통해서 학교를 적정 규모로 조정할 필요가 있다. 물론 정확한 미래예측은 어려운 일이지만 미래 변화를 최대한 예측하고 그 변화에 대응해 나가야 한다. 이미 구조조정을 통해서 교직원에 대해서는 일부 축소를 단행하였지만 보다 중요한 영역은 학생정원 부분이다. 향후 장신대 대학, 신대원, 대학원의 규모가 어느 정도가 적절한가에 대한 심도있는 연구와 이를 근거로 한 정책 입안이 요청된다. 규모의 적정화는 지원자가 줄어서 미달 사태가 일어난 다음에 시행하는 것보다 선제적으로 적정 정원으로 축소하여 양질의 교육을 유지하는 것이 바람직하다. 특히, 신대원의 경우 지난 몇 년간의 지원자 감소 현상에 근거한 미래예측에 따르면 정원의 축소는 불가피한 것으로 여겨진다. 양적으로 정원을 줄이는 차원을 넘어서 질적으로 성숙한 신학교육을 할 수 있는 계기로 삼는 것이 바람직하다. 학생 수가 줄면 등록금 수입이 줄게 되기에 부득이 학생 지원자 수가 정원 이하로 감소될 때까지 기다리는 것은 적극적인 해결방식이라고 볼 수 없다. 보다 선제적으로 규모를 적정화하는 노력이 요청된다.

2. 평생교육의 강화

장신대가 현재의 신대원(대학, 대학원도 포함) 정원을 축소하여 양질의 목회자 양성을 추구하되 평생교육원의 확충을 통해서 평신도 교육의 강화를 도모할 수 있다. 아직 장신대에는 평생교육의 영역이 블루오션으로 남아있다. 장신대는 한국교회의 평신도들을 교육할 수 있는 너무나 중요한 위치를 차지하고 있다. 비단 예장 통합 교단만이 아니라 한국교회 전체 평신도들에게 건강한 신학과 신앙, 각 분야에 대한 기독교적 관점을 제공할 수 있는 신학교이다. 지금까지 간헐적인 평신도 교육 시도가 있었지만 이를 장신대의 중추적인 과제로 삼고 이를 동력화할 필요가 있다. 이는 단지 좋은 강좌를 개설하는 방식을 넘어서서 한국교회와 네트워크를 강화하고 평신도들의 필요를 파악하여 이들에게 맞는 교육과정을 제공하는 것이다. 이는 장신대의 발전을 위한 것만이 아니라 한국교회를 건강하게 세워가고, 나아가 정치, 경제, 사회, 문화, 예술, 교육 각 영역에서 하나님 나라를 확장하는 통로가 될 것이다. 평생교육의 강화에는 목회자 계속 교육이 포함된다. 오늘날 급변하는 사회와 문화 속에서는 젊은 시절 잠시 신학교에서 공부한 것으로는 역동적인 사역을 감당하기에 불충분하다. 장신대 졸업생과 한국교회 목회자들에 대한 지속적인 계속교육은 장신대가 감당해야 할 중요한 사명이다. 이러한 평생교육의 강화는 신학대학교의 후원 구조를 든든히 하는 역할도 할 수 있을 것으로 기대된다.

3. 목회 현장 연구기능 확충

오늘날 신학교육의 가장 큰 딜레마는 현장과의 괴리이다. 신학교에서 배운 것과 현장 목회에서 필요한 것이 일치하지 않기 때문에 신학교가 아닌 타 단체나 기관에서 다시금 배워야 한다면 신학교 무용론이 나올 수밖에 없을 것이다. 물론 신학교가 현장의 모든 기술과 노하우를 전수해 주는 곳은 아니고 신학의 기본기를 확립하게 하는 것만으로도 중요한 역할을 감당하는 것으로 보아야 할 것이다. 그러나 보다 적극적으로 신학교육의 사명을 감당하는 것은 목회 현장을 변화시킬 수 있는 관점과 역량을 제공하는 것이다. 이를 위해서는 신학교 안에 가칭 한국교회목회연구소가 필요하다. 장신대 내에 여러 연구기관들이 있고 각각의 연구소 또는 연구원들이 의미있는 연구와 활동을 통해 신학교육 발전에 이바지하고 있다. 그러나 대부분의 경우 전공분야에 예속되어 있기 때문에 융합적인 활동이 어려우며 무엇보다 목회 현장의 문제들을 종합적으로 분석하고 대안을 제시할 수 있는 역할을 감당하지 못하고 있다. 장신대 내에 명실상부한 한국교회목회연구소가 설립되어 신학과 현장을 연결하고 이론과 실제의 가교역할을 할 수 있어야 할 것이다. 목회 현장의 이슈에 대한 깊은 신학적 성찰과 이에 근거한 실제적인 대안을 개발 보급할 수 있어야 할 것이다. '교회를 위한 신학'이 구호로 끝나지 않기 위해서는 이런 연구소를 통해 실제적인 공헌을 할 수 있어야 할 것이다. 이러한 한국교회목회연구소가 제대로 역할을 감당한다면 목회전문대학원은 이 연구소와 연결되어 목회 현장에 대한 신학적인 연구를 하되 실제적으로 현장을 변화시키는 '산학협동'의 전당이 될 수 있을 것이다.

4. 신학교육의 커리큘럼 개선

전통적인 신학교육의 커리큘럼은 오늘의 시대와 상황에 맞게 변화되어야 한다. 전통적인 교육과정은 지식 중심, 전공 중심, 교수 중심, 이론 중심, 강의 중심의 특징을 지니고 있다. 주어진 교과지식, 그것도 전공별로 파편화된 지식을 전수하는 교육이며, 교수가 자신이 전공하고 관심 갖는 분야의 내용을 일방적으로 전달하는 교수 중심, 강의 중심의 교육이며, 목회 현장과는 상관없는 신학의 이론들, 그것도 미국이나 유럽에서 배운 것을 가르치는 방식이다. 이러한 커리큘럼은 역량 중심, 융합 중심, 학생 중심, 현장 중심, 참여 중심, 진로 중심으로 전환되어야 한다. 특히 신학대학원의 경우, 신학적 지식을 전달하는 것이 목적이 아니고 목회적 역량을 키워야 하고, 파편화된 지식을 열거하는 것이 아니라 전공이 상호 융합되어 현장의 문제를 해결할 수 있는 능력을 제공할 수 있어야 한다. 특히 학생들의 진로와 사역을 돕는 교육과정이 되어야 하는데 각 학생의 은사와 비전에 맞는 '맞춤형 교육과정'을 제공함으로 학생들의 삶과 괴리된 교육과정이 아닌 학생이 주인공인 교육과정, 학생이 참여하는 교육과정으로 개편되어야 한다. 이를 위해서는 현재 시행 중인 맞춤형 신학생활, 교회안현장실천, 교회밖현장실천, 트랙별사경회, 글로컬현장교육원의 다양한 사역들이 발전적으로 재구성되어야 하며 커리큘럼의 패러다임이 역량중심으로 획기적으로 변화되어야 한다. 어떤 점에서는 전통적인 신학 구분에 따른 교육과정 편성 체제 자체에 대한 검토가 필요하다고 할 수 있다.

5. 장신신학의 정체성 확립

장신대의 신학교육은 장신신학에 근거한 것이 되어야 하고, 장신대를 졸업하는 모든 학생들은 장신신학의 정체성에 근거한 사역을 감당할 수 있어야 한다. 이는 장신신학이라는 획일적인 신학을 갖도록 하자는 의미가 아니라 장신신학의 정체성의 범주 안에서 각자가 신학에 대한 확신을 갖고 사역에 임하도록 하자는 의미이다. 예장 통합 교단은 한국교회의 중심에 선 신학을 지니고 있고, 좌와 우를 포용하고 이를 통합하여 교회 연합과 일치를 지향하는 건강한 신학이다. 이미 1985년에 장신신학성명서가 발표되었고, 2002년 장신신학교육성명서를 통해 구체화되었으며, 2015 장신신학성명서를 통해서 오늘날의 상황에 응전하는 신학으로 발전하였다. 문제는 이러한 신학이 신학교육의 수업과 연계되지 못하여 주어진 교육과정을 이수한 이후에도 신학적 통합이 이루어지지 못한다는 점이다. 전공 분야별로 신학적 정체성에 대한 토론이 금기시되어서는 안 되며 다양한 관점을 지니고 있더라도 건전한 토론을 통해 장신신학의 공통분모를 도출하여야 하며, 교수사회부터 이러한 신학적 정체성에 대한 활발한 논의를 통해 장신신학을 보다 정교하게 다듬고 이를 학생들과 공유하여야 한다. 학생들이 주어진 교육과정 중에 신학적 탐색을 할 수 있도록 기회를 제공하고, 마지막 학년에는 자신의 신학을 확립하고 이를 고백하고 이에 근거한 사역을 감당할 수 있어야 한다. 장신신학 정체성의 확립은 이들이 교육과정 속에서 달성해야 할 중요한 교육목적인 것이다. 장신대의 교수들은 장신신학공동체를 형성하여 장신신학 정체성 확립을 위해 격의 없이 토론하고 논쟁하며 합의에 이르는 문화를 지녀야 할 것이다. 이런 점에서 교수공동체는 진지한 학문공동체, 신앙공동체이며, 집단지성을 통해 신학을 발전시키는 공동체가 되어야 할 것이다.

6. 신학교육정책의 변화

예장 통합 교단의 신학교육정책에 일대 변화가 요청된다. 지금의 7개 신학교 체제는 이미 그 한계가 노출되고 있다. 한국교회 저성장 시대, 그리고 학령인구 감소로 인한 지원자 감소의 시대에 걸맞지 않은 구조라고 할 수 있다. 교단 산하 7개 신학교에 신대원 과정 개설을 허락한 교단 총회의 결정이 미래예측을 제대로 하지 않은 채 이루어진 결정이었다고 할 수 있을 것이다. 사실 당시 왜 이런 정책이 결정되었는지를 면밀히 검토하는 '복기'의 과정도 필요할 것이다. 그러나 문제는 현재 상황이 심각하기 때문에 과거에 매이기보다는 현재의 문제를 해결하는 대안을 마련하는 것이 급선무이다. 교단은 신학교육에 대해 책임있는 역할을 수행하여야 하는데, 목회자수급 상황, 교인 수 추이, 학령인구 추이, 교회학교 학생 수 추이, 향후 남북관계 변화, 세계교회 상황 등을 심도있게 분석하고 신학교육 정책의 방향을 설정해야 한다. 현재의 목회자 과잉공급의 문제와 대부분 신대원이 경험하고 있는 미달 사태를 극복하기 위해서는 신대원 통합 문제는 진지하게 고려할 필요가 있다. 또한 장신대를 7개 신학교의 한 학교로 이해하는 방식은 극복될 필요가 있다. 장신대를 교단을 대표하는 신학교로 인정하고 타 신학대학들과 적극적인 상호협력 체계를 구축할 수 있도록 하여야 한다. 현재 독립적이고 자율적으로 존재하는 신학교들을 특성화하고 이를 네트워크로 연결하여 장신대를 중심으로 하는 신학교육 컨소시움을 구성할 필요가 있다. 그리하여 예장 통합 교단이 일관되고 예측 가능한 신학교육정책을 실천하여야 할 것이다.

7. 여성 신학교육의 개선

장신대에 재학하고 있는 여학생들을 특별히 고려한 교육과정 편성이 필요하다. 여학생 모집을 제한하지 않는다면 약 30%에 해당하는 신대원 여학생의 향후 사역을 위해 장신대는 진지하게 응답하여야 한다. 여성 사역이 기존의 교회 안에서는 심각히 제한되고 있는 현실 속에서 제도적, 구조적 개선을 요청하는 것만이 아니라, 보다 적극적으로 이에 대처하는 신학교육 커리큘럼의 변화가 요청된다. 여성들이 남성 사역자들보다 더 잘할 수 있는 전문 사역을 개발하여야 하고, 전통적인 교회 목회가 아닌 다양한 교회 밖 사역을 개발할 수 있어야 하며, 새로운 형태의 교회를 시도할 수 있는 여성 팀목회를 준비할 수 있도록 도와야 한다. 여성들이 보다 야성적인 진취성을 가지고 여성 목회와 사역을 개발할 수 있는 의식 개혁도 중요한 교육과정으로 포함되어야 할 것이다. 그러나 이러한 여성 신학교육 개선은 여성들만을 대상으로 한 것이 아니라 남성들도 포함하여야 한다. 양성평등과 여성을 동역자로 생각하는 인식은 교육을 통해 함양되어야 한다. 여성을 위한 신학교육의 변화는 단지 교육과정의 개혁으로 끝나서는 안 되고 실제적으로 여성들이 사역 현장에서 자리를 잡을 수 있고 의미있는 변화를 도모하기 위해서 '여성 사역 개발 기금'을 마련하여 목회 현장에서 여성 사역이 정착하는 것을 도와야 할 것이다.

8. 입학처의 신설

장신대의 가장 시급한 과제는 학생모집과 충원, 선발에 관한 것이다. 이제는 오는 학생만을 연말에 일회적으로 받아서 입학시험을 치르고 입학시키는 방식으로는 한계가 있다. 그리고 교학실의 업무 중 한 부분으로 입학업무를 수행하는 것으로는 불충분하다. 상시적으로 학생을 모집하여야 하고 연중무휴 입시 업무가 진행되어야 한다. 이를 위해서는 입학처의 신설이 필요하다. 이는 단지 학생을 모집하여 미달 사태가 발생하지 않도록 미연에 방지하는 것만을 위한 것이 아니다. 목회자의 자질을 갖춘 양질의 학생들을 선발하는 것 자체가 가장 중요한 신학교육의 한 부분이기 때문이다. 필자가 신학대학원장으로 재직할 때부터 '떨기나무 불꽃 속으로'라는 입학설명회를 시작하고 있지만 보다 어린 시절부터 신학이나 목회에 뜻이 있는 학생들을 발굴하여 그들을 준비시켜 신학교에 입학하도록 돕는 체제가 마련되어야 하고, 연중 수시 모집을 통해 좋은 학생들을 선발할 수 있도록 하여야 한다. 장신대의 강점을 충분히 살려 교단에 속해 있는 기독교학교와 기독교대안학교들과 협력 관계를 맺고, 교회 청년, 대학부와 선교단체와도 협력하여 미래 한국교회 지도자가 될 수 있는 사람들을 선발할 수 있도록 해야 한다. 노회가 책임지고 신학교 입학 지원자를 추천하고 해당 학생에 대한 전액 장학금을 그 노회가 보장하는 것을 조건으로 학생을 입학시키는 방안도 검토할 필요가 있다. 또한 선발방식에 있어서도 기존의 지필고사의 한계를 극복하고 향후 목회자로 적합한 사람을 선발할 수 있는 방법을 연구 개발하는 것도 입학처의 중요한 업무가 될 것이다.

9. 조직의 개편

장신대의 조직은 보다 효율적인 체제로 개편되어야 한다. 현재의 조직도 컨설팅을 통해서 재설계한 결과이기는 하지만 많은 한계점을 드러내고 있다. 앞에서 지적한대로 전체 교원의 역량을 최대한 신장시키고 이를 신학교육의 발전으로 끌어갈 수 있는 조직체계가 필요하다. 이를 위해서는 전체 교무를 관장하는 교무 부총장 제도도 고려할 필요가 있다. 현재는 대학, 신대원, 대학원으로 분리되어 있는 조직을 교무 부총장이 통괄하고 그 밑에 교학처, 신대원, 대학원, 그리고 입학처가 역할을 감당하게 할 수 있을 것이다. 본교는 재정의 상당 부분을 모금에 의존할 수밖에 없는 상황이기 때문에 총장이 모금과 대외 관계를 총괄하고 이를 비서실과 대외협력처가 지원하며 기획처와 사무처가 그 재정으로 알차게 경영, 행정, 재무를 감당하도록 하되 교무 부총장이 교무에 관한 한 책임을 지고 학교 내의 신학교육 업무를 일관성 있게 통솔하도록 하는 구조이다. 현재는 장신대의 신학교육 전체를 책임있게 파악하고 이를 개선하는 실제적인 역할을 할 수 있는 직책이 부재하다고 볼 수 있기에 이런 변화는 신학교육 발전에 큰 공헌을 할 수 있을 것이다. 뿐만 아니라 평생교육의 강화, 입학처의 신설 등 새로운 변화에 부응하는 조직 체계로 개편하는 것은 장신대의 발전을 위한 필수적인 과제라고 할 수 있다.

10. 모금의 확충

한국교회의 교인 수 감소와 재정 악화는 신학교의 재정의 약화로 귀결된다. 이미 신학대학교들마다 재정적인 어려움을 겪고 있으며 상당 부분 신규 사업을 줄이고 기존 예산도 삭감하는 방식으로 재정 문제를 임시적으로 해결하고 있다. 그러나 향후 재정적인 부담은 가중될 것이고 이를 극복하기 위한 재정 모금의 대안이 절실히 요청되고 있다. 일부 대형교회에만 지나치게 의존하는 모금 방식을 탈피해서 그러한 지원을 유지하면서도 소위 개미군단의 형성과 기업체 등 새로운 재정 기부의 원천을 개발할 필요가 있다. 대형교회가 지원하는 재정만을 의존하는 것은 그 교회가 재정적인 어려움에 봉착할 때 신학교가 직접적으로 영향을 받을 수밖에 없으며 신학교육의 대형교회 의존도를 높이는 한계를 지니고 있다. 보다 많은 중소 교회들과 목회자, 그리고 평신도들이 모금에 참여하되 일시적이고 임시적인 것이 아니라 지속적으로 지원할 수 있는 체제를 구축하여야 한다. 이를 위해서는 네트워크를 구축하는 것만이 아니라 장신대의 비전을 새롭게 함으로 지원할 만한 충분한 근거를 제시할 수 있어야 할 것이다. 또한 기업체들에게 장신대가 한국사회와 한국교회 속에서 지니는 위치와 역할을 제대로 홍보하고 소개함으로 그들도 의미있는 참여를 할 수 있는 기회를 제공하여야 할 것이다.

11. 신학교육의 글로벌화와 통일교육

장신대가 아시아의 영혼이며 태평양 시대의 중추적인 신학교육 기관임은 자타가 인정하고 있으나 실제적으로 장신대가 세계화되는 면에 있어서 불충분함을 인정하고 이를 극복할 수 있는 대안이 마련되어야 한다. 무엇보다 외국 유학생들이 장신대에 와서 공부할 수 있도록 외국어 강좌를 대폭 확대하고 외국인 교수를 영입하고 외국어로 진행하는 교육 프로그램을 개설하여 세계 각국의 미래 교회 지도자들이 장신대에서 교육을 받고 재파송될 수 있도록 하여야 할 것이다. 학제 자체에서 외국학생을 위한 제도를 신설하는 것 외에도 이미 설립된 글로컬현장교육원의 활성화를 통해 신학교육의 글로벌화를 촉진할 수 있다. 이미 장신대가 시도하고 있듯이, 세계 각국에 퍼져있는 동문 목회자와 선교사들을 네트워킹하여 이들이 본교의 해외 체류 교수의 역할을 수행하도록 하고, 본교 학생들을 현지에 파송하여 교육이 이루어지도록 하며 그들이 향후 세계 각지에서 사역할 수 있도록 연결하는 것이다. 뿐만 아니라 현재 활발하게 진행하고 있는 국제 학술대회들을 보다 전략적으로 재구조화하여 교육과정과 학생들의 진로와 괴리된 행사가 아니라 학생들의 글로벌화와 외국 교수들이나 외국 학생들이 장신대에 연결되는 것에 도움이 되는 방식으로 진행되도록 할 필요가 있다. 신학교육의 글로벌화와 함께 장신대가 진지하게 고려해야 하는 것은 통일교육과 통일 이후의 신학교육에 대한 준비이다. 다양한 시나리오의 통일을 상정할 수 있지만 분명한 것은 통일이 다가오고 있다는 것인데, 보다 적극적으로 장신대가 통일을 준비하며, 특히 통일 후 신학교육을 주도해야 할 사명감을 갖고 체계적으로 준비할 필요가 있다. 이미 남북한평화신학연구소가 주도적으로 하고 있는 통일신학과 통일신학교육을 전체 교수와 학생이 참여할 수 있는 형태로 발전시키는 것이 요청된다.

Ⅳ. 신학교육 발전을 위한 연구과제

장신대가 처해 있는 상황은 위기인 것이 분명하지만 이 위기는 오히려 학교가 발전할 수 있고 한국교회와 한국사회, 그리고 세계교회를 위한 신학교로서의 면모를 새롭게 할 수 있는 기회가 되고 있다. 지금부터 향후 수년간은 장신대가 지금까지의 전통을 이어가면서도 한국교회를 살리고 세계교회에 공헌할 수 있는 신학교가 되는지, 아니면 심각한 어려움에 직면하여 존립을 위해 전전긍긍해야만 하는 신학교로 전락하는지가 결정되는 골든타임이라고 할 수 있다. 장신대의 발전방향과 발전계획은 장신 공동체 전 구성원이 관심을 갖고 논의하여 합의점을 찾고 그 비전을 모두가 공유하여 발전을 향해 나아가야 할 것이다. 이러한 발전계획은 현 상황에 대한 심도있는 분석과 연구를 필요로 하기 때문에 단순한 회의가 아니라 지속적인 연구가 병행되어야 할 것이다. 이 연구에는 사회, 문화적인 변화, 교육정책의 변화, 한국교회의 현황 분석, 해외의 사례 분석, 기존의 파편화된 신학체계 극복을 위한 연구 및 신학교육의 새로운 패러다임 연구, 이에 따른 신학교육 커리큘럼 연구, 장신신학 정체성 연구, 신학교육의 교수방법 연구, 신학교육의 평가 연구, 신학교의 경건훈련 및 예배 연구, 현장실천 및 인턴십 연구, 목회자 계속교육 연구, 평생교육 체제 연구, 입학 개선방안 연구 등이 포함되어야 할 것이다. 1901년에 마포삼열 선교사가 본교를 처음 시작했을 때의 상황과 120년이 지난 오늘의 상황은 너무나 다르다. 오늘의 한국교회와 한국사회와 문화, 세계교회의 상황, 그리고 변화하고 있는 대학교육 정책을 심도있게 분석하고 이에 응전하는 장신 신학교육의 발전적인 방향과 방안을 제시할 수 있어야 할 것이다. 한국교회의 위기적 상황이 신학대학교에 부정적인 영향을 미치고 있고 향후 그 영향력이 더 심화되겠지만 이러한 상황적 한계를 극복함은 물론 한국교회의 위기 자체를 극복할 수 있는 대안적 신학교육이 되도록 노력해야 할 것이다. 이 시대에 신학교에 몸담고 있는 것은 이런 사명을 담당하도록 하나님께서 부르신 것이기에 감사함으로 이 소명을 감당해야 할 것이다.

토의를 위한 질문

1. 오늘날 신학교육의 가장 심각한 문제는 무엇이라고 생각하는가? 왜 그렇게 생각하는지 나누어 보자.

2. 신학교육의 위기를 극복하기 위한 가장 중요한 변화는 무엇이라고 생각하는가? 구체적인 방안을 제안해 보자.

3. 신학교육의 발전을 위해서 향후 연구해야 할 과제 중 꼭 필요한 과제로 제시하고 싶은 연구주제가 무엇인지 말해보자. 왜 그렇게 생각하는지 나누어 보자.

참
고
문
헌

고용수. 『예장교역자수급계획을 위한 조사연구: 신학교육 적정인원 조정을 위한 기초자료』. 장로회신학대학 신학교육연구소, 1984년 12월.

곽재욱. 「한국교회 목회자원 발탁구조와 과정의 재검토」, "제1회 한국교회 위기와 21세기 목회윤리 세미나"2015. 11. 5.

김명용. 『온신학의 세계』. 서울: 장로회신학대학교출판부, 2016.

김성익. "미국 신학교육 발전 속에 나타난 목회현장성과 영성 형성 논의의 함의." 한국기독교학회, 『한국기독교신학논총』 68(1), 2010. 4.

김영재. "신학교육과 목회자 수급". 『장로교회와 신학』 7호, 2010.

김중은. "장로회신학대학교 신학교육의 회고와 전망." 장로회신학대학교, 『21세기의 신학교육』. 서울: 장로회신학대학교출판부, 2002.

김현숙. "신학교육과 대화적 패러다임"한국기독교교육정보학회, 『기독교교육정보』 2, 2001. 4.

김OO. "종교개혁은 OO." 『신학춘추』, 2017. 3. 28. 11면.

노영상. "신학과 신학교육의 현장성과 실천성 제고," 대한기독교서회, 『기독교사상』 665, 2014. 5.

대한예수교장로회 총회 신학교육부. 『교회 목회와 신학교육』. 제4회 총회 산하 신학교 교수 세미나 보고서. 서울: 양서각, 1983.

박상진. "장신 신학 정체성에 관한 의식 조사연구." 『로고스』 제22집, 1986, 32-70.

박상진. "신학교육에 대한 목회자 의식조사." 『신학교육개선 공동연구백서』. 서울: 신학교육개선공동연구협의회, 2004.

박상진. '한국신학교육의 현주소와 대안: 교회학교를 살리는 신학교육'. 『목회와 신학』.

2006. 3.

박상진. 『장로회신학대학교 110년 교육과정 백서』. 서울: 장로회신학대학교, 2011.

박상진 편. 『한국교회와 장신신학의 정체성』. 서울: 장로회신학대학교출판부, 2016.

박영철. '한국교회 인턴십 제도와 개선방향'. 『목회와신학』. 1994. 2.

박준서 편. 『한국신학과 신학교육』. 서울: 대한기독교서회, 1994.

신옥수. "중심에 서는 신학, 오늘과 내일: 장신신학의 정체성 형성에 관한 소고." 『장신논단』 40호. 2011. 4., 37-69.

신학교육개선공동연구협의회. 『신학교육개선 공동연구백서』. 서울: 신학교육개선공동협의회, 2004.

오성주. "한국대학의 구조개혁과 신학대학의 미래." 감리교신학대학교, 『신학과 세계』 79호, 2014. 3.

유재덕. "정보화 시대의 새로운 신학교육: 통합 지식적 관점을 중심으로." 한국기독교교육정보학회, 『기독교교육정보』 제20집, 2008. 8.

은준관. "로빈 길 박사의 '21세기에 이론과 실천을 통합하는 신학교육'에 대한 논찬." 장로회신학대학교, 『21세기의 신학교육』. 서울: 장로회신학대학교출판부, 2002.

정일웅. "미래 한국교회의 목회자 양성을 위한 신학교육 개선에 관한 연구." 신학지남사, 『신학지남』 73(3), 2006. 9.

이부영. 『의학개론: 의학의 개념과 역사』. 서울: 서울대학교출판부, 1994.

이수영. "오늘의 목회와 이론신학의 과제." 『제13회 전국신학교수 세미나자료집』, 대한예수교장로회 총회 신학교육부, 1992.

이용남. '교역자 수급대책에 관한 소고'. 제22회 전국신학교수세미나 자료집, 2001.

이정규. "대학정원정책의 현황과 전망". 『아시아교육연구』. 2권 2호, 2001.

이종성 외. 『통전적 신학』. 서울: 장로회신학대학교출판부, 2004.

이형기. 『하나님의 나라와 교회: 20세기 주요 신학의 종말론적 교회론』. 서울: 한들출판사, 2005.

이형기. "장로회신학대학의 신학적인 좌표." 『장신논단』, 1985.

임희국 외. "장로회신학대학교 신학대학원(M.Div) 교과과정의 다양화와 심화를 위한 연구." 장로회신학대학교 연구과제 2013-4.

장로회신학대학교. '2016학년도 신학대학원 신입생오리엔테이션.' 2016.

장로회신학대학교. 『교육과정개발위원회 연구보고서』. 미간행, 서울: 장로회신학대학교, 2005.

장로회신학대학교. 『장로회신학대학교 교육이념 및 목적』. 서울: 장로회신학대학교, 2002.

장로회신학대학교. 『장로회신학대학교 요람』. 서울: 장로회신학대학교, 2005.

제일기획, 『대한민국의 태풍: 젊은 그들을 말한다』, 2004.

주승중 외. "목회자수급계획 및 미래신학교육정책에 관한 연구" 장로회신학대학교, 2004.5.

한국갤럽. 『한국인의 종교: 1984-2014』, 2015.

한국기독공보. '목회자 수급 지역편차 크다.' 2004. 2. 14.

한국신학교육연구원 편. 『1990년 신학교육 연구보고서』. 서울: 전국신학대학협의회 한국신학교육연구원, 1991.

현요한. 『신학은 하나님 배우기: 신학, 영성, 실천의 재연합』. 서울: 대한기독교서회, 2011.

〈총회 회의록〉
제71회 총회회의록, 1986.
제72회 총회회의록, 1987.
제73회 총회회의록, 1988.
제74회 총회회의록, 1989.
제75회 총회회의록, 1990.
제81회 총회회의록, 1996.
제82회 총회회의록, 1997.
제83회 총회회의록, 1998.
제84회 총회회의록, 1999.
제85회 총회회의록, 2000.
제86회 총회회의록, 2001.
제87회 총회회의록, 2002.
제88회 총회회의록, 2003.

ATS. *Degree Programs Standards*. Pittsburgh, PA: Association of Theological Schools, 2002.

Babin, Pierre. *www.internet GOD*. 이영숙 편역. 『디지털시대의 종교』. 서울: 한경PC라인, 2000.

Babin, Pierre. *The New Era in Religious Communication*. 유영난 역. 『종교 커뮤니케이션의 새 시대』. 왜관: 분도출판사, 1993.

Banks, Robert. *Reenvisioning Theological Education: Exploring a Missional Alternative to Current Models*. Grand Rapids: Eerdmans, 1999.

Barbara, Wheeler. & Edward Farley, ed. *Shifting Boundaries: Contextual Approaches to the Structure of Theological Education*, Louisville, Kentucky Westminster/John Knox Press, 1991.

Calian, Carnegie S. *The Ideal Seminary: Pursuing Excellence in Theological Education*. Louisville: Westminster John Knox Press, 2002.

Calvin, John. *Institutes of the Christian Religion*, ed. John T. McNeill, trans. Ford Lewis Battles. Philadelphia: Westminster Press, 1960.

Cannell, Linda. *Theological Education Matters: Leadership Eduation for the Church*. Newburgh, IN: Edcot Press, 2006.

Capasso, Ronald L. & John C. Daresh. *The School Administrator Internship Handbook: Leading, Mentoring, and Participating in the Internship Program*. Thousand Oaks, CA: Corwin, 2001.

Dewey, John. *Democracy and Education*. New York: Macmillan, 1944.

Dykstra, Craig. "Reconceiving Practice in Theological Inquiry and Education", in *Virtues and Practices in the Christian Tradition*. Nancy Murphy et al.(eds.) Notre Dame: Univ. of Notre Dame Presss, 1997.

Farley, Edward. *Theologia: The Fragmentation and Unity of Theological Education*. Philadelphia: Fortress Press, 1994.

Grenz, Stanley. *The Theology for the Community of God*. 신옥수 역. 『조직신학: 하나님의 공동체를 위한 신학』. 서울: 크리스챤 다이제스트사, 2003.

Hunter, George. *Supervision and Education Formation for Ministry*. Cambridge: Episcopal Divinity School, 1982.

Kachigan, Sam K. *Statistical Analysis*. New York: Radius Press, 1986.

Kelsey, David H. *Between Athens and Berlin: the Theological Education Debate*. Grand Rapids: Eerdmans, 1993.

Pyle, William T. & Mary Alice Seals, ed. *Experiencing Ministry Supervision: A Field-Based Approach*. Nashville: Broadman & Holman Publishers, 1995.

Schwab, Klaus. *The Fourth Industrial Revolution*, 송경진 역, 「클라우스 슈밥의 제4차 산업혁명」. 서울: 새로운현재, 2016.

Shaw, Perry. *Transforming Theological Education*. Cumbria, CA: Langham Global Library, 2014.

Sutherland, Peter ed. *Adult Learning: A Reader*. London: Kogan Page, 1997.

Sweitzer, H. Frederick & Mary A. King. *The Successful Internship: Transformation and Empowerment in Experiential Learning*. Belmont, CA: Brooks/Cole, 2004.

Tapscott, Don. *Grown up Digital: How the Net Generation is Changing Your World*, 이진원 역, 「디지털 네이티브」. 서울: 비즈니스북, 2009.

Tapscott, Don. *Growing up Digital: the Rise of the Net Generation*. 허운나 외 역. 「N세대의 무서운 아이들」. 서울: 물푸레, 1999.

Union-PSCE, *Supervised Ministry Handbook*, 2004.

Vann, Jane R. *Gathering Before God: Worship Centered Church Renewal*. Louisville: Westminster John Knox Press, 2004.

271

참고문헌

교회와 하나님 나라의 심장이 다시 뛰는

신학교육의 혁신

1판 1쇄 찍은 날 2021년 4월 20일
1판 1쇄 펴낸 날 2021년 4월 20일
지 은 이 박상진
책임편집 노현욱
펴 낸 곳 쉼이있는교육
출 판 사 등록번호 제 2020-000015호
　　　　　(04969) 서울특별시 광진구 아차산로78길 44 크레스코빌딩 308호
　　　　　02-6458-3456, edu4rest@gmail.com
북디자인 스튜디오 플럼 sangury@gmail.com

잘못 만들어진 책은 쉼이있는교육 출판사에서 교환해 드립니다.

copyright ⓒ 쉼이있는교육
이 책의 모든 내용과 디자인(이미지), 편집, 구성(기획)에 대한 저작권은
저자와 쉼이있는교육에 있습니다.

무단 복제 및 인용을 금지합니다.

ISBN 979-11-969691-6-5

가격 15,000원